环球人物
GLOBAL PEOPLE
10周年
典|藏|书|系

影响力
中国领袖风云录

《环球人物》杂志社 编

中国出版集团 现代出版社

图书在版编目(CIP)数据

影响力：中国领袖风云录 / 《环球人物》杂志社编 —北京：现代出版社，2018.1

（《环球人物》10周年典藏书系）

ISBN 978-7-5143-5398-3

Ⅰ. ①影… Ⅱ. ①环… Ⅲ. ①国家领导人－生平事迹－中国 Ⅳ. ①K827=7

中国版本图书馆CIP数据核字（2016）第225621号

影响力：中国领袖风云录（《环球人物》10周年典藏书系）

编　　者 《环球人物》杂志社
责任编辑 张　霆　哈　曼
出版发行 现代出版社
通信地址 北京市安定门外安华里504号
邮政编码 100011
电　　话 010-64267325　64245264（传真）
网　　址 www.1980xd.com
电子邮箱 xiandai@vip.sina.com
印　　刷 三河市宏盛印务有限公司
开　　本 710mm × 1000mm　1/16
印　　张 19.75
字　　数 283千
版　　次 2018年1月第1版　2018年1月第1次印刷
书　　号 ISBN 978-7-5143-5398-3
定　　价 49.80元

目录

毛泽东的苦难辉煌

1938 贫地惊雷

从北京前往延安，通常有两条路线。一条先入陕，从西安北上，坐动车两小时即达；另一条取道山西，跨过黄河，向西进入黄土高原。

1938 年春，日军决定进攻延安，也想到这两条路。首选当然是侵入西安，北上可进攻中共所在地延安，南下可直逼国民政府陪都重庆，但胡宗南的大军在西安严防死守。日军只能派出一个旅团的兵力，试图从山西渡

1938 年，毛泽东在延安窑洞撰写《论持久战》

河，结果河渡到一半，突然遇到八路军警备第六团猛烈的火力。日军想退回岸上，警备第六团已分兵袭击其后岸。在正面战场一路占领大城市的日军，对延安的首次进攻宣告失败。据统计，日军共进犯陕甘宁边区的河防23次，均败。延安与边区的千里河防，始终未被日军突破。

此时，毛泽东正在延安的窑洞里，挥笔疾书《论持久战》。

“现在立即对日作战吗？”“对！”

美国记者海伦·斯诺在1937年到达延安后的第一个早晨，就见到了毛泽东。毛泽东和朱德来得很早，以至于她没有时间决定是补一下口红，还是把口红完全擦掉。结果，她既没有补，也没有擦。“毛泽东在那座古老的砖地小院里同我握手，欢迎我到延安访问。他举止随意、态度冷静、谦虚好问。”毛泽东从方桌前把椅子拉到一边，脱掉软绵绵的红军帽，一束又黑又粗的头发落到了耳际，他交叉着的双手“异常健美、强悍，有贵族气质，显示出真正的力量”。

海伦给了毛泽东一份见面礼。“是她丈夫埃德加·斯诺一年前给戴着红五角星帽子的毛主席拍的一张照片。这张照片后来广为传播，影响很大。”陕西省斯诺研究中心创始人安危说，“毛主席看到照片觉得很惊喜，说他没想到自己会是这个样子。”

斯诺拍这张照片时，毛泽东刚刚从瓦窑堡搬到保安（今陕西省志丹县）。那时延安还被张学良的东北军占着。在那次见面中，毛泽东向斯诺讲述了自己的生平。“这些内容后来成为《西行漫记》中最吸引人的部分，深深影响了一代美国人对毛泽东的看法。无论罗斯福这样的美国高层，还是普通美国学者，都对《西行漫记》中举止洒脱、头脑聪明、满怀理想的毛泽东印象深刻。”安危说。

斯诺离开两个多月后，1936年12月发生了西安事变。他镜头下的这位统帅做出了抗战中第一个艰难而重大的决定。“很多人的第一反应是‘杀蒋’‘囚蒋’。别人的思想还没转过弯来，毛泽东经过一个晚上的思考，开始亲自去做工作，说我们不能‘杀蒋’，我们要‘逼蒋’抗日。”延安革命纪念地管理局副局长苏雅琳说。

毛泽东把蒋介石比作一头小毛驴，陕北的老百姓让毛驴上山有三个办法：一拉，二推，三打。毛泽东说，蒋介石在抗日的问题上，就像毛驴上山一样，不愿上山，不愿拿枪打日本，我们就得向老百姓学习，拉他和推他，再不干就打他一下。西安事变就是打了他一下，他会上山抗日的。但是，小毛驴也有缺点，很倔强，有时不听话，还会抬起腿踢人，我们要提防着这一面。

毛泽东提出“放蒋”的条件只有一个：停止内战，立即抗日。蒋介石答应后，张学良随蒋离去，东北军把延安古城移交给共产党。当海伦来到延安时，她对毛泽东这种敢于妥协和决断的气魄极其难忘。“他的见解带有一种王室和教皇声明的气魄，总是具有长远的、宽阔的视野。”

“在延安，海伦和毛主席坐下来长谈有好几次。起初，毛泽东对她说，你所问的问题，也是国内外共同关心的问题。请你把能想到的不明白的问题都写下来，我给你回答，然后我们俩合出一个关于抗日战争和中国革命的小册子。”安危说。但卢沟桥事变爆发了，毛泽东忙碌起来，只能把跟海伦谈话的任务交给别人。直到1937年8月13日再次见面时，毛泽东把一份《抗日救国十大纲领》交给海伦：“这就是我们的抗日纲领。这十大纲领已送往南京，要求中央政府接受。”“共产党现在要求立即对日作战吗？”“对，共产党要求立即对日作战。”毛泽东两眼闪光：“如果有南京政府的合作，这十大纲领就能实现，我们就能打倒日本帝国主义；否则，中国就要灭亡！”他拍案而起，愤怒地重复着最后一句话：“否则，中国就要灭亡！”

海伦在延安待了4个月，和所有人一样，过着极其艰苦的生活。“地上栖居着各种昆虫。每晚我都把鞋子放在高处，早上再把它们抖了又抖，看看有没有蝎子和蜈蚣爬进去。头顶上的天花板是一块白布。老鼠在木椽上彻夜奔跑，每跑一趟，就是一阵黄色的尘雨。我的床下放置着一个鼠夹，打住老鼠时，我就尖叫起来，把全院子的人吵醒。”每天吃的都是小米、馒头，没有菜，她饿得没办法，买了一只鸡来吃，结果不知道为什么，吃完就拉肚子，得了痢疾，最后瘦得不到90斤。

但海伦敏感地觉察到，延安的贫瘠中孕育着抗日终将胜利的希望。她看到，这里的战士们，“没有酒，甚至没有茶，喝的是白开水。他们都是义务兵，没有薪水，都想尽量地牺牲自己的利益，为革命立功。他们参加小组竞赛和评定，对生活的每一分钟无不喜欢。共产党人能够把民众组织起来——在物质上，他们没有什么可以提供给民众，能够给的，只是一种精神的力量、兄弟的情谊，或者就像他们所说的那样——与民众‘生死与共’。”她觉得延安有一种像美国童子军营地般的气氛。

“抗大让人看到一种新社会的希望”

青年照片（毛泽东）

海伦到达延安那天坐的是卡车，与她同车的还有 13 名去抗大的学生。他们唱着《巴迪尼进行曲》，和车上的行李颠簸了一路。一到延安，学生们就去抗大参加入学考试。海伦看到：“东北来的大约有 100 名，白区来的有 400 名，女学员 41 名。大多是中学生，大学生只占 20%。他们很多人是小资产阶级出身，有点儿罗曼蒂克。”

在抗大，这群小资青年经受了抗日的教育和严格的训练。毛泽东在抗大二期的开学典礼上说：“抗大像一块磨刀石，把那些小资产阶级意识——感情冲动、粗暴浮躁、没有耐心等等，磨它个精光。把自己变成一把雪亮的利刃，去打倒日本。”怎么磨？据抗大原政治部主任莫文骅回忆，学生们脱下皮鞋换草鞋，自己挖窑洞铺干草就是宿舍，早上打绑腿出操，白天听课，晚上点名。“抗大的全名是中国人民抗日军政大学，它的总方针是‘教育为抗战服务’，由此我们可以看出，‘抗日’是学校的宗旨。大部分学生毕业后直接上了前线，跟日本人作战。”苏雅琳说。

学生们挖的窑洞就在凤凰山上，跟山脚下毛泽东住的吴家院很近，上下学的路上经常会碰到毛泽东。“毛泽东讲课非常受欢迎，学生们喜欢找他题词，无论在书上、本子上、照片上，递给他，他都题，写得都是‘努力奋斗’、‘抗日到底’这样的话。”苏雅琳说，“毛泽东对培养青年成为抗日的主力，是非常重视的。那时候根本不具备办学条件，教室、教材、经费都没有，但毛泽东决定办学，真是看得远、决心大。抗大总校在延安办了 5 期，后来中央决定在敌后就地培养抗日干部，除总校又办了 12 所分校，5 所陆军中学和一所附设中学，前后培养了 10 多万抗日人才。”

这其中，1938 年的抗大第四期是最红火的。这一年，广州、武汉相继沦陷，繁华的东南沿海和长江流域落入日寇之手，再加上前几年丢失的东北、华北和大半个西北，未被日军夺去的只有西南高原和中原腹地。而当时为保临时首都武汉和中原腹地，付出的代价是——1938 年 6 月，蒋介石同意下令炸毁河南花园口黄河古堤，洪水淹没了河南、安徽、江苏等地，国民政府官方的统计至少有 80 万人被淹死。尽管黄泛区确实在一定程度上抵挡了日军向西进攻，郑州直到 1944 年才沦陷，但蒋介石“对人命牺牲的了无同情”令美国学者陶涵大为震惊，“蒋私底下并无愧疚，在日记中完全没提到这件事”；黄河改道、十室九空的惨状导致知识精英对蒋介石失望。“剥了皮肉还有心，打断骨头还有筋，只要还有一口气，爬也爬到延安城”，青年中流行这样的民谣。去延安，成了潮流和“时尚”。

“在这种背景下，1938 年抗大第四期，国统区许多著名的文艺人士都来上课，那一期学员有 5562 人，其中爱国青年的人数占到 5/6。”苏雅琳说，“抗大有一种新型的、平等的人际关系，完全是温暖大家庭的感觉，让人看到一种新社会的希望。这是抗大最吸引知识精英的地方。”

到 1943 年，已有 4 万知识分子涌入延安地区。成千上万的年轻人唱着抗大校歌：“黄河之滨，集合着一群中华民族优秀的子孙。人类解放，救国的责任，全靠我们自己来担承。”

《论持久战》指导中国抗战

1938 年 1 月，学者梁漱溟到延安拜访毛泽东。在此之前，他曾 3 次与国民党著名军事学家蒋百里讨论抗战问题，但对抗战仍无信心。到延安去时，他“心里很悲观”。和毛泽东畅谈后，梁漱溟对抗战形势的认识转为乐观。“毛完全不悲观，他告诉我，日本人不要高兴太早。日本人想吞并中国，是不自量，是妄想。”毛泽东和他谈话的很多内容，就是《论持久战》的观点，当时这篇文章还没有发表。

“《论持久战》能发表，陈云起了关键性作用。”延安干部学院教授王涛说，“1938 年 5 月 26 日，毛泽东去延安抗日战争研究会演讲，一连讲了好几天，内容就是《论持久战》。陈云当时在底下听，觉得讲得很透彻，便对毛泽东说，是不是可以在更大一点的范围内给干部讲讲。毛泽东接受了这个建议，把讲稿整理出来。”

根据美国学者罗斯・特里尔的记载，毛泽东在窑洞里整理了整整 9 天，手写麻了就紧握一块石头放松下手指继续写，《论持久战》终于正式问世，在党内发行。后来又印成书，公开发表。“一些老同志回忆，第一次印的时候，毛泽东还专门做了一个题词，‘坚持抗战，坚持统一战线，坚持持久战，最后胜利必然是中国的’。”王涛说。

在被“亡国论”和“速胜论”控制的中国舆论场，《论持久战》横空出世，极其振奋人心。蒋介石早在 1932 年就持“抗日三日即亡国”的论调，陕西省委党校中共党史教研部主任毕远佞说：“八路军 1937 年往平型关进发时，看到国民党军队哗啦哗啦往下败，有的甚至连日本人的面都没见到就跑了，一路上还散布说‘打不过啊’。”后来台儿庄大捷，蒋介石又有了速胜的想法，把精兵猛将全调到台儿庄附近的徐州，但徐州很快陷落。

“1937 年，中国的抗战热情还相当高涨。1938 年后，抗战的士气就往下走了。”王涛说，“正是在这个时候，毛泽东提出，‘抗战十个月（1937 年 7 月至 1938 年 5 月）的经验，尽够击破毫无根据的亡国论，也尽够说服性急朋友们的速胜论了’。”

“毛泽东很清醒，既不盲目乐观，也不灰心丧气。”毕远佞说，“他分析，目前日本的工业水平、军队战斗素质等方面都占上风，但首先你是侵略战争，失道寡助；其次你是小国，我们是大国，尽管我们国力弱，但有底子跟你相持，而小国拖不起。近代以来，列强侵略我们都是速胜。毛泽东总结历史教训，绝对不能让你速胜。从战略防御到战略相持，一相持就可以把民众动员组织起来，把不利因素变成有利因素，最后实现战略反攻。后来的战事，确实是按照他预计的这几个阶段发展的。”

毛泽东持久战的观点，早就通过穿梭于国共两党之间的周恩来等渠道，介绍给了国民党“小诸葛”白崇禧等人。白崇禧等人很是认同。1938 年 6 月，武汉会战开始，白崇禧向蒋介石提出，要以空间换时间，积小胜为大胜，蒋介石采纳，由白崇禧按照这一作战思路参与指挥武汉会战。蒋介石眼见武汉会战比淞沪会战等打得积极，也逐渐从阵地战转向运动战，作战方式灵活起来。

《论持久战》发表后，周恩来给宋庆龄送去一本，宋庆龄找人将其翻译为英文，在国外发行，影响很大。美国学者特里尔认为，从 1938 年开始，“《论持久战》成为指导中国抗战的纲领性文件”。

共产国际传话，“应该支持毛泽东”

对现年 82 岁的延安政协离休干部折正千来说，1938 年 11 月 20 日是一个悲伤的日子。“那天日军飞机第一次轰炸延安城。当时我正在吃早饭，突然被二姐抱起往外跑，满街都是惊慌失措的人。刚跑到城门口就听见嗡嗡的飞机声，飞机到了城区上空就不断‘下’炸弹，城里发出轰隆轰隆的爆炸声。到了下午，人们才陆续返回，好多房屋都塌了。我家的南院被扔了两枚炸弹，家具、杂物都被埋了，我妈妈一下子就坐在地上哭起来。我的一个表姐在那天被炸身亡。”

日军之所以轰炸延安，是因为军部得到情报，“中共正在延安开一个重要会议，各地的中共领导都参加”。但显然他们的情报有误，会议在半个月前就结束了，那就是六届六中全会。

用毛泽东自己的话说，六届六中全会前，他有一段“孤立”时期。陕西省委党校教授吴永介绍：“先是夫人贺子珍和他闹矛盾，去苏联了。接着，王明回来了。”那时的王明是带着光环的。“他被共产国际派回来，就像钦差大臣一样，对毛泽东建立的抗日民族统一战线指手画脚，要求放弃中共的独立性，一切听蒋的。”延安大学中共党史研究院院长高尚斌说。

“此时的毛泽东已经不是井冈山时期的毛泽东了。延安时期的毛泽东已经非常沉着冷静了。他派任弼时去莫斯科介绍了抗日的情况。在六届六中全会召开前夕，共产国际领导人季米特洛夫的口信及时传了过来：应该支持毛泽东，他是在实际斗争中锻炼出来的领袖，中共要以毛泽东为首解决统一领导问题。所以，六届六中全会进一步确定了毛泽东的领导地位。”吴永说。

在感情上，毛泽东也摆脱了“孤立”状态。这时他和江青陷入热恋。在吴家院，毛泽东请了一桌简单的饭，就算和江青结婚了。日军飞机第一次轰炸延安城那天，吴家院所在的凤凰山就是空袭的重点区域之一，毛泽东借住过的石窑遭到轰炸，中央军委总政治部、宣传部的窑洞被炸，30多名八路军阵亡。毛泽东在隆隆轰炸声中说：“这个，没有完，今天的轰炸是个开头，还会来的，说不定就是明天。”中央决定连夜转移到杨家岭去。果不其然，第二天天刚亮，日军再次空袭延安。

这次轰炸后，日军兵分三路，携带火炮，并派飞机向黄河岸边的八路军投掷毒气弹，陆空协同，第三次强渡黄河，进攻延安，但遭到八路军顽强抵抗，只好撤退。屡次受挫的日军恼羞成怒，于1939年6月、1939年11月和1940年6月先后三次调集兵力，发起大规模渡河进攻，均被击退。在这些战斗中，八路军实现了毛泽东《论持久战》的构想，在防御中进攻，在内线作战中有外线作战——东渡黄河，主动出击，破坏日军的运输线和补给线，迫使日军最后放弃了从黄河进攻延安的计划。

1941 敌后烽烟

2015年8月，亲历了延安抗战的折正千老人给记者打来电话：“你们快来看看！一批日本随军记者拍摄的轰炸延安的照片，现在首次公开了。铁证如山！”老人激动的声音，似乎穿过70年漫长的光阴，把我们带回硝烟滚滚的延河家园。朝日新闻社随军记者于 1939 年 10 月 15 日拍摄的照片显示，当天日军派出 71 架次飞机，先后 4 轮疯狂轰炸延安。当天的日本新闻写道："数处军需品仓库燃起红红大火，延安市街道大部分覆盖在黑烟中，利用山中的窑洞进行掩盖的敌人防空阵地也被我军粉碎。"

轰炸持续了 3 年。比起百万人口的重庆，轰炸小城延安，日军不为战绩，"只因从一开始，中国力主抗日的声音就是从延安发出的。这种抗日声望，成了日本人的眼中钉"。但无论轰炸、"围剿"，还是扫荡，日军都没能消灭这最坚定的抗日声音，反而被毛泽东的游击战牢牢牵制在敌后战场。

"名将之花"死于游击战

如果用一个核心词汇来概括毛泽东的抗日部署，那就是游击战。早在和斯诺见面时，他已经详细谈到了游击战怎么打。

"中国军队要胜利，必须……迅速地前进和迅速地后退，迅速地集中和迅速地分散。这就是大规模的运动战，而不是深沟高垒、层层设防、专靠防御工事的阵地战。""还要在农民中组织很多的游击队……中国农民有很大的潜伏力，只要组织和指挥得当，能使日本军队一天忙碌 24 小时，疲于奔命。""日军要完全被敌对的中国人所包围；日军要被迫运来他们所需的军用品，而且要自己看守；他们要用重兵去保护交通线，时时谨防袭击。"

沼田德重、饭田泰次郎、吉川资、秋山静太郎、下田宣力……一批日军中将、少将接连死在游击战中。其中影响最大的，就是"名将之花"阿部规秀之死。

1939 年 11 月，53 岁的阿部规秀率领第二独立混成旅来到河北省涞源县黄土岭村，目的是复仇。几天前，他所辖的 1500 余人在附近的雁宿崖遇到八路军伏击，损失了一个大队的编制。这让号称"山地战专家"、刚刚晋升为中将的阿部规秀觉得很没面子。他决意亲自上阵复仇。在高山峡谷之间，阿部规秀与埋伏的八路军遭遇，展开激战后，退入山包上一座农家小院。就在小院主人一家 18 口胆战心惊之际，晋察冀军区第一团 18 岁的炮手李二喜站在对面山头，看到有许多日本军官出入，便奉命连发两炮，击中小院中心。阿部规秀和随从们一命呜呼，而农家18口人全部活了下来。

游击队并不知道，他们创下了抗战史上辉煌的纪录。直到日本媒体扼腕哀叹“最年轻、晋升最快的将军”“名将之花凋零在太行山上”，毛泽东才从广播中得知了这个消息，发了一封电报，指示对有功部队予以嘉奖。阿部规秀的死极大地鼓舞了中国军民的士气。

后来蒋介石也接受了毛泽东的游击战思想。太原失守后，山西境内有部分国民党将领渡过黄河到河南，蒋“严令二战区长官不准退出境外，各部队均需练习打游击战”。后来，在重新改订各战区战斗序列时，他划出了冀察、苏鲁两个游击战区。

毕远佞告诉笔者：“蒋介石在武汉珞珈山和南岳衡山举办了游击干部训练班，请周恩来、叶剑英、叶挺等人去上课。当时延安好多人担心，猫怎么能把上树教给老虎呢？毛泽东说，不要怕，只管讲，他打不了。为什么？游击战必须依托良好的群众关系，没有群众支持，游击战打不起来。你再教，他蒋介石也学不来。果然如毛泽东所料，国民党将领学是学了，但回到各自的战区后，没人能施展出来。”

“百团大战真是令人兴奋”

多田骏是日军华北方面军第三任司令。他率20万人的军队驻扎在华北沦陷区，主要任务就是和八路军作战。在日军对延安空袭正酣时，多田骏提出一项“囚笼政策”，要让华北村村有公路，路路有炮楼，以公路、铁路为基干，编制出一张密集的交通网，把华北军民困死在网格般的“囚笼”里。

对此，身处华北前线的八路军副总司令彭德怀打算打一场“交通破袭战”，得到毛泽东和中央军委的同意。1940年8月，八路军向日军侵占的华北主要交通干线展开了攻击。聂荣臻回忆，后来“调动的部队越来越多，对外宣传就成了‘百团大战’”。

毕远佞说：“当时鼓励群众一起割铁轨，运到山里。因为我们没有钢，兵工厂主要用的就是铁轨，熔化了以后造枪械。送一根铁轨到山里，就给一点奖励，既有动员，也有利益，群众很有干劲。所以一开战，日本人就觉得跟以前打国民党军完全不一样，怎么八路军一夜之间到处开花？该支援哪里？没法支援了。就这样，我们一下把日军在华北整个指挥体系和交通体系打瘫痪了。”

这正如毛泽东所言，“不要说百团大战是大规模的战役进攻，现在还只是游击性的反攻”。这种反攻让习惯了跟国军打城市会战的日军摸不着头脑。此后，百团大战发展到攻坚战，对敌占据点进行反攻，比较著名的有涞灵战役、榆辽战役。在 3 个半月里，百团大战共进行大小战斗 1800 多次，毙伤日伪军 2.5 万人，拔除日据点 2900 多个。

延安举行了祝捷大会，毛泽东、朱德都参加了。毛泽东给彭德怀发电报说：“百团大战真是令人兴奋！”这次战役的胜利也在国民党军中引起震动。卫立煌说：“百团大战不惟予敌寇以致命打击，且予友军以精神上之鼓舞。”

敌人“无时无刻不在紧张中”

多田骏的“囚笼”破产了，东京方面气急败坏，1941 年派冈村宁次接替多田骏出任华北方面军司令。冈村宁次的“军令状”是“要在 4 个月彻底消灭华北的共产党和八路军”。于是，残酷的“三光”政策和“扫荡”开始了。八路军总兵力锐减了 10 万人，根据地人口从 1 亿下降到 5000 万以下。

毛泽东开始反思，不再把战斗宣传成“百团大战”，那样“暴露了我们的力量，使敌人集中力量来搞我们”。自此，游击战变得更加低调、隐蔽了。军队化整为零，融入当地百姓之中，人民战争的汪洋大海在悄无声息中形成。

“冈村宁次一来，很快在华北抽集主力部队，对八路军进行‘围剿’，我们的根据地像被敌人用篦子篦了一遍。这种持续、高强度、立体的‘围剿’，把原来大块的根据地全部碎片化了，变为游击区。”王涛说。

这是敌后战场在军事上最困难的一年。直到年底，1941 年 12 月 7 日，日军偷袭珍珠港，毛泽东做出判断：日军“扫荡”势头将逐渐减弱；日美战争，最初对日有利，两三年后英美准备好了才能决战；英美可能集中力量先打败德国，然后打败日本。

“战局确如毛泽东所言，1941年以后好转，我们对敌人的消耗每天都有，真是积小胜为大胜。”王涛说，“在敌我必争的地方，如果争不过人家，我们就围，切断敌人补给。援军来了，我们就退；援军走了，我们再回来。沁源围困战就是我们一点点把敌人逼走的。”

沁源县位于山西东南太岳山区，是百团大战后日军报复性“扫荡”的重灾区。1942年10月，日寇侵入沁源城，竖起“山区剿共实验区”的牌子，试图建立“治安区”。沁源军民针锋相对，对日军开展了围困战。他们先是“空室清野”，把水井填死、碾磨炸毁、粮食运走。接着又是“抢粮运动”，乘夜摸进日军据点，把粮食运出来。一夜之间，有万余军民出动。后来又发展到“劫敌运动”，不仅夺回日军抢走的羊、牛和其他财物，连日军的军用物资、衣服靴子也“劫”。他们还在日军补给线上到处埋地雷，给日军造成大量伤亡和补给困难。这种神出鬼没的战斗方法让日军晕头转向。

沁源这一围就是883天，打了2730余次大小战斗，毙伤日伪军4200余人。日军狼狈逃走。毛泽东评价道：“模范的沁源，坚强不屈的沁源，是太岳抗日民主根据地的一面旗帜，是敌后抗战中的模范典型之一。”

沁源围困战只是众多游击战中的一例。一个日本老兵在回忆录中写道：“八路军极善运动，也就是说对战场的控制力极强，随时随地都会向你发动进攻。和他们作战，我们无时无刻不在紧张中……和国民党军打仗，敌人败了就一跑了之，我们可以放心大胆地追击，和八路军打仗，即使撤退，他们也会设下各种陷阱，我们绝不敢掉以轻心。”

1944年，日军在正面战场再次发起大规模攻势，进攻豫湘桂，试图打通大陆交通线。结果是国民党军的“豫湘桂大溃败”，郑州、洛阳、长沙、衡阳、桂林、柳州、南宁等相继陷落，在8个月内丢失20万平方公里的国土。当正面战场一个一个大城市失守时，敌后战场却在收复一个一个县城——1944 年，晋察冀解放区军民收复村庄 9900 多个；晋冀鲁豫解放区军民收复县城 11 座，解放人口 500 多万；晋绥解放区军民收复村庄 3100 多个；山东解放区军民攻克县城 8 座；华中解放区军民收复国土 7400 多平方公里……毛泽东算了一笔账："全部在华日军 36 个师团（陆军）60 万人，国民党只抗击 25 万人，共产党抗击了 35 万人。"

"只要中国的土地上有一个日本兵，不管中国其他团体的决定如何，中国共产党都将继续抵抗。"罗斯福的副卫队长卡尔逊如此判断。

对蒋介石"在政治上采取猛烈攻势"

在 1941 年这段最艰难的日子里，毛泽东和延安不仅面临敌军的"围剿"，还面临一个雪上加霜的问题——蒋介石和"友军"三心二意，动辄背弃统一战线。当年毛泽东曾把蒋介石比作一头小毛驴，如今，这头小毛驴真的踢人了。

从武汉会战之后，日军在正面战场只打有限战，蒋介石的压力一松，反共的倾向立即滋长。他"最宠爱、最重要的军事将领"胡宗南率 40 万大军守在西安，名为抗日，实则防共，1939 年出兵侵占了陕甘宁边区的 5 个县城和边境的 16 个区。第二战区司令阎锡山，在当初日军进犯山西时盼星星盼月亮一样希望八路军一起作战，八路军打了平型关大捷，他大大松了一口气，马上掉转枪口，对山西的八路军发起进攻。卫立煌是国民党中真正善于带兵打仗的高级将领，在忻口战役中与八路军配合紧密，一度到访延安，并拨付 100 万发子弹、25 万颗手榴弹、180 箱牛肉罐头给八路军。蒋介石得知后，叫来军统特务，给卫立煌找了个私交八路军的罪名，将他撤职赋闲。

凡此种种，毛泽东从抗战大局出发，一再忍让。到了 1941 年，情势陡变，毛泽东忍不下去了。这年 1 月 4 日，新四军皖南部队 9000 余人奉命北调，6 日行至安徽泾县茂林地区附近时，突然遭遇国民党军 8 万多重兵包围攻击。1 月 13 日，新四军总部发出最后一份电报："我军弹尽粮绝伤亡惨重，已战斗到生命最后一刻。"结果，新四军大部牺牲，军长叶挺被扣。1 月 17 日，国民党军事委员会宣布新四军为叛军，撤销其番号。这就是震惊中外的“皖南事变”。

事已至此，蒋介石方面传来的消息还说是“误会”，欺骗让毛泽东更加震怒。毛泽东同中共中央军委副主席朱德、王稼祥向各根据地高级将领发出急电：“中央决定在政治上军事上迅即准备做全面大反攻，救援新四军，粉碎反共高潮。”

美英苏三大国也不支持蒋介石的做法，陷入孤立的蒋介石立即通过苏联和民主党派传话。1 月 20 日，共产国际给毛泽东发来电报，称蒋介石保证，这个事件不会影响国民政府和共产党的关系以及今后在对日斗争中的合作。毛泽东为了继续维持两党的抗日统一战线，决定对蒋介石“在政治上取猛烈攻势，而在军事上暂时还只能取守势”。

几天后，前线战局骤变，日军发动了豫南战役，将国民党军队 15 万人包围在平汉铁路以东，抗日压力再度增加。毛泽东评论说，这对蒋介石“是一瓢极大的冷水，把他的全部幻想打破了”。蒋介石不得不宣称：“以后亦决无‘剿共’的军事。”

“全民族抗战中最重要的是国共合作抗战。统一战线、合作抗战，都是共产党提出的、推行的、维护的。皖南事变后，如果我们在军事上真打，就是内战了。鹬蚌相争，渔翁得利。毛泽东这时采取的办法是通过批判蒋介石来维护国共合作抗日的大局。”高尚斌说。

时隔两年，共产国际解散的消息传来，蒋介石很是高兴，又打算下手了。他电告毛泽东，要求“解散”中国共产党。胡宗南还拟订了作战计划，准备兵分九路闪击延安。毛泽东知道“他们布置很久了”，就写了一篇社论《质问国民党》，掀起舆论抗议的高潮。美苏也再次警告蒋介石，不要在抗日时发动内战。1943 年 9 月，国民党表示停止进攻边区。但实际上，胡宗南的大军压境从未改变，两个月后，罗斯福在开罗会议上还暗自困惑，“为什么蒋把数以万计的精兵留在共产中国的边界？”

面对生存困难，“自己动手”

“红军改编为八路军和新四军后，我们摘掉了红五星军帽，换上了蒋介石的青天白日军帽，那蒋介石就得发军饷。他给毛泽东每个月发5块钱。朱德是第二战区副司令长官，一个月有上千块大洋。这些钱我们拿来后都要重新分配。”毕远佞说。但领军饷的日子只有3年多。“蒋介石在1940年底就停发了八路军的军饷。皖南事变后，又停发了新四军的军饷。他对陕甘宁边区开始严格封锁，一针一线都不许运进去。”高尚斌说，这导致1941年经济上的困难与军事上的困难叠加到一起，敌后战场十分艰难。

1941年6月3日下午，陕甘宁边区政府召开县长联席会议，一个科长代替县长来开会，不幸遭雷击身亡。巧合的是，还有一头驴也被雷劈死了。有个妇女就骂：“老天爷不睁眼，咋不劈死毛泽东？”马上被抓了起来。毛泽东知道后，让把人立刻放了，并且了解情况，得知是因为公粮交得太多了，百姓有怨气。“头一年陕甘宁边区政府征粮9万担，这一年太困难，需要征粮20万担，翻了一倍还多。”毕远佞说，“毛泽东一看，这不行，必须减征公粮。那没吃没穿怎么打日本人？只能精兵简政，开展大生产。”

在此之前，毛泽东就说过：“饿死呢？解散呢？还是自己动手呢？饿死是没有一个人赞成的，解散也是没有人赞成的，还是自己动手吧。”1941年3月，三五九旅在王震的率领下赴南泥湾开展大生产运动，第二年他们的经费自给率就达到90%。“他们后来吃的比毛泽东都好。毛泽东去南泥湾视察的时候，吃完午饭，还剩下半只烧鸡。工作人员想烧鸡是稀罕物，赶紧用报纸包了，塞进毛泽东的口袋里。”毕远佞说。

大生产运动成果显著。折正千说：“延安老百姓原本是三年打的粮食才够吃一年，后来大生产了，一年打的粮食就够一年吃。我们小娃娃也要生产。老师从毛纺厂把羊毛领回来，我们捻成线，交回去，还给报酬。”毛泽东在1942年年底时说：“我们曾经弄到几乎没有衣穿，没有油吃，没有纸，没有菜，战士没有鞋袜，工作人员在冬天没有被盖。国民党用停发经费和经济封锁来对待我们，企图把我们困死，我们的困难真是大极了。但是我们度过了困难。”

生产自救为敌后战场的抗日奠定了生存的基础。据王涛的不完全统计，陕甘宁边区缴纳的救国公粮和其他负担折算下来远远超过100多万担。“为什么敌后战场的老百姓能调动起来，而蒋介石在正面战场调动不了全民抗战？因为边区百姓的生活改善了，而国统区的生活更苦了，地租照交，抗战期间还要多征税，生存尚且无门，老百姓拿什么去抗日？”国防大学战略教研部教授徐焰说。

毛泽东在1942年的一篇文章中写道：“共产党领导的武力和民众已成了抗日战争中的中流砥柱。”徐焰说：“抗战中流砥柱的作用看三个角度。从政治角度看，共产党是全国最早抗日的，1932年就已经对日本宣战，而且抗战的态度一直很坚定，国民政府则是一边打一边谈判。从军事角度看，抗战初期，共产党的军事力量比较弱。但日军1938年占领武汉以后，共产党在敌后建立起抗战根据地，大大拖住了日军向正面战场进攻的步伐，一直到1944年日军都只能对国军发起规模有限的战役，敌后战场成了日军最伤脑筋的主战场。从发动群众的角度看，共产党实行土改，减租减息，大大减轻了人民的负担，而国民党在抗战中根本没有进行任何社会改革。”

1944众望所归

“百闻不如一见，毛泽东到底是个怎样的人？是像国民党一直宣传的那样‘青面獠牙’，还是像斯诺描写的那样是个质朴纯真的知识分子？很多人希望解开这个谜。这个愿望伴随着正面战场越来越令人失望，敌后战场对日军的牵制越来越大，在1944年达到高潮。”延安大学历史文化与旅游学院副教授赵红告诉笔者。

1944年6月9日，中外记者西北参观团一行21人抵达延安，这是对蒋介石多年禁止中外新闻界访问敌后根据地的一次突破。记者团被安排在陕甘宁边区政府交际处新开的窑洞里，环境简陋但整洁。如今，这些窑洞已难觅踪影。笔者来到这里时，在两三人宽的小路上拐了几道弯，上到半山腰，终于找到正在翻新重建的交际处旧址，当年的窑洞已由一排平房代替。

给外国记者垫桌脚

在延安，充满新鲜感的记者们连珠炮般地向毛泽东提出各种问题。毛泽东听后迅速归为三个主要问题。一是国共谈判，毛泽东希望谈判有进步，但具体的商谈还无可奉告。二是第二战场。记者团抵达延安时，适逢诺曼底登陆成功，欧洲开辟了第二战场，毛泽东认为，第二战场会直接影响欧洲，也会影响太平洋和中国，但中国的问题还要靠中国人自己努力。他重点谈了第三个问题，即中国的民主与统一问题。他认为，中国是有缺点的，而且是很大的缺点，这种缺点就是缺乏民主。“我们很需要统一，但是只有建筑在民主基础上的统一，才是真统一。”

这次会见长达 3 小时，毛泽东的侃侃而谈令中外记者印象深刻。《纽约时报》记者爱泼斯坦在笔记中写道：“我个人感觉，在延安，毛是可以接近的，并且很简朴。他会在遍地黄土的大街上散步，跟老百姓交谈，不带警卫。当和我们一群人拍照时，他不站在中间，也没有人引他站在中间，他站在任何地方，有时在边上，有时站在别人身后。”

记者团在延安待了一个多月，交际处还组织他们参观机关、学校、生产部门，参加各种集会，访问英雄、作家、艺术家以及各阶层知名人士。他们看到了延安与重庆的截然不同，就连一直对共产主义抱有敌视态度的美国天主教《信号》杂志记者夏南汗神父，“亦认为边区是好的”。

有一次，美联社记者斯坦因单独采访毛泽东。毛泽东看到斯坦因写字用的小桌子不稳，就走到园子里捡来一块小石头，弯腰把它垫在一只桌脚下。这次谈话从下午 3 点一直持续到第二天凌晨 3 点，斯坦因“感到意识不清，四肢发麻，眼睛发胀”，毛泽东“还像下午时那样精力充沛，讲话有条有理”。斯坦因在《红色中国的挑战》一书中记述了这次长谈：“（毛泽东的）窑洞被粉刷过，陈设非常简单，向外可以看到一个老果树园。毛泽东坐在一个东倒西歪的椅子上，一支接一支地抽烟，我靠在一个嘎吱作响的旧弹簧沙发上，把记事本放在面前的一个轻微摇动的小桌子上，记录下毛泽东所说的一切。”他对延安的描述颇具感情色彩：“延安看起来纯朴、安静，太阳投射在这片具有特殊吸引力的地方，显得安静和谐。千年古塔闪耀在狭窄的三条河谷汇合处的山岩上，高大金黄……”

此行结束后，爱泼斯坦出版了《中国未完成的革命》；福尔曼出版了《北行漫记》；《新民报》记者赵超构在重庆连续发表报道，受到国统区读者的欢迎，集为《延安一月》出版。赵红说，当时的记者团被称为“全世界人民的眼睛”，他们的报道把毛泽东、延安以及敌后区的真实面貌介绍给世界，这是继《西行漫记》之后，媒体对毛泽东及敌后战场规模最大的一次报道。

与罗斯福互赠礼物

延安东北部有一条“双拥大道”，折正千就住在大道东侧的一个小区。他说，这条宽阔的大路被延安人叫作“百米大道”。百米指的是宽度，20世纪40年代，这是延安机场的跑道。他还记得，1944年7月22日，一架从重庆飞来的美军运输机降落在这条跑道上，机上走下来9名年轻的美国军官，他们就是美军观察组第一批成员。8月7日，第二批9名成员也抵达延安。

“随着抗战进程的推进，美国外交官员和军队中的有识之士，对国民党的消极抗日和腐败无能表示不满，想直接尝试与中共建立联系。”延安干部学院退休教授刘煜告诉笔者，“美军曾经计划在中国东部沿海登陆，与中国军民一起抗击日本法西斯。这与毛泽东的目标是一致的，他对此表示欢迎，甚至愿意配合美军作战。在抗战期间，他一直视美国人为朋友。”

“观察组成员原来住在交际处，第二批成员来了之后，那里就住不下了。后来在今天延安中学的位置给他们新建了8孔窑洞，对面就是八路军总部所在地王家坪，离中共中央所在地杨家岭也很近，以便双方交流。由此可见毛泽东的重视程度。”折正千说。当时，《解放日报》发表社论，毛泽东修改了标题，在“欢迎美军观察组”后加上“的战友们”几个字。

“观察组曾访问延安宝塔山下一所特殊的学校——教育日本俘虏的日本工农学校。他们带来一些太平洋战场的照片，照片上被美军俘获、躺在担架上的日本兵十分瘦弱。当美国军官看到延安的日本俘虏很健康，十分惊奇。当然，他们对另一件事感到更惊奇：共产党是怎样改造这些深受军国主义思想熏陶的日本兵的？”赵红说，“毛泽东讲，很多日本兵也是工农出身，是受蛊惑者，不明真相，所以学校取名叫日本工农学校。刚开始，许多日本俘虏不服从教化，还跑上宝塔山朝日本方向祈祷。但通过共产党人的现身说法，让他们认识这场战争的错误性，逐渐把他们的思想转化过来了。日本军部听说延安有这样一所学校很恼火，派特工来暗杀校长、日本共产党人野坂参三。结果，这些特工也被感化了。美军观察组还看了日本俘虏表演的节目《收割的秋天》，讲的是日本农民一年四季劳作，稻谷丰收后，粮食全被政府征走供给侵略部队，自己颗粒未得，痛不欲生。这个节目令美军观察组十分折服。”

毛泽东与美军观察组成员谢伟思有过多次单独对话，还曾彻夜长谈。谢伟思先后向美军总部发回 50 多封备忘录和电报。他写道：“人们谈到毛泽东和其他领导人时，普遍使用尊敬的口吻……但这些人其实都十分平易近人，我们完全不需要对他们低声下气。”“对党的领导人没有任何批评……地方局势也不紧张……没有感觉到任何的束缚或压迫……没有失败主义……没有乞丐，也没有赤贫的迹象……党和人民彻底团结。”谢伟思认为延安的政治主张“是单纯的民主……形式上和精神上，美国味大过苏联味”。他向观察组组长包瑞德建议，美国应着手计划向共产党提供武器和设备。

谢伟思的报告在美国颇具影响力。为感谢毛泽东对美军观察组给予的支持，罗斯福向中共赠送了一张机密的航线图。毛泽东则委托包瑞德回赠一张《中国解放区形势图》，告知美军飞行员万一被击落可以到哪里寻求解放区军民的庇护。

“无论是美国记者，还是美军观察组，他们之所以认可延安与毛泽东，是因为这一切与重庆的为富不仁、虚伪浮夸形成鲜明对比。共产党人的理想主义价值观赢得了他们的尊重与认可。”赵红说。

“把赫尔利赶走了再说”

在美军观察组抵达延安 3 个多月后，1944 年 11 月 7 日，罗斯福特使赫尔利也来到延安。他带来了《为着协定的基础》，这份文件是他与蒋介石共同草拟的，共有 5 项条款，主要内容是中国共产党的军队遵守并执行国民政府及其军事委员会命令，军官和士兵接受国民政府的改组，然后国民政府才承认共产党的合法地位。

1945 年，赫尔利（后排左二）来延安，毛泽东到机场迎接

毛泽东拒绝了赫尔利：“必须改组现在的国民政府，建立包含一切抗日党派和无党无派人士的联合国民政府……关于改组军队，我以为应当改组的是丧失战斗力、不听命令、腐败不堪、一打就散的军队，如汤恩伯、胡宗南的军队，而不是英勇善战的八路军、新四军。在不破坏解放区抗战力量及不妨碍民主的基础上，我们愿意和蒋介石取得妥协。”

“赫尔利到延安时还是很高兴的。他认为毛泽东的提法是正确的，也同意他的修改意见。对于赫尔利来说，如果国共双方顺利地谈判下去，罗斯福交给他的任务很容易完成，他就可以回去邀功了。”刘煜说。11 月 10 日，两人愉快地在协议草案上签字，文件还留有空白处，给蒋介石签字。

不过，蒋介石没签。转任美国驻华大使的赫尔利又反过来支持蒋介石提出的三点“反建议”：一、国民政府允许将中共军队加以改组，承认中共为合法政党；二、中共应将一切军队移交国民政府军委会统辖，国民政府指派中共将领以委员资格参加军委会；三、国民政府之目标为实现三民主义之国家。“赫尔利就是一根墙头草！”刘煜说。他后来还对美军观察组成员加以诬陷，令毛泽东十分气愤：“我这几条烂枪，既可同日本人打，也就可以同美国人打，第一步我要把赫尔利赶走了再说！”1945 年年底，赫尔利迫于国内外的压力辞职。

民主党派的选择

1945 年，胜利指日可待，中国面临走哪条路的问题。基于此，国民政府参政会参政员黄炎培、褚辅成、冷遹、傅斯年、左舜生、章伯钧 6 人于 7 月 1 日飞赴延安。

当时，被长期推迟的中共七大刚刚闭幕不久。毛泽东向七大提交了《论联合政府》书面政治报告，主张废止国民党一党专政，建立民主的联合政府。与此同时，国民党六大也在进行，议题却是：坚持国民党一党专政，抵制联合政府，准备内战。两党对同一问题做出了截然不同的回答。

毛泽东率领在延安的几乎所有中共领导，赴机场迎接黄炎培一行，“态

1945 年，毛泽东（右一）到机场迎接黄炎培（右二）等国民政府参政员

度相当亲切”，还有二三百名老百姓远远地站着，以好奇的眼光看着他们。黄炎培看到了街道上的意见箱——每个延安人都能“直达上听”，给毛泽东提建议。他发现，在延安喊毛泽东就是毛泽东，很少会称职衔。

毛、黄二人最著名的谈话是那次“窑中对”。黄炎培说：“我生 60 多年，耳闻的不说，所亲眼看到的，真所谓‘其兴也勃焉’，‘其亡也忽焉’，一人，一家，一团体，一地方，乃至一国，不少单位都没有能跳出这周期率的支配力。”毛泽东回应说：“我们已经找到新路，我们能跳出这周期率。这条新路，就是民主。只有让人民来监督政府，政府才不敢松懈。只有人人起来负责，才不会人亡政息。”黄炎培返回重庆后写了一本《延安归来》，初版 2 万册几天内售罄。

赢得真诚抗日和真诚反内战的声誉

“对日战争已处在最后阶段，最后的战胜日本侵略者及其一切走狗的时间已经到来了。”1945 年 8 月 9 日，在获知苏联对日宣战后，毛泽东发表《对日寇的最后一战》。

时间到来了！1945 年 8 月 10 日晚，当延安清凉山新华社的报务员像往常一样接收电讯时，忽然抄到了英国路透社的好几个 FLASH（特急）信号，在场的副社长吴文涛和大家一起焦急地等待着这个特急消息的出现。稍后，一行标题《日本侵略军投降了》跃然纸上。紧接着出现的电文是：日本政府通过瑞士、瑞典转中、美、英、苏四国，表示愿意接受《波茨坦公告》……新华社的窑洞顿时一片狂喜，大家回过神后，才想到要马上报告毛泽东。

胜利的消息很快传遍夜幕下的延安。人人奔出窑洞、扎起火把、敲锣打鼓汇集到大街小巷。诗人艾青在《人民的狂欢节》中写道：“迎接欢乐，款待欢乐，欢乐是今天夜晚最高贵的客人。”诗人萧三在《延安狂欢夜》中写道：“人们只是叫，只是跳，只是笑。卖瓜果的争着送给人们吃，你给他们钱——无论如何不要。”

8 月 15 日晚，延安军民举行火炬游行，彭德怀等赶到现场，接过大家递上的一碗酒，双手托碗，将酒洒在黄土地上，祭奠牺牲在敌后战场的英灵。八年抗战，敌后战场付出61万余军人伤亡的代价，消灭了52万余日军——当年，日本与国民政府对日军在华阵亡人数各执一词，但这个数字，在战后70年来得到两方交叉印证。据日本解密档案和厚生省统计，在华伤亡日军应为133万到140万人（陆军、空军等侵华军力历年伤亡累计）；根据蒋纬国的审慎计算，正面战场杀伤的日军应为85万余人。二者差额与敌后战场消灭的52万日军基本吻合。

但和平没有到来。“在接受日本投降的方式上，紧张关系达到顶点。共产党和国民党争着要接受敌人的投降；从日本人手里接过枪支，就是掌握未来。充满愤怒的电报在毛泽东和蒋介石之间飞来飞去。”美国学者特里尔写道。8月10日至11日，蒋介石3次命令八路军、新四军原地待命，不许向敌伪收缴枪械。一向独立自主的毛泽东拒绝了。“你给我们的这个命令，不但不公道，而且违背中华民族的民族利益，仅仅有利于日本侵略者和背叛祖国的汉奸们。”

但美苏都支持蒋介石全权受降。蒋介石让何应钦给侵华日军总司令冈村宁次下了一个荒唐的命令：在国军到达之前，日军可以继续拿起枪打共军。面对越来越紧迫的形势，毛泽东仍坚持“不打内战第一枪，但做好打第二枪的充分准备”。其结果，和西安事变一样，蒋介石当时赢得了个人自由，现在赢得了受降的荣耀，但毛泽东赢得了真诚抗日和真诚反内战的声誉。

1946年6月26日，蒋介石在中原打响了内战第一枪。1947年3月，毛泽东放弃居住了10年的延安，转战陕北。“蒋介石得意扬扬地飞到延安，就像一个到对方老巢踢翻锅碗瓢盆的警察。他预言只要再有3个月就能消灭毛的军队。3个月后，他自己的军队被一点一点吃掉，而他只能对着一座座空城大声地下着命令。”特里尔的《毛泽东传》在西方久负盛名，他不仅分析了蒋介石政府的腐败无能这个众所周知的决定胜负因素，还大量对比了八年抗战期间毛、蒋的气质——“蒋介石对着损失了一半部队的将军大喊大叫，毛泽东在仔细思考，面孔像佛祖一样安详。蒋介石跳进跳出他的飞机，毛泽东则步行穿过村庄。”“一个看上去像威严的普鲁士人，另一个像波西米亚的流浪者。蒋的上衣经过精心熨烫，挂满了勋章，毛的衣服皱皱巴巴，就像从几百件衣服堆里捡来的。”

正如赵红所说：“1944 年，那些到过延安的美国人已经预感到，毛泽东和共产党将众望所归，取得政权。”（撰文：许陈静　朱东君　田亮）

保卫毛主席进北平

1948 年底，平津战役接近尾声，党中央也在紧锣密鼓地准备搬迁到北平。北平，原是国民党华北“剿总”所在地，国民党政府国防部保密局、阎锡山特务系统、美英国际间谍等特务机关林立，在辽沈战役中退败的大量特务，也从东北、华北等地流窜到此潜伏下来。北平的局势，格外复杂。而那时，我们的公安部队尚未筹建。为在党中央、毛主席进入北平前扫清障碍，1948 年 11 月底，经时任中共中央社会部部长的李克农建议、周恩来首肯，中共中央决定，组建培训一支便衣队。那一年，我 31 岁。

组建红色便衣队

1948 年 11 月末的一天，李克农部长找到我：“北平就要解放了，毛主席当然要去啦。到时，不仅需要公开的保卫部队，还得有一支隐蔽的保卫部队，中央准备组建一支便衣队，队长角色，我看你最合适。”我二话没说，当即表态：“坚决服从组织决定！”

当时，和我搭档的正副指导员分别是中央警备团的焦万有同志和长期在中央社会部工作、有着丰富的地下工作经验的沈平同志。便衣

1948 年 11 月，高富有被选为便衣队队长

队全部 150 名队员，都是从社会部、中央警备团、华北军政大学选派出来的连排级以上干部。

很快，我们被派往距西柏坡 10 公里的黄泥村学习城市生活。然而，对于长期生活在农村的我们来说，城市生活无疑是陌生的。马路该怎么走？电灯、电话、自来水、抽水马桶该怎么用？没人知道。因为没有条件，我们只能听教员讲解“生活的理论”。就因为这，日后还闹了不少笑话。比如初进北平那会儿，驻地院子的背阴处，有一个水管被冻裂了，冰冷的自来水“嘟嘟”往上涌，很快就淌满了一地，因为天气寒冷，开关失灵，怎么都关不上，有队友着急了，脱下棉衣堵、抱来棉被挡，还是没用，我也不知该怎么办。最后，还是负责看守院子的同志帮忙关了总阀门，才算解决。

我们还主要学习了各党派特务组织的实力、特点，特务潜伏活动的规律、方式方法等，一些同志甚至学会了修自行车、拉黄包车、卖小食品杂货，为日后的便衣工作打下了良好的基础。

教学科目刚过半，1949 年 1 月 31 日，北平宣告和平解放，我们也接到紧急命令：立即出发，赶在党中央和毛主席之前开赴北平城！李部长也再次找到我，强调又强调：“你们要以便衣身份做好中央领导同志车队路过时的警卫安全工作。记住，千万不能出事！”

十天步哨北京城

1949 年 3 月 8 日清晨，我带领着全体便衣队队员，乘着四辆缴获的美式大卡车，从西黄泥村向北平方向进发。经过两天的颠簸，我们如期从广安门进入北平城，并直接开赴中央社会部驻地——东城区弓弦胡同15号院，原国民党特务头子戴笠的公馆。

先期到达的李部长迎了出来，将我叫到一旁，说首长到达后可能会住在香山附近，因此便衣队主要负责从西直门、颐和园到香山和从复兴门、八大处到香山这两条路线沿途的警卫工作。随后，我们被安排到一个叫青龙桥的地方暂住。青龙桥在颐和园北宫门以北，距市中心30余里路，是西北方向通往玉泉山、香山的唯一道路，也是香山到西直门的必经之路。那时，傅作义的部队还驻在海淀没撤走，所以一路上全是些没填平的炮弹坑和四处散落的子弹壳。

在青龙桥住下的第一天清晨，我就带着部分队员登上香山顶峰，找出各个方向的制高点，并在地图上圈出准确位置，准备布控。随后又对玉泉山进行了实地考察，连每一棵枯树都不放过，并将颐和园和海淀沿途各个人员密集的路口、可疑点一一标出，计划安排哨位。第二天，大家集体进

1949年，部分便衣队队员在颐和园的合影（一排左二为高富有，一排右一为焦万有）

城，分组到北平城的主要街道、景点、商店熟悉情况。第三天，在李部长的安排下，我们这支队伍配备了100多支从国民党特务手中缴获的左轮手枪——鸟枪换炮了！

为了方便工作，便衣队员通常有一个公开的身份，还可以根据需要随时更换。比如我，对外是颐和园主任，也当过海淀区副区长、海淀公安局副局长，副指导员沈平则当上了北京饭店副经理。为了方便随时入户查户口，海淀区、西直门、八大处等地的派出所所长也都是我们的便衣队员，还有不少人进入了颐和园内的听鹂馆餐厅、照相馆和颐和园后山的茶馆，有的甚至在香山到西直门一线的监控点附近当起了小商贩、修鞋匠。我们还组建了人力车、自行车队，专门负责传递上级指示、递送情报。

在这期间，我们还与公安部门协同侦查，及时制止了多起暗杀恐怖活动。比如国民党用重金雇用的职业杀手柴氏兄弟，通过跟踪确认了时任华北人民政府主席的董必武家的住址，并摸清他每天徒步上下班的活动规律，准备行刺。我们发现后，派专人盯住了他们，使他们的阴谋没有得逞。

建站、布防、侦破……便衣队步哨不过10天，香山地区的社会治安状况便迅速好转起来。

毛主席来了

3月23日，我突然接到指示，党中央将于近日进城。我兴奋极了，这么多天的辛苦忙碌，为的就是这一天！在召集各区队长做了具体部署和分工后，我一刻也不敢松懈，又带队到清华园火车站反复勘探、研究地形。尤其是对毛主席下火车的位置、下火车后上轿车的路线、接站领导同志轿车停放的位置以及等候接站时的站位，都做了详细安排。

指导员焦万有负责党中央、毛主席驻地的扫雷任务，他一改在西柏坡时拿着扫把、木棍敲敲捅捅的“土办法”，改用扫雷器多频率勘察。当扫雷器探到毛泽东将入住的双清别墅附近时，当时也参与扫雷行动的毛岸英发现了一颗没有爆炸的手榴弹。难道中央驻地地址已经泄露？敌特分子已经精心预谋了暗杀行动？所有人的心一下子提到了嗓子眼。幸好专家分析后得出结果，认为手榴弹是国民党军队匆忙从香山往城里撤退时遗留下来的，大家这才稍稍松了一口气。

一切安排就绪回到驻地时，已是深夜，但我却翻来覆去睡不着。我等待着天亮，天一亮，毛主席就要来了！

3 月 25 日，天刚蒙蒙亮，我就急匆匆赶到清华园火车站。火车站在京郊，四周空旷无比，别说住户和建筑，就连高出地面一米的植物都很稀少，只是偶尔会有几辆车从这里经过。清华园火车站离颐和园、西郊机场、香山等地都很近，再加上前门火车站附近特务较多，中央领导同志从这里下火车，再改乘轿车前往北平城其他目的地，是最佳方案。

6 点钟左右，随着越来越强的“轰隆”声，一列火车从西直门方向开来。“毛主席来了！”当啷一声响，火车在计划中的位置停靠下来，毛主席健步走下站台，周恩来副主席、朱德总司令等中央领导同志也紧随其后，与迎候了许久的林彪、罗荣桓、聂荣臻、李克农、彭真、叶剑英等人的手紧紧握在了一起。

“下午的活动你们怎么安排？”周副主席顾不上休息，急忙询问，李部长拉过一把椅子坐下，把下午将在西郊机场举行的欢迎仪式的具体安排详细陈述了一遍。“北京动物园向右转弯掉头处，你们怎么安排？”周副主席转而问我，他对北京动物园附近复杂的路况十分担心。“便衣队的李新同志会换上制服指挥交通！”“他会不会？”李部长追问。“不但会，技术还很熟练。是做地下工作时在国民党交警学校学的，还干过一段时间交警。”“那就好！你们便衣队还真有人才啊！”

那天，我们顺利地完成了警卫任务，但毛主席却因为我们的“密集防卫”发了脾气：“岗哨那么多，成什么样子？比蒋介石进城还厉害噢！小商小贩有什么罪？为什么用枪对着他们？这像什么话？”打那以后，毛主席外出参加活动时所经过的路线，就再没戒严过。

站在金水桥头看开国大典

我们的任务也并非波澜不惊。那年 8 月，随着毛主席等中央核心领导人陆续搬入中南海办公，我们也派出由 12 名队员组成的区分队进驻中南海。

1949 年 9 月 30 日，为了保障第二天开国大典的万无一失，我早早安排好队员们的哨位，对地形也进行了详细勘察。第二天凌晨，我们又早早来到天安门广场，分散开来，秘密巡视。那时的天安门广场是有围墙的，从北到南，只要有墙的地方，就有我们的人。中山公园等能够出入的地方也有我们的人，门口那个验票的就是便衣队员。被邀请上天安门参加开国大典的都有请柬，我们的队员验票非常仔细，因为大家都知道，绝对不能出任何差错。

下午两点多，毛主席站上了天安门城楼。我站在金水桥头，远远看着他和其他领导同志，心里激动啊！当初秘密进城，为的就是保卫毛主席和党中央在北平的安全，早日建立新中国，这一天终于被我们盼到了！

1950 年年底，便衣队被改编为政保队，隶属公安部管理。这样，从黄泥村到北平城，我们这支曾经神秘的潜伏部队，前后存在不到两年，却是我一生中最珍贵的经历，也在共和国的历史上，留下了浓墨重彩的一笔。（口述：高富有　整理：李荣刚）

毛泽东布局建国大业

到1947年下半年，人民解放军在1年的时间里，共歼敌112万人，使国民党军的总兵力，由解放战争开始时的430万人，锐减为370万人，正规军由200万人减为150万人；而人民解放军的兵力，则由解放战争开始时的112万人发展到195万人，实现了毛泽东“夺取战略上的主动，由防御转入进攻”的战略目标。

此时，对中共来说，建立人民政权已变得越来越现实。

城南庄惊险一刻

1948年3月21日，毛泽东率部从陕北米脂县杨家沟出发，东渡黄河，经山西进入河北。4月11日傍晚，他和周恩来、任弼时等到达河北阜平县城南庄，住进晋察冀军区司令部大院。

4月30日至5月7日，中共中央书记处扩大会议在城南庄召开。毛泽东、刘少奇、朱德、周恩来和任弼时都出席了会议。这是撤离延安后，“五大书记”第一次在一起参加中央的会议。根据毛泽东的提议，会议讨论了进一步把战争引向国民党统治区和如何发展生产、减轻人民负担等问题。毛泽东特别提出，中共中央应邀请各民主党派、人民团体和社会著名人士来解放区，参加新的政治协商会议，共商建国大业。正是毛泽东的这个动议，引发了一场轰轰烈烈的民主参政运动。

会议结束没几天，一日拂晓，又熬了一个通宵的毛泽东，放下手中的笔，吃过安眠药，上床休息。

正当大家吃早饭时，城南庄上空突然传来飞机的轰鸣声。防空警报随即响起。毛泽东的警卫员李银桥听到警报，心里非常焦急，徘徊在屋前，不知该不该叫醒毛主席。

这时，晋察冀军区司令员聂荣臻快步赶来："毛主席呢？"

李银桥："毛主席吃了安眠药，刚睡着。"

聂荣臻："快叫醒，敌人的轰炸机马上就到，赶快去防空洞。参谋长，快去拿担架！"

李银桥冲进里屋："毛主席，醒一醒！敌机！"

毛泽东睁开眼，慢慢坐起来，向李银桥伸出两个手指示意要烟。

李银桥边递烟边劝："毛主席，先别抽了，快走吧。"

毛泽东点燃了烟，不慌不忙地说："投炸弹啦？"

这时，警卫排长阎长林也进来了："炸弹下来就晚了！"

毛泽东又道："慌么子，就是丢下炸弹，也不见得就专找毛泽东嘛。"说着不紧不慢地穿衣服，仍没有走的意思。

李银桥冲出屋子，向聂荣臻求助："聂司令，毛主席他……"

聂荣臻带着担架闯进了屋子："毛主席，快上担架，去防空洞！"

此时，敌机的轰鸣声再次隐隐约约地传来。

"快！把毛主席抬上担架，去防空洞。"聂荣臻严肃地命令道。几个人赶紧把毛泽东扶上担架，抬起来就跑，刚跑进防空洞，就听见几声轰响，随后便见小院周围升起了一团团浓烟。

敌机共投下 5 枚炸弹，其中一枚在小院里爆炸！

5 个月后，从缴获的国民党档案里，人们才知道：晋察冀军区司令部小伙房的司务长刘从文，是潜藏的特务，他向敌机报告了毛泽东的准确位置。

当晚，毛泽东撤离城南庄。5 月 27 日，他到达中共中央机关所在地西柏坡，与先期来到的周恩来、任弼时等会合。

小山村指挥大决战

在西柏坡，根据中央政治局的决定，“五大书记”进行了分工，其中，毛泽东在周恩来的协助下负责全国的军事指挥。但毛泽东说：“现在到了决战阶段，仗要越打越大，都是关系全国大局的大仗，不要我一个人说了算，重大决策都要集体研究决定。”

1948 年 9 月，许世友指挥部队拿下济南城之后，毛泽东立刻意识到，人民解放军已具备攻打大城市的能力。于是，他迅速组织制定了辽沈战役的作战方针，命令东北野战军先南下攻打锦州，造成“关门打狗”的态势。

1948 年 11 月，中央军委决定成立由邓小平任书记的淮海战役总前委。左起：粟裕、邓小平、刘伯承、陈毅、谭震林

当时，林彪对这一作战意图顾虑重重，怕受到锦西和沈阳之敌的合围攻击。为此，毛泽东先后 20 余次发电报说服林彪。1948 年 9 月 12 日，根据中共中央军事委员会的命令，东北野战军发起辽沈战役。到 11 月 2 日战役结束，人民解放军共歼灭国民党军队 47 万余人。紧接着，在黄河以南，毛泽东指挥陈毅、粟裕和刘伯承、邓小平所率的两支野战军，硬生生“吃”掉了国民党军队 55 万余人，实现了淮海战役的重大胜利。就在淮海战役鏖战期间，毛泽东又看准了华北平津一带的战场，指挥刚取得辽沈战役胜利不久的东北野战军秘密入关，发起平津战役。为了防止傅作义军团南逃，毛泽东命令即将取得淮海战役胜利的大军“做出阻击之势”。最终，傅作义被迫放弃幻想，率军起义，使北平得以和平解放。

自 1948 年 9 月 12 日到 1949 年 1 月 31 日，4 个多月的时间里，毛泽东通过数百件电报，指挥人民解放军在三大战役中取得震惊世界的胜利，歼灭国民党军队 150 多万人。至此，中国共产党控制了长江以北的大半个中国。

毛泽东接下来要考虑的问题是：打过长江去，夺取全国性胜利。

为了防止人民解放军南进，蒋介石在长江沿线构筑起坚固的防御工事，号称“固若金汤”。他自恃有美国的支持，料想解放军不敢再往南进攻。

当时，确有一些国际友人劝毛泽东适可而止，不要引发帝国主义特别是美帝国主义的干涉。但毛泽东等对此并不担心。1964 年，他在会见外宾时曾说到这段历史：“我们同蒋介石打仗，胜利之前，美国有十几万海军陆战队驻扎在上海、青岛、天津、唐山、北京，或者以此作为根据地，或是临时驻扎过。但我们一打这些地方，他们就跑，连接触都不敢接触……”

1949 年 4 月，中国共产党代表团与南京国民政府代表团在北平进行和平谈判。4 月下旬，由于蒋介石拒绝在和平协议上签字，毛泽东毫不犹豫地立刻下达命令：“打过长江去，解放全中国。”他已经下定决心——即使帝国主义干涉，也要打过去，决不实行南北分治。

北平礼遇民主人士

1949 年，毛泽东的工作重心已转移到筹建新中国上。这项工作主要有两个内容：一是召开新的政治协商会议，成立民主联合政府；二是通过联合政府的施政纲领。

筹备召开新政协、成立民主联合政府的工作，虽然主要由周恩来负责，但毛泽东作为中共中央的一把手，在很多事情上仍然亲自出面。

83 岁高龄的中国致公党创始人司徒美堂，要到位于香山南麓半山腰的双清别墅，和毛泽东谈事。毛泽东怕体弱的司徒美堂禁不住吉普车的颠簸，就让工作人员准备好担架，到坡底去接。警卫人员找不到担架，毛泽东就让他们用自己的藤椅做成一个简易的轿子。司徒美堂被抬上来后，毛泽东

1949 年 3 月 25 日，毛泽东、朱德等率中央机关和人民解放军总部进入北平。民主党派负责人和民主人士到西苑机场迎接。自左至右依次为沈钧儒、朱德、董必武、李济深、陈其瑗、郭沫若、黄炎培、毛泽东、林伯渠、马叙伦

双手搀扶他“下轿”，把司徒美堂感动得连连拱手致谢。

新政府应该实行怎样的经济政策、外交、民族政策，新中国将用怎样的国号……对于这些问题，毛泽东虚心听取其他党派和无党派民主人士的意见，并进行充分的讨论。比如，关于国号问题，毛泽东在他的讲话和文章中，有时用“中华人民共和国”，有时用“中华民主共和国”；党中央的文件则有时叫“中华人民民主共和国”。在新政协的一次筹备会上，中国民主建国会创始人黄炎培（简称民建）等人主张用“中华人民民主国”，而清华大学教授张奚若等则主张用“中华人民共和国”。但毛泽东当时却支持沿用“中华民国”国号，理由是：共产党救中国，而不是亡中国，新中国取代旧中国是新政府取代旧政府，不是新国家取代旧国家，共产党反蒋介石不反孙中山。后来，何香凝解释说，“中华人民共和国”里面包含了“中华民国”这4个字，其实质是一样的；“民国”的“民”就是“人民”；孙中山先生一生为共和而奋斗，“国”自然就是“共和国”。毛泽东听后觉得有理，就不再坚持。

关于这段历史，曾任毛泽东秘书的胡乔木后来总结说：“召开政协和拟定建国纲领的过程，突出体现了共产党领导下的党派协商精神。毛泽东、周恩来等共产党领导人大智大勇、胸怀大度，既能提出完整正确的立国方案，又能虚心听取其他党派和无党派民主人士的意见，平等协商国家大事；其他党派和无党派人士亦能本着共同负责的精神，竭智尽虑，为国献策，大胆发表意见，敢于进行争论。这种精神，为我国政治生活留下了一种宝贵的传统。”（撰文：张素华）

毛主席专列列车长回忆：惊心动魄的29天

2013年12月26日是毛泽东主席诞辰120周年纪念日。时光飞逝，毛主席离开我们已经37年。我曾经作为乘务人员，在毛主席专列上工作过8年，数次执行毛主席乘专列出行的任务。在此期间，毛主席的一言一行都给我留下了终生难忘的印象。在毛主席诞辰120周年将近时，我对他老人家的怀念也愈发强烈。这促使我在花甲之年拿起笔，将心灵深处珍贵的回忆记录下来。

初见毛主席

我是一名出生在河北的农家女。1966年，铁路部门到我的家乡招工，经学校推荐，刚刚完成初中毕业考试的我被列入了候选名单。经过面试和一系列的政治审查，我被录取了。11月，我来到了首都北京，成为铁道部专运处的列车员，工作任务是为中央首长和外宾乘坐火车提供服务。更让我没想到的是，经过一年的培训和实习，我被分配到了毛主席专列包乘组。包乘组的老同志们跟我讲了许多毛主席关怀工作人员的故事，这激发了我想见毛主席的急切心情。1969年5月29日，我第一次接到了执行任务的命令，心里十分高兴。我一边紧张地做着出发前的准备，一边想象着见到

岳素花

毛主席时的情景。

列车驶出北京后，我们几位新同志按捺不住想见毛主席的急切心情，不断问列车领导，毛主席能不能在这次任务中接见我们。列车领导回答说，毛主席工作很忙，一上车就开始工作，要有合适的机会才能向毛主席提出请求。

几天后的一个下午，列车仍在运行，毛主席公务车上的列车员张玉凤来到宿营车，对列车领导说："毛主席听说来了新同志，现在要见见她们。"我们这些农村女孩从小唱着《东方红》长大，只见过墙上的毛主席画像。想到马上要面对面见到毛主席了，我们的心情格外激动。我尽力抑制着心跳，和几个伙伴一起跟张玉凤来到了毛主席的公务车上。

毛主席正在主卧室里休息，穿着一件灰白色睡衣，斜靠在宽大的木板床上。见到我们进来，他笑眯眯地望着我们。我们齐声说了句"毛主席好"。毛主席点点头，起来和我们一一握手，接着就和我们拉起了家常。毛主席说话带着浓重的湖南乡音，我们听不太懂，直发愣，毛主席就让张玉凤在一旁当起了翻译。毛主席问我们多大了，是哪里人，读过多少书。当听说我们是初中生时，他又认真地问："你们读到毕业了吗？"有同志说："我们是六六届毕业生，快要中考时，'文化大革命'开始了，高中停止招生，我们就参加了工作。"听到这里，毛主席若有所思地说："你们是最后一批毕业生了。"

我们这批来自农村的新同志，不过二十来岁，一张张黑红的面孔透着健壮。毛主席握住餐车服务员小周的手，摆出掰腕子的架势说："来，看看谁劲儿大。"就这样，毛主席和一个来自农村的小姑娘掰起了腕子。不知过了多久，毛主席说："我累了，该休息了。"我们这才依依不舍地离开了毛主席的房间。

回到各自工作的车厢后，那些和我们同时参加工作的男同志听说毛主席接见了我们几位女同志，羡慕不已。大家一起又向专列领导提出了同毛主席合影的请求。列车领导十分理解我们的心情，并向与毛主席同行的中

1969 年 9 月 23 日，毛主席在天津同专列工作人员合影。第二排右三为岳素花

央办公厅主任汪东兴转达了这个请求。他答应合适的时候安排，我们自此又开始了漫长的等待。

毛主席这次外出历时 4 个月，途经武汉、长沙、南昌、杭州、上海、南京、济南，9 月 23 日到达天津，在专用线上停了下来。大家这时都很失望，因为列车再一启动就回北京了，同毛主席合影的愿望也就泡汤了。那天，我正站在车门口值班，突然感到车上的人们开始骚动起来。和我同在一个车厢工作的列车员小王跑过来告诉我："一会儿毛主席下车散步，和大家照相。"听到这个消息我激动不已，但很快心里就犯起了嘀咕："乘务纪律规定，当班时不许擅离岗位。我正值班呢，怎么办？"这时一位和我在同一位置站岗的警卫战士看出了我的心思，对我说："你去吧，有我呢。"征得领导同意后，我快步赶上大家，朝毛主席下车的方向跑去。

看到毛主席下车，大家都热情地鼓起掌来。毛主席朝大家挥挥手，鼓着掌走进了人群。专列刘队长握住毛主席的手，激动地说："祝毛主席万寿无疆！"毛主席随口应道"万寿无疆"。这时有人搬来了藤椅，想让毛主席坐下和大家合影。毛主席却用手拨开藤椅，顺势坐在长满杂草的地上，对大家说："我们是自家人。"大家快速围在了毛主席周围，摄影师连连按动快门，为大家留下了永久的纪念。听摄影师说"好了"，毛主席打算起身，却笑眯眯地望着我们说："起不来了。"人们赶忙扶毛主席站起来。值班的同志合过影之后，大多很快回到了岗位上，我刚要离开，不知是谁说："毛主席，和我们女同志单独照一张吧。"毛主席没说话，笑眯眯地站在那里。摄影师朝我们使了个眼色，十几位女同志又迅速站到毛主席身边照了一张。周围的同志见还在照，又陆陆续续跑过来。毛主席环视了一下四周，问："还有没照的吗？"这时，中央警卫团的同志们又围过来照了一张。

时至今日，每当看到与毛主席的合影，想起与毛主席一起聊天的情景，我仍然激动不已。

特殊时期的准军营生活

1969 年 10 月 14 日，毛主席又一次乘火车南下，前后历时 6 个半月。那时中苏关系紧张，当年 3 月，两国在珍宝岛地区接连发生武装冲突。基于苏联在两国边境陈兵百万的情况，中央做出了时刻准备打仗的部署，"深挖洞，广积粮，不称霸"的指示传遍全国。林彪在毛主席离京后的第三天下达了紧急战备的一号命令。3 年之后，我们才知道，这个命令其实是林彪集团的一个阴谋。但在当时，我们都极为认真地从战备需要角度出发考虑问题，努力落实毛主席关于准备打仗的指示。因此，这次任务中的专列生活和以往很不一样。

毛主席外出的第一站总是停留在武昌，这次也不例外。只是专列停放的专用线由王家墩机场改为山坡机场。这里地如其名，停放专列的线路两旁都是光秃秃的山丘，是个很隐蔽的地方，除了油库以外没有任何住房，我们只有吃住在列车上。

毛主席外出后不久，中央警卫团 8341 部队的军宣队就进驻了铁道部专运处，其中两名同志还专门到了武汉，负责领导专列上工作人员的政治学习。为适应战备的需要，军宣队同志要求我们在做好本职工作的同时，还要学一些军事技能。在驻地等待任务的日子里，我们一面搞本职业务竞赛，一面进行军事训练。训练内容包括夜间拉练、站岗，每日按时出操，学擒敌拳，练习瞄准射击，拆卸半自动步枪，等等。这种半军事化的生活持续了半年之久。

所有的训练项目里，我对练习瞄准和拆卸枪支十分着迷。为了支持我们的军事训练，驻地的部队给我们配备了半自动步枪。工作之余，我就练习瞄准、卧姿装子弹，经常开饭了还在“阵地”上趴着练瞄准。当时的想法很单纯，认为多掌握一点军事技能就能多一点保卫毛主席的本领。军宣队的同志说，部队战士练兵要限时摸黑拆卸长短枪；部队比武时，战士们用黑布把眼睛蒙上，几分钟就可以拆装一支半自动步枪。这令我十分佩服，也激发了训练热情，即使在非训练时间，我也会把枪借来做瞄准和拆装练习。

8341 军宣队还开展了组织和思想整顿。在执行任务中，列车工作人员向毛主席汇报了开展思想整顿的情况。毛主席听说我们内部还存在不团结现象时，指示说：“你们要讲团结，要关心国家大事，要想 50 万年到 100 万年以后，世界是个什么样子。要多读书，光读我的书还不够，还要学习马列的书。”当他听说专运处推荐了两名工人到北大、清华上大学，又说道：“我们国家还很落后，要想办法改变老一套，不能都去上大学，要坚持自学。”

这次外出途中，毛主席还问身边的乘务员：“没有任务时，你们在家干什么？”乘务员回答说，学习业务和文化知识。毛主席关切地说：“你们也要办个小工厂，除了学习政治，还要学点技术，为国家创造财富。”遵照这个指示，专运处于 1970 年创办了一个小电机厂，专运人员轮流下工厂劳动。直到 1980 年初，我离开专运处时，这个小工厂还在生产电机。

随毛主席上庐山，遵照指示学马列

1970 年 7 月 22 日，我们再次随毛主席专列南行，途经武昌、长沙、杭州，8 月 19 日到达江西九江的当天，毛主席就上了庐山，准备召开九届二中全会。我们在九江待命并忙里偷闲地游览了庐山。

从风景区下来，我们队列徒步返回驻地。我们排队走在很窄的山路上，经常要避让往来的车辆。我们在行进途中正好遇到了毛主席的汽车。毛主席车中的工作人员告诉毛主席，这是专列工作人员。毛主席听说以后，隔着车窗向我们招手，并对身边的人说："这是我的队伍。"后来，毛主席的这句话传到专列上，每一位专列工作人员都以自己成了毛主席的队伍而自豪，誓死保卫毛主席的决心更加坚定。

1970 年 9 月 6 日，九届二中全会在庐山闭幕。会议围绕设"国家主席"和"称毛泽东为天才"两个问题，斗争激烈。9 日，毛主席下山并乘专列返回北京。返程途中，专列的工作人员对庐山会议的情况已经有所耳闻。回京不久，党中央就发出了《关于高级干部学习问题的通知（11 月 6 日）》。通知要求，党的高级领导干部要挤出时间读一些马列主义著作，建议各级领导干部读 6 本马、恩、列著作和 5 本毛主席著作。11 月 16 日，党中央又发出了《关于传达陈伯达反党问题的指示》，号召全党全军立即开展"批陈整风"运动。至此，我才知道了庐山会议的内幕，也知道了毛主席要求我们"要认真看书学习，弄通马克思主义"的真正原因。后来，当我从文件中看到 1970 年 8 月 31 日毛主席在庐山会议期间写的《我的一点意见》时，第一次体会到了党内斗争的复杂尖锐，也体会到了加强马列主义理论学习的重要性。

毛主席在《我的一点意见》中写道："这个材料（注：指恩格斯、列宁、毛主席关于讲天才的几段语录）是陈伯达同志搞的，欺骗了不少同志。第一，这里没有马克思的话。第二，只找了恩格斯的一句话，而《路易・波拿巴特政变记》这部书不是马克思的主要著作。第三，找了列宁的有五条。其中第五条说，要有经过考验，受过专门训练和长期教育，并且彼此能够很好地相互配合的领袖，这里列举了四个条件。别人且不论，就我们中央委员的同志来说，够条件的不很多。例如，我跟陈伯达这位天才理论家之间，共事三十多年，在一些重大问题上就从来没有配合过，更不去说

1963 年 10 月，毛主席在专列上看河北省水利工程长远规划图

很好的配合。”“这一次，他可配合得很好了，采取突然袭击，煽风点火，唯恐天下不乱，大有炸平庐山，停止地球转动之势。”“至于无产阶级的天下是否会乱，庐山能否炸平，地球是否停转，我看大概不会吧。”“通常所说的，是英雄创造历史还是奴隶们创造历史，人的知识（才能也属于知识范畴）是先天就有的，还是后天才有的，是唯心论的先验论，还是唯物论的反映论，我们只能站在马列主义立场上，而绝不能跟陈伯达的谣言和诡辩混在一起。”

这个文件，我反复看了多次，触动很大。我当时想，那么多中央委员上陈伯达的当，就是因为不读马列，于是暗下决心，一定要努力学习马列著作。之后，我认真学习了这些马列著作，这对提高自己的政治理论水平和辨别是非的能力大有裨益。

誓死保卫毛主席

“把专列当作流动的中南海，保卫毛主席的安全高于一切。”这是当时毛主席专列工作人员的誓言。所有工作人员不论冬夏、不分昼夜，只要中南海一声令下，立刻出发。从来没有人埋怨、叫苦，也从没有人讲自己的家庭困难。每一个人都以兢兢业业的工作实践着自己“誓死保卫毛主席”的誓言。但事实上，真到了生死攸关的时刻，还是毛主席保卫了我们。这要从“九一三”事件之前毛主席的南巡谈起。

1971年8月15日，毛主席乘专列南下，这一路和往常一样走走停停，而实际上却非同一般。这次外出的20多天里，毛主席先后抵达武汉、长沙、南昌、杭州、上海等地。一路上，毛主席很少休息，总是不停地同各地主要领导人谈话。虽然我们并不知晓谈话的内容，但是一路的行车情况还是让我们感到了这次旅途的异常。

在武汉，中央警卫团团长张耀祠的秘书向我们传达了毛主席的指示："要搞马列主义，不要搞修正主义；要团结，不要分裂；要光明正大，不要搞阴谋诡计。""要跟路线，不要跟人。""要学唱两支歌，《国际歌》和《三大纪律八项注意》。不但要唱，还要学着去做。"一路上，警卫部队和专列工作人员都遵照毛主席指示，反复学唱了这两首歌。

专列之后途经长沙、南昌，9月3日到达杭州时，毛主席下车休息，专列停在了笕桥机场专用线待命。9月8日，完成了一天紧张的工作之后，空军基地的同志为我们安排了夜场电影，连放两部片子，一直演到了半夜。电影放完已经是凌晨1点多，我们回到基地的临时宿舍倒头便睡。在睡梦中，我似乎听到有人喊自己的名字，忽然一下就清醒了。仔细一听，确实有人在喊我。我赶忙应声起身向窗外看，原来是我们的赵队长。他小声嘱咐我说："别开灯，快点起来，赶快带上所有东西上车。"这时，其他同志陆续也醒了，我们麻利地收拾好东西，悄悄上了列车。按毛主席乘车的要求，我们检查了各项工作，列车长便通知机车启动。机车启动之前我们做的准备工作，都没有惊动基地的同志，所以机车发动的轰鸣声使他们吃了一惊。基地的一位负责人赶紧跑过来一探究竟。还没等他开口，专列工作人员就把按规定算好的菜钱包好，顺势递到了他的手上，此时列车已经开动了。

专列进入杭州车站，稍作停留就出发了。我很不解："毛主席从没在夜间行动过，这次为什么夜间行动？为什么停靠杭州车站时，并没有见到首长的车队，专列就开出啦？"我不禁联想到老同志曾说过，以前也有过为了确保毛主席安全，列车在地上空跑，毛主席乘飞机在天上飞的情况。我猜想，这次是不是又遇到紧急情况啦？但由于多年来养成的"知道不说，不知道不问"的保密习惯，我并没和任何人提起过自己的猜测。当天凌晨，专列停在了靠近绍兴的一条专用线上。列车在那里停了一天一夜，直到10日中午才由绍兴返回杭州。下午，毛主席上了车，专列随即出发，并于当晚到达上海。专列停在虹桥机场专用线上，毛主席没有下车。第二天，毛主席静悄悄地休息了一天。11日的上午，王洪文和许世友来到了毛主席的专列上。后来，我从汪东兴的回忆录中得知，这一天的时间是在等许世友，他到靠近大别山的军垦农场去了。毛主席为此批评许世友说："一个司令员随便离开工作岗位，万一发生问题怎么办？今后这样的情况要注意。"然后毛主席又和他们谈了庐山会议的问题。没过多长时间，王洪文和许世友就下车了。

两人下车时已近中午，列车上正在开饭。张耀祠从毛主席车上走过来，通知我们马上开车。列车工作人员赶紧放下碗筷，各就各位。过了几分钟，张耀祠又来问："车为什么还没开？"列车的领导说，已经和铁道部联系了，路局、分局接到行车命令后线路才能开通。张耀祠焦急地说："毛主席要求马上开车，一切听毛主席指挥。"

遵照毛主席的指示，前驱车首先开动了。按照常规，出于行车安全的考虑，前驱列车要开出一个区间，毛主席乘坐的本务列车才能启动，两列车之间必须间隔十几分钟的距离。可这次前驱和本务列车几乎同时启动，只有采取前驱列车提速，本务列车慢慢开动的办法，在运行中拉开距离。列车开动以后，速度越来越快，车厢内晃动得厉害。毛主席身边的服务员反映，毛主席桌上的书都掉地上了。机务段段长找到列车领导说，这样开法，司机很担心，怕保证不了列车的运行安全。列车领导回答说，一切听从首长安排，我们要尽一切努力确保安全。最终，专列于傍晚安全到达南京车站。当列车工作人员告诉毛主席列车提前了10分钟到达时，毛主席说："早10分钟也好啊。"当时，我们并不理解这10分钟的重要意义。

在南京，许世友已在车站等候了。然而列车只停留了15分钟就又开动了，毛主席并没下车，也没让许世友上车。之后，专列又先后途经蚌埠、徐州、济南、德州和天津西站，这期间毛主席也没有召见任何地方首长。经过连续两天的运行，专列在12日中午到达北京丰台车站，我们悬着的心也终于落了地。可令人更为不解的是，专列没有马上驶进北京站，而是停到了一个专用线上。我们对这个地方很陌生，一问才知道，这里是一个兵站。一些首长从北京过来，到毛主席列车上待了两个多小时后，列车才驶进北京站。

专列乘务人员每完成一次毛主席外出任务后，一般都会休息两天。吃过晚饭，家在北京的同志高高兴兴地回去了。但第二天一早，我们就接到通知，要求全体人员一级待命。从 9 月 13 日开始，一直到 9 月底，大家吃住都在列车上。9 月 28 日，专运处召开全体职工大会，党委书记传达了《中共中央关于林彪叛国出逃的通知》。当听到林彪企图谋害毛主席时，我的头皮一阵发紧。后来随着林彪事件的真相逐步公之于众，我才知道那一次的南巡是何其惊心动魄。

从揭露的材料看，企图发动武装政变的林彪反革命集团策划了在毛主席南巡时发动武装政变，谋害毛主席。他们策划了多种方案：如果专列停在上海虹桥机场专用线，就炸毁机场油库，再以救火的名义趁机谋害毛主席；如果行不通，他们就利用毛主席接见的机会，开枪杀害毛主席；在专列行进的途中通过炸毁铁路桥梁，用火焰喷射器、四〇火箭筒或者高射炮平射，炸毁毛主席专列。

由于毛主席的高度警觉和敏锐，他打破了常规，指挥专列提前行动，彻底打乱了林彪集团的阴谋计划，带领着我们冲出了死亡线。

最后的背影

“九一三”事件之后，毛主席的健康状况每况愈下，在将近 3 年的时间里没有离京。直到 1974 年 7 月 17 日，毛主席又一次离开北京，开始了历时 9 个月的旅途。其间，毛主席在家乡湖南住的时间最久，长达 114 天。毛主席这次外出主要是养病，但是“四人帮”的干扰却一天也没停下。

1975 年 1 月的一天，专列领导接到通知，江青到了长沙，要我们做好江青用车的准备工作。听老同志们说，自 20 世纪 60 年代以来，毛主席从来没和江青一起外出过，但一直有一辆备用车和毛主席的公务车挂在一起。只要江青用车，我们就稍作调整，临时安排工作人员。我也听说，毛主席和江青的关系并不和谐，不愿意同她一起生活。江青的突然到来让我觉得，可能是毛主席岁数大了，江青对毛主席的身体也格外关心了吧。但粉碎“四人帮”之后，我从相关材料里得知，事情并非是我想的那样。

江青因为对邓小平复出不满，在全国人大四届一次会议召开前夕多次要求见毛主席，打算告周总理和邓小平的状，却遭到了毛主席的严厉批评。此时，全国人大四届一次会议刚开完，会议选举产生了以朱德为委员长，董必武、宋庆龄等为副委员长的全国人大常委会和以周恩来、邓小平为核心的国务院领导班子。一大批富有治国理政经验的老干部重新走上了工作岗位，邓小平也开始代病重的周总理主持国务院的工作。“四人帮”对这个结果感到格外沮丧。因此，江青不顾毛主席“不要来看我”的指示，独自坐飞机到了长沙。毛主席随后见了江青，又重复了此前在信中批评她的意见：“不要随便，要有纪律，要谨慎，不要个人自作主张，有意见要跟政治局讨论。人要有自知之明。”这让江青无功而返，我们最终也没能看到毛主席和江青同乘一趟列车出行的情景。

毛主席这次外出的时间虽然很长，可我们没机会见到毛主席。“九一三”事件之后，毛主席专列上来的新同志等了整整 3 年，才等到了执行任务的机会。他们那种想见毛主席的心情，我们都很理解，可考虑到毛主席的健康状况，专列上没有一个人提及此事。

我在 1973 年担任了专列列车长。这次任务中，我也从本务车调到了前驱车上。每到一站，我都会先于毛主席乘坐的本务车到达，在站台迎接毛主席的车进站，于是也就有见毛主席的机会。这次见到毛主席，我没有了以往的激动，反而心感忧虑和惆怅。当看到毛主席行动日渐不便，我的内心有种说不出的感觉。我不由得想起了前不久董必武病逝的消息，心中还生出了一些恐惧。但没有人打听毛主席的健康状况，更没有人议论。当新同志们问起能不能见到毛主席时，我只能回答，看机会吧。

1975 年 4 月 13 日，毛主席历时 272 天的南方之行结束了。我和前驱专列的同志们先期到达北京，新同志因为没见到毛主席都很失望。我理解他们的心情，就同意他们躲在毛主席下车对面的地方，等毛主席下车时看上一眼。这次毛主席几乎是被人们从车上抬下来的。站在汽车门前的毛主席连收缩身体的动作都难以自控了，最后还是张玉凤用手按了一下毛主席的头，才算把他送进了汽车。躲在列车后面的同志们也只是远远看到了毛主席这样一个背影。

毛主席回京之后不久，专运处就着手对毛主席的公务车进行改造，使汽车或担架可以直接上下车。我们知道，这是为毛主席再次回家做准备，我们也都静静地等待着。

1976 年，噩耗不断传出：1 月 8 日，周总理与世长辞；7 月 6 日，朱德委员长也离开了我们。后来，我从相关资料中得知，周总理去世时，毛主席已经走不动了。但病重的毛主席始终有个心愿——回故乡韶山养病，叶落归根。鉴于毛主席的健康状况，政治局没有同意毛主席远行的要求。1976 年 9 月 9 日，毛主席病逝，全国陷入一片悲痛。

当时，我和很多人的想法一样，对祖国将走向何方感到迷惘。然而，这么多年过去了，毛主席留给我们的精神财富被很好地继承了下来，祖国也在一代又一代人的努力下，发展得越来越好。这无疑是对毛主席诞辰 120 周年最好的纪念。（撰文：岳素花）

毛泽东对调八大司令员内幕

1973 年 12 月，中国历史上发生了一次不寻常的事件。中共十大召开 4 个月后，中共中央军委发布命令：北京与沈阳、南京与广州、济南与武汉、福州与兰州八大军区司令员相互对调。这件事情不但在国内产生巨大影响，在国际上也引发了各种猜测。

“决不允许枪指挥党”

毛泽东为什么一定要对十一大军区中的八大军区司令员进行对调呢？从我党与军队的具体关系变化来看，我党总体模式与思路是党对军队的绝对领导，但实际过程却有些复杂。毛泽东曾说：“我们的原则是党指挥枪，而决不允许枪指挥党。但是有了枪确实又可以造党，八路军在华北就造了一个大党。还可以造干部，造学校，造文化，造民众运动。延安的一切就是枪杆子造出来的。枪杆子里出一切东西。”

基于历史经验，新中国成立以后，毛泽东始终对军队抓得很紧，特别关注直接领导者的动向。他一直兼着中央军委主席，要求军队重大问题都要向他报告，甚至营、连的调动也要经过他批准。

“文革”前夕，毛泽东与汪东兴谈话时说：“我们军队里也不那么纯，军队里也有派嘛！……不知你们信不信？你们不信我信。我们军队几十年经常有人闹乱子。”可见，毛泽东对军队领导权和内部状况的关注，是促成 1973 年八大军区司令员对调的历史和心理因素。

当然，直接导致这次对调的，还是林彪利用军权与旧部的关系，企图篡夺政权，以及由此引发的“九一三”事件（1971 年）。此后，毛泽东开始重新审视“文革”，决意重新起用被打倒和受排斥的老干部，并亲自着手掌握军队情况。在这种背景下，“八大军区司令员对调”，开始在毛泽东头脑中逐步酝酿。

在周恩来等人的努力下，1973 年 3 月 10 日，邓小平恢复了党的组织生活和国务院副总理职务，同年 8 月在党的十大上当选为中央委员。由于此时周恩来病情加重，毛泽东有意识培养邓小平成为周恩来的接班人，对邓小平更加器重。

在一次听取工作汇报中，毛泽东讲到各大军区司令员久未调动的问题，问邓小平怎么办？邓小平稍作沉思，随后把面前的茶杯和毛泽东的茶杯对换了一下。毛泽东会心一笑，说道：“英雄所见略同。”

“一个人在一个地方搞久了会油”

1973 年 12 月，中央召开政治局会议。会议一开始，毛泽东就批评政治局和军委。他说：“政治局要议政。军委要议军，不仅要议军，还要议政。”又说，“政治局不议政，军委不议军，以后改了吧。你们不改，我就开会，到这里来。我毫无办法，无非是开政治局会，跟你们吹一吹，当面讲。”

会场里鸦雀无声，气氛有些紧张。毛泽东缓和了一下语气，转换了话题。他说：“我考虑了很久，大军区司令员还是调一调好。”他面朝叶剑英：“你是赞成的，我赞成你的意见。我代表你说话。我先找了总理、王洪文两位同志，他们也赞成。”

毛泽东建议在座的政治局委员们唱《三大纪律八项注意》。唱完歌，他接着谈："一个人在一个地方搞久了，不行呢。搞久了油了呢！"这是讲各大军区司令员。他说他已经考虑了好久，认为一个人在一个地方坐镇，一待就是20年，会出现消极因素。

随后，毛泽东宣布重要决定。他指着复出不久的邓小平说："我们现在请了一个参谋长。他呢，有些人怕他，但他办事比较果断。"毛泽东又对邓小平说："你呢，人家有点怕你，我送你两句话，柔中有刚，绵里藏针，外面和气一点，内部是钢铁公司。过去的缺点，慢慢改一改吧。"毛泽东讲话常常是漫谈，话题很广，但始终贯穿他要阐明的观点和思想。

从"东平湖"聊到《红楼梦》

根据政治局会议的决定，中央12月20日召开了八大军区司令员对调会议。会议是在毛泽东的书房召开的。据参会的田维新将军后来回忆，当时毛泽东坐在书房的中央，左手坐着朱德总司令，右手坐着刚参加军委工作的邓小平。周恩来、江青等几位政治局委员依次站立在毛泽东的右后侧。王海容站在毛泽东的左后侧，她是给毛泽东当"翻译"的：把方言译成普通话。

李德生回忆，毛泽东交代叶剑英副主席把各大军区司令员、政治委员都找来。46位高级将领受到了接见。将要被调动的八大军区司令员，坐在面对毛泽东的前排。

接见开始后，毛泽东拍拍朱老总的肩膀："这是好司令啊，是我们的红司令，不是黑司令。"毛泽东简单地讲了几句之后，便与站立在一侧的萧劲光、陈士榘、田维新和马宁4位高级将领握手谈话。

第一位是海军司令员萧劲光大将。毛泽东握着萧劲光的手问道："身体好吗？"

与陈士榘上将握手时，毛泽东问："身体怎么样？"陈士榘立正回答说："托毛主席的福，身体还好。""井冈山下来的人不多了。"毛泽东感叹了一句。

第三位与毛泽东握手的是解放军政治部副主任田维新少将。毛泽东问："田维新同志，你是哪儿人？”“山东东阿人。”田维新答。“曹植埋在什么地方啊？”毛泽东又问。“鱼山。”田维新一面回答，一面想，毛主席知识真是渊博！

毛泽东又问：“左边有个湖，是什么湖？”田维新想了一下说：“嗯，要说湖，那离鱼山还远，是东平湖。”“噢，那就对了！”毛泽东突然话锋一转，说：“总政治部就交你负责了！”

田维新毫无准备，但很快做出了反应：“德生同志（此前任总政治部主任的李德生）走了，总政就我一个副主任了。让我继续留在总政工作是需要的，请毛主席委派主任。”

“不，就是你负责了！”毛泽东以十分明确的语气说。田维新说：“我资历、经验都不够，还请毛主席派个主任吧！”毛泽东不再作答，开始与空军司令员马宁握手谈话。

之后，毛泽东再次开始向全体人员讲话。讲着讲着，他向坐在前排的许世友问道：“我要你读《红楼梦》，你读了没有？”“读了。”许世友回答得很干脆。“读了几遍？”“一遍。”“一遍不够，要读三遍。”毛泽东随口背了《红楼梦》第一回中的一大段。

自从毛泽东要许世友读《红楼梦》后，在座的高级将领几乎都认真读过这部古典名著，但是没有谁能大段背诵。80岁高龄的毛泽东这一番即席

1958年，毛泽东和许世友（右二）在南京

背诵，令在座的高级将领敬服不已。

背过《红楼梦》，毛泽东还要许世友学周勃。周勃是西汉初年刘邦手下的名将，是刘邦去世后朝廷的柱石。接着，毛泽东对北京军区司令员李德生风趣地说：“在一个地方搞久了，也不太好。你在北京军区搞得倒不是那么久。李家出了个李铁梅，你就是李铁梅，你就是陪绑的。”他还幽默地说了两遍：“李德生活到九十九，上帝请你喝烧酒。”

12 月 22 日，毛泽东正式宣布对调命令，各大军区司令员、军兵种主要领导再次集中。毛泽东想给王洪文一次机会，让他在将帅面前树立点威信，委托王洪文点名。王洪文不知深浅，就大大咧咧地点起名来。

“许世友！”没有人答应。王洪文向会场望去，只见许世友脸色铁青，眼望天花板，不理会他。其实，此时许世友正在心中暗骂：“许世友的名字是你喊的吗？你坐政治火箭行，领导军队不行！”王洪文在上海时，和许世友比较熟，也在一起喝过酒，没有想到许世友一点面子也不给他。于是他又壮着胆，点了一次：“许世友！”忽听咚的一声，许世友把茶杯往茶几上一磕，发出巨响。

这时，王洪文才醒悟过来，他转过头来求助似的望着伟大领袖。毛泽东铁青着脸，有些恼火，但却一言不发。

机敏的周恩来立刻来救场。他拿过名册，看也不看，先从其他司令员点起，李德生、陈锡联、许世友……刚才还很傲的将军们，一个个响亮地回答着。点完名，周恩来宣布了八大军区司令员对调的具体细节：

北京军区司令员李德生与沈阳军区司令员陈锡联对调；济南军区司令员杨得志与武汉军区司令员曾思玉对调；南京军区司令员许世友与广州军区司令员丁盛对调；福州军区司令员韩先楚与兰州军区司令员皮定均对调。

建军史上的重大高层变动

其实，当时全国有十一大军区，除了上述八大军区外，还有新疆军区、成都军区和昆明军区的三位司令员没有被调动。

会议结束后，按照毛泽东的要求，命令下达10天内，各军区司令员都到达了新的工作岗位，每人按规定仅带了10人以内的工作人员。对调工作干净利落地完成了。

这次重大军界人事调动，引起了国内外的广泛关注。美国著名的中国问题研究学者罗兹曼指出："这是有意识地显示文官控制着国家政权。这样，许多司令员便离开了他们工作了20多年并建立了关系网的地区。这一命令是中国地方军事主义走向衰落的主要迹象。这次调动的规模之大表明，涉及的每一个人都意识到，传统的势力已经被打破。"

邓小平事后谈起这次对调的必要性时指出："这是因为毛主席很懂得领导军队的艺术，就是不允许任何军队领导干部有个团团，有个势力范围。"

整体来说，这次对调是我军建军史上的一次重要事件，也是毛主席经过长久酝酿后所采取的一项重大的治军、治国举措。实践证明，这一举措有力地保障了毛主席、党中央对军队的绝对统一领导，对当时的政治局面起到了稳定作用，也为以后军队高级干部交流制度化提供了一个很好的范例。（撰文：李林　毅军　夏若天）

张耀祠，一生保卫毛主席

不知是缘分还是机遇，17 岁的张耀祠当兵后的第一班哨，就站在毛主席办公室的门口，此后 40 年，他再没离开过毛主席。他曾任中央警卫团首任团长，负责安排毛主席的衣食住行和安全保卫工作。

2010 年 10 月 30 日，张耀祠突发心脏病逝世，享年 94 岁。11 月 4 日上午 9 时，他的追悼会在中国人民解放军第三〇五医院举行，告别厅只开了一个小门，前来悼念的却有上千人。大家自觉地站了 20 多排，都希望送老人最后一程。

“丰泽园中说重任，西子湖畔讲做人。汇报桌前解疑虑，言传身教为榜样。平生幸调中南海，永记将军培育恩。”中南海老战士们联手写下的这首诗词，在告别厅门前传诵。满头银发、年过八旬的毛主席专职摄影师钱嗣杰不时发出一声声长叹：“毛主席身边的人又少了一个……”不少老战友也感慨：“耀祠同志这辈子，只做了一件事，就是保卫毛主席！”

追悼会结束后，张耀祠的秘书、中共中央办公厅警卫局（以下简称“中央警卫局”）秘书科原科长孟进鸿，中央警卫团一中队指导员王明富，人民大会堂老服务员李志芬等，接受了笔者的独家专访。他们眼含热泪，回顾了与张耀祠一起保卫毛主席的岁月。

“8341”的秘密

1916年，张耀祠出生在江西于都。1933年5月，年仅17岁的他带着家乡50多名团员青年，参加了少共国际师（长征中一支平均年龄约为18岁的特殊队伍）。两个月后，他被调往江西瑞金的中华苏维埃共和国临时中央政府警卫连，第一天站岗，就是在毛主席办公室门口。1934年4月，他调任八军团保卫局侦察科，不久便参加了长征。

“长征结束后，耀祠同志跟着周恩来来到西安办事处，不久又到了延安警卫团，最后进了北京，任中央公安警卫师副政委。之后，他几乎就跟着毛主席转了，无论毛主席在中南海还是外出，都形影不离。”孟进鸿拿出张耀祠生前撰写的回忆录：1953年5月的一天，张耀祠被中央警卫局局长汪东兴叫到办公室。“汪局长说，中央决定成立中央警卫团，负责保卫党中央领导核心，保卫五大书记……调你来中央公安部九局任副局长兼中央警卫团团长。”

就这样，张耀祠成为番号为“8341”的中央警卫团的首任团长。关于“8341”的来历，传言不少，有人说，毛主席是在征求了一位算命先生的意见后才这样决定的，而他恰巧活到83岁，前后主政41年。孟进鸿说：“这个代号怎么来的耀祠同志最清楚。他到任后，向中央军委总参谋部做了报告，这个番号是按编制序列来的，毛主席压根儿就没派什么人去拜访过什么算命先生。”

1953年6月9日，张耀祠宣布中央警卫团成立。该团主要负责人民大会堂、天安门、钓鱼台国宾馆、毛家湾、北戴河、中央领导及外宾行车路线的安全。

中央警卫团一中队指导员王明富告诉记者，张耀祠常对部下强调：“明枪易躲，暗箭难防。在中南海这样的地方做警卫工作，尤其要防范两种人：一是职业特务，专门搞暗害、收情报；二是亡命之徒和敌对分子。”

警卫团组建不久，张耀祠便给各级干部进行了几次培训，还列举了好几个例子：苏联有一个女特务，趁列宁上汽车时向他连开几枪，子弹还是有毒的；我国山东省军区政治部副主任黄祖炎参加军区晚会，刚讲完话走下台，某军分区宣传科科长就向他连开三枪，黄当即牺牲，凶手也自杀，经查，凶手是因为父亲在土地改革时被斗心怀不满，伺机报复……王明富回忆说："耀祠同志这是要告诉大家，敌人会伪装成形形色色的人，躲在暗处，而我们在明处，我们要具有高度警惕性，既要心细如发，又要不畏强暴。"

衣食住行无小事

在王明富记忆中，已是"8341"团长的张耀祠，每天都陪在毛主席身边，有时毛主席入睡了，他就睡在一侧的值班室。"1966 年 8 月后，毛主席一直在中南海游泳池工作、居住，耀祠同志也长年守在那里。游泳池的值班室只能放下一张床，10 多平方米大。其实，他住得离毛主席很近，步行最多一刻钟，骑车 5 分钟就能到，但他几乎不回去。"

曾一起工作过的战友们回忆，张耀祠最大的特点就是细致。"他是支部书记，毛主席身边的大夫、护士长、卫士长、大师傅、服务员、管理员、司机都归他管，各方面都要操心，都要考虑周全。"

孟进鸿向记者讲述了张耀祠吩咐他做的几件"小事"：

"毛主席乘专列外出，火车停在哪儿、停站后怎么布置警卫，都要耀祠同志安排。一般我们会带二三十个'8341'的警卫，'文革'时甚至会带一个连。火车内圈是我们的人，外圈是地方部队。有时，毛主席会在火车上休息或找地方领导谈话，耀祠同志都要带着我提前从车头到车尾走一趟，逐个环节考察，看有什么安全疏漏。"

"毛主席晚年，视力因为白内障下降得厉害，却始终不肯接受手术，也不愿验光。耀祠同志就安排我去给毛主席配眼镜。他拿出一副 20 世纪 50 年代毛主席戴过的眼镜，吩咐我，'就说给一位老人配，现在多大年龄，按当时的度数推算现在该配多少度’。没想到，配镜的老师傅一看我递上去的眼镜就说，‘这是中南海的’，我赶紧说不是。他接着说，‘这眼镜是左克明（时任北京医院眼科主任）验的光’，我很惊讶，但还说不知道。老师傅继续说，‘这眼镜徐业夫（原中共中央办公厅秘书处副处长）拿来过’，我也说不认识。就这样，心知肚明的老师傅和我商量了一番，每次拿回去3副相差25度的眼镜给毛主席试戴，不合适就送回来换。就这样，从几百度一直试到1000多度，毛主席才勉强能看清楚。”

毛主席5年不离手的“2号卷烟”，也离不开张耀祠的精心安排。孟进鸿告诉记者，自从1965年偶然从贺龙手里抽到清凉香醇的“神秘”烟卷，毛主席就对这种产自四川什邡的烟爱不释手。“起初，我们没有惊动烟厂，而是每月派专人从北京前往成都军区取烟。‘文革’期间，西南局书记李井泉被打倒，这条线断了。耀祠同志派我秘密找到卷烟厂，直接联系。好不容易供应上了，1971年林彪垮台后，四川的领导班子换了，烟又断了供应。”为了解决这一问题，张耀祠多次派孟进鸿“南下”。“开始，我带着北京的烟草技工去什邡学习，我们在那里住了半个多月，可师傅还是学不来。后来中央决定，请烟厂的师傅来北京，就住在南长街附近，这个问题才得到解决。耀祠同志就是这么细致地做每一件事。”

孟进鸿还回忆说：“毛主席一生最大的爱好就是读书。每次毛主席外出视察，耀祠同志都要为他带上几箱子书，还会根据需要在外地替他借书，杭州、上海、广州等地图书馆都有耀祠同志的借书记录。”

知其一不能知其二

在部下和战友眼中，张耀祠话不多，保密工作做得最到位。

“需要保密的事，你一个字都别想从他嘴里知道。我在他手下工作，但毛主席外出时，他几乎都是亲自组织，亲自给外地打电话，不让我参与。”孟进鸿说，在毛主席身边工作，有个必须遵守的原则：“不该问的不问，不该打听的不打听。该你知道的一定会有人告诉你，告诉你多少就是多少，知其一不能知其二。比如随毛主席出行，什么时间到了哪里，见了谁，我们不能做文字记录，全得凭脑子记。”

孟进鸿回忆说，毛主席身边的工作人员都不喜欢江青。“每次我去给耀祠同志送文件，出来时他都会叮嘱我，先从门缝看看江青在不在，如果不在我骑上车就跑。碰到她，不下车不礼貌，下了车，她又会问得特别仔细，送了什么文件都要汇报。”

工作人员对江青的不满意，原因是多方面的，最直接的一点，是她根本不关心毛主席。张耀祠曾在回忆录中记载，毛主席晚年患病期间，医护工作由汪东兴、张耀祠领导。一次，毛主席突然休克，大家非常紧张，好在医护人员及时抢救，他才脱离危险。事后，张耀祠向江青汇报毛主席的身体情况，她得知后竟半信半疑地说：“毛主席的体质很好，怎么可能病得这么厉害，你们谎报军情！”还坚称毛主席身边的工作人员和中央办公厅、警卫局的领导同志是“反革命”、“特务集团”。

“江青身为毛主席夫人，当时又是政治局委员，应该对毛主席的健康更关心。她说出这番话，让我们所有人感到寒心、紧张、茫然。”孟进鸿说。

1976 年 9 月 9 日 0 时 10 分，毛主席因病与世长辞，同他朝夕相处几十年的张耀祠悲痛万分。

此后，在党中央打击“四人帮”的过程中，张耀祠起到了重要作用。1976 年 10 月 6 日下午 3 时，汪东兴通知张耀祠和警卫局副局长武健华：“今晚 8 时统一行动，你们负责拘捕江青。”

张耀祠在回忆录中揭开了逮捕江青的过程：因为多年来一直负责中南海的安全保卫工作，他对这里的每处环境、每个哨位都了如指掌。晚 8 时 30 分，他带领行动小组来到中南海万字廊 201 号江青的住所，朝门口的警卫点了点头就进去了。当时，江青刚吃过晚饭，正在沙发上闲坐，见张耀祠进来，仍然端坐。张耀祠在江青面前站定，严肃宣布：“江青，我接华国锋总理电话指示，你现在还进行分裂中央的活动，党中央决定将你隔离审查，你要老实坦白交代罪行，要遵守纪律，到另外一个地方去，马上执行，你把文件柜的钥匙交出来！”江青听后一言不发，慢慢从沙发上站起来，取了牛皮纸信封，用铅笔写了“华国锋同志亲启”7个字，将腰间的一串钥匙放入信封，再用密签封好，交给张耀祠。

“我身为秘书科科长，整天跟着耀祠同志，这件事我竟一点都没有察觉，可见他的保密工作多到位。”孟进鸿回忆说，“那天晚上，他只通知我留两个人值班，我事后才知道，是让他们到张春桥家里清理文件。第二天一早，我碰到干部大队大队长李广银，他提着一大桶饭，我奇怪地问，‘这是干什么啊，大队长？’他指指地底下，悄悄说，‘送饭，那4个人抓起来了。’我才恍然大悟。”

最大心愿是回老家看看

在王明富的记忆中，张耀祠一生节俭，自己曾想送给他一个小药杯，他坚持不肯收下。离休后，张耀祠每天都出门散步、买菜，最大的乐趣就是和以前的老同事叙旧。“今年‘五一’我还去看望老人家，他特别兴奋，一直站着和我们讲话，不肯坐下，还把家里好吃的全拿出来。”

人民大会堂的老服务员李志芬也沉浸在回忆中：“那时候，为了让毛主席在繁重的工作之余稍微放松，耀祠同志每周六都在人民大会堂安排舞会。周恩来、刘少奇他们都来。我们一听见歌曲《浏阳河》，就高兴地鼓掌，因为这就代表毛主席来了，这是他最喜欢的舞曲……耀祠同志开始不会跳舞，总是站在毛主席后面，后来大家都劝他学，为了毛主席也要学习……一切仿佛就在昨天。”

2010年10月，张耀祠告诉儿女，自己最大的心愿，就是回江西老家看看。月底，他回到江西南昌，见到不少老战友。“他高兴得像个孩子，打算待上几日再回老家，没想到心脏病突发，被送入医院急救，没几天就离开了人世。”张耀祠的家人说。张耀祠1935年入党，长期跟随毛主席南征北战，他多少次梦回家乡，最终却离出生地仅一步之遥。（撰文：刘畅）

晚年秘书张玉凤再谈毛泽东

提起张玉凤这个名字，50岁以上的人都不陌生，而且对她总有一种神秘感。她是毛泽东晚年的机要秘书兼生活秘书，在毛主席身边工作多年，直到1976年毛主席逝世。

张玉凤近照

笔者与张玉凤相识，是在2006年。作为一名扮演青年毛泽东的特型演员，为了能更好地表现一代伟人的风采，我一直设法从书中、影视作品中、毛主席的亲人和身边的工作人员中，去捕捉毛主席的音容笑貌。

张玉凤是毛主席身边的工作人员里较为低调的一位，她总说“最不愿意做的就是被采访”。年过六旬的她，偶尔参加一些重大的纪念活动，也很少发言，只是礼貌地和人微笑、打招呼，看上去很谦和。

不想被别人打扰

张玉凤的家，原本住在北京西单一个僻静的胡同里，那是国务院机关事务管理局的房。后来，她搬到了万寿路。但是她很少在家，总是上海、北京两地跑，“我有一个女儿在上海，我常去帮她照看孩子。”张玉凤说。

多次接触，张玉凤给笔者留下的最深印象就是气质出众：她的语气语调、谈话节奏以及举手投足中，都透着自然和优雅。她始终非常注意自己的仪表，喜欢穿色彩鲜亮的衣服，有时也穿改良的中式服装，冬天披一个大披肩，衬着银色的头发，白皙的皮肤，走到哪里都备受瞩目。她即便是和老熟人见面，从头至尾，也很注意自己的坐姿和站姿，永远腰杆笔直。

尤其让笔者感动的是，我只是一个年轻的晚辈，但每次不论登门拜访还是短信交流，张玉凤总是对笔者以“您”相称。

张玉凤 1967 年与同在铁道部工作的刘爱民结婚，刘爱民 1.8 米多的大个儿，浓眉大眼，两人非常般配。他们相濡以沫走过了 40 多个春秋。张玉凤工作之余的主要精力都放在相夫教子上，她的两个女儿都很出色，大女儿在北京读完大学后去了美国，现已博士毕业，定居美国；小女儿学医，是一位妇产科大夫。每当有人向张玉凤问起她的家庭和一些敏感问题时，她总是笑答：“我每天与孩子们在一起，我是什么样的人，她们还不知道？一些以讹传讹的流言的确让孩子们有不小的压力。可我是她们的妈妈，她们相信我。”

张玉凤在北京时，每天都坚持用一两个小时去游泳，这是她健身的方式。她说自己这辈子，从没有想过什么名、什么利，只想过几年平静安稳的日子，不被别人打扰。这种性格，可能也是受毛主席的影响。

毛主席眼中的“张飞后代”

张玉凤 1944 年出生在黑龙江省牡丹江市，由于家境贫寒，她很小就无法继续学业，只得出来工作。1960 年，张玉凤到牡丹江铁路局做餐车服务员、广播员，此后幸运地被调任铁道部专用处，出任毛泽东专列的服务员。1970 年，张玉凤接到通知去中南海，她没有想到，自己将伴随着毛泽东一起度过他生命的最后时光，并且担任毛泽东的机要秘书兼生活秘书。

从 1970 年到 1976 年，张玉凤在毛泽东身边工作了 6 年。这时的毛泽东已是七八十岁的老人，每到入冬或开春，免不了生病，没学过医，也没受过正规护理训练的张玉凤，边学边干。她的精心照料，让毛主席感觉很温暖。毛泽东逝世后，张玉凤离开中南海，先是被安排在中国第一历史档案馆工作，后来，又调到铁道部做一名普通干部，直至退休。

毛主席曾说张玉凤是“张飞的后代”，谈起这段往事，张玉凤笑了。她的丈夫告诉笔者：“别看你张姨说话慢条斯理的，可有脾气呢！”有一次，毛主席有客人来，而张玉凤那天脸上的神情不大高兴。事后，毛主席批评了她，但张玉凤仍要辩解，毛主席一怒之下瞪着眼睛对她说：“你不高兴，就给我滚。”张玉凤二话没说，收拾包裹就回了家。在家待了 20 多天，心情难过极了，她无法接受被敬爱的毛主席辞退的现实。当时的中央办公厅副主任张耀祠让张玉凤写检查，但倔强的她没有写；她的婆婆叫她去向毛主席认错，她也没有去。后来，她想起还有一件衣服留在中南海，于是打电话给护士长吴旭君。吴接到电话后很快对她说，“你在家等着吧，马上有车去接你”……就这样，张玉凤又回

1964 年，毛泽东在列车旁与张玉凤合影（钱嗣杰 摄）

到了中南海。毛主席于是给这位不肯认错的工作人员一句评语："办事认真，工作尽职，张飞的后代，一触即跳。"

轻"小养"重"大养"

2009年8月底，张玉凤邀笔者与她共进晚餐。她点的都是些清淡的菜，笔者突然想起了一个话题，向她请教道："张姨，现在有些专家时常探讨毛主席的养生之道，您认为毛主席养生吗？他老人家是如何养生的？"张玉凤说："其实毛主席并不注重个人饮食生活，更不注重养生。毛主席不拘小节，还保留着早期质朴的农民生活习惯，比如饭粒掉到桌上，用手捡起来就放进嘴里吃了，如果从现在的健康角度来讲，肯定不卫生，但他考虑的是珍惜粮食。"

在张玉凤看来，看书、学习就算是毛主席的养生之道了。毛泽东曾经和他的保健医生徐涛讨论过看书是否有利于健康。徐涛说："您写过《矛盾论》，一张一弛的道理比我懂。您整天这么看书，不休息，太疲劳，违背辩证法嘛。"毛泽东笑答："哈哈，你怎么知道我不休息？你比我还懂辩证法？好大的口气！"徐涛说："叫您看电影您不看，叫您下棋、打扑克您没兴趣，叫您多搞点体力活动您不听。您总是看书，长时间进行一种劳动是最容易疲劳的。"毛泽东摇头："叫我看，你那点辩证法不全面，你对事物的了解也有局限。你说脑力换体力是休息，不假。可你不懂，这种脑力换那种脑力也是休息。看文件累了看报纸，看正书累了看闲书，看大书累了看小人书，看政治书累了看文艺书，这也是一种休息。你不承认？"三年自然灾害时，毛主席的案头、床边堆满了"事"，处理公事之外，他迷上了看《三国演义》连环画册，看得津津有味，这也是他休息脑筋的独特方式。

张玉凤说："毛主席在生命的最后时刻，仍在看书学习。从某种意义上说，他轻'小养'重'大养'，看书学习就是他的精神生命，他真正践行了‘生命不息，学习不止’。”

难忘《枯树赋》

张玉凤回忆，1976年1月，周总理逝世，毛主席忍着极大的悲痛，在病中挺过了一个痛苦的春节。“5、6月间，毛主席的健康状况明显恶化，6月初突发心肌梗死。中央一面积极组织抢救，一面把毛主席的病情向中央各部委、各省市自治区党政军负责同志通报，这在我国还是先例。幸亏毛主席生命力强，及时抢救过来，让我们转悲为喜。”可没过多久，7月初，朱德委员长又突然逝世。半年时间里，周、朱这两位和毛主席并肩战斗近半个世纪的战友都走了，毛主席悲痛万分，精神大不如前。

有一天，毛主席突然让张玉凤找来南北朝时期著名文学家庾信写的《枯树赋》。这篇赋写得很好，但很长，有500多字，毛主席早年熟读过。讲的是晋朝一个人，来到一棵大树下，看到这棵大树过去也有过生长繁盛的时期，而现在已经逐渐衰老了，内心油然而生一种悲凉。病床上的毛主席，突然要求张玉凤给他读这首赋。“我读得很慢，毛主席微闭着眼睛，似乎在体味赋中描述的情景，回顾他一生走过的路。”

张玉凤念了两遍，毛主席突然说：“你拿着书，看我能不能把它背出来。”张玉凤说：“我看着《枯树赋》，他老人家几乎一字不漏地全部背诵出来。他已不能像过去那样声音洪亮地吟诗，只能微弱而费力地发音，一字一句，富有感情地背着。‘此树婆娑，生意尽矣。……昔年种柳，依依汉南；今看摇落，凄怆江潭。树犹如此，人何以堪！’因为此诗意思颇为晦涩，原本流传不是很广，但毛主席却非常喜欢。”背诵一遍后，毛主席意犹未尽，又让张玉凤看着书，吃力地背第二遍。“老人家的记忆力真是惊人，他的声音，他背诵时的表情，我至今历历在目，终生难忘。”

让张玉凤懊悔的是，当时时间已近半个小时，超过了医生的规定。“为了不使老人家太劳累，我只好请他休息。其实那天毛主席精神还好，他还想讲这首赋的内涵。后来我才知道，现代心理学认为，一个人内心的感受和感情要倾吐，让其尽情诉之，这是有利于健康的。如若不能尽兴诉之，反而影响健康。”张玉凤为没能让毛主席一吐为快，抒发心境和感想而遗憾。

不为钱而活

张玉凤告诉笔者，在毛泽东身边工作6年，发现他老人家有一个特点，就是不爱钱。她说：“毛主席不是没钱，仅《毛泽东选集》的稿费就有百万，存放在中央办公厅特别会计室里，必须有他的亲笔信，才能取到钱。这些存款，在他去世后，都留给了国家和人民。”张玉凤回忆，毛主席经常在经济上帮助有困难的民主党派人士和身边的工作人员，但如果有谁伸手向他要钱，他就不愿再见到这个人了。他看不起爱钱的人。“毛主席常穿的中山装口袋里只装有两件东西：一样是香烟，还总是只装半包香烟，不装整包的；另一样是一块手帕。此外身无分文。”毛泽东不爱钱的品格对张玉凤教育很深，让她明白，人不能为钱而活。

张玉凤说，在毛泽东的晚年，人人都对他呼喊“万岁”、“万寿无疆”，但毛主席非常讨厌这些，他认为有些人这样喊是“屁话”，他真正关心的是他离开这个世界以后人们怎么看他。“毛主席曾多次对我说过，希望在他去世后每年都到他坟上去看他，对身边其他工作人员也说过同样的话。这么多年来，这些人没有辜负毛主席的遗愿。”

张玉凤退休后，专门拜了一个老师，学习书法。她一周去几次书法班，风雨无阻。“学写字，就是因为喜欢。”张玉凤还记得刚到毛主席身边工作的时候，看到毛主席的字写得那么好，龙飞凤舞的，心里敬佩，也想学着写。她找来字帖看，学着练。“开始不懂啊，觉得草书潇洒，自己就不自量力地照着画。毛主席看见我练字，挺高兴，他亲切指点：‘还没学会走路呢，就想跑。这样不行。’他老人家专门给我写下一句话：写字要先齐整，再奇怪，再齐整——练字之法则。”张玉凤至今记得这句话，“得老老实实先从写楷体开始，写好了才可以变化。而最高境界，又得归到齐整上去。”

伟人的生活习惯和人格魅力影响了张玉凤。这位有过传奇经历的女性，经过人生的起伏，又踏踏实实回到普通人当中。张玉凤说她如今最大的心愿，就是希望孩子过得比自己好。（撰文：李光彩）

毛泽东：被流言掩盖的真实生活

2013 年 12 月 26 日是毛泽东诞辰 120 周年纪念日。在他老人家离开我们 37 年后，人们以各种方式纪念他。但是，除了敬仰和追忆，这些年来，也出现了一些以讹传讹的误读。从衣食住行到个人财产，从性情到健康，各种真假难辨的说法在流传。全国毛泽东纪念馆联谊会秘书长黄建新在接受笔者采访时，痛心地说：“这些漫无边际的造谣诽谤，给毛主席的名誉带来非常恶劣的影响。”

卫士周福明，管家吴连登，警卫孟进鸿、王明富，保健医生王鹤滨……他们跟随毛泽东多年，在他们眼中，毛泽东不仅是领袖，更是亲人。面对流言和误读，他们比谁都气愤、都痛心。在吴连登看来，“之所以谣言四起，还是因为一些人对毛主席不够了解。如果大家知道毛主席平时是怎么过日子的，这些谣言将不攻自破。”

“这些年，社会上有很多对毛主席的不实言论。他的子女可能不方便出来回应，但如果我们也保持沉默，就太对不起毛主席了！我们有生之年，还是要尽力多讲一讲，还毛主席一个清白。”在接受笔者采访时，他们不约而同地说：“我们不能沉默了，知情者有话要说。”“我们只讲真话，只讲对历史负责的话。”

生活篇——生活上不爱享受　饮食上粗菜淡饭

一怒之下搬到游泳池

1949 年 3 月 25 日，毛泽东、朱德、刘少奇、周恩来等中央领导从西柏坡进京后，毛泽东先是住进了香山双清别墅，8 月 23 日搬入中南海。此后，他先后在丰泽园菊香书屋和游泳池居住了很长时间。坊间有猜测，是不是这两个地方有什么特别神秘之处？作为贴身卫士，周福明了解毛泽东的许多生活细节，他向记者讲述了真实情况。

> 毛主席从 1949 年 8 月 23 日便入住中南海丰泽园菊香书屋，直到 1966 年 8 月搬走，他的全部活动几乎都在菊香书屋的北房紫云轩进行。毛主席喜欢那里的原因之一，是菊香书屋有北京内城的最后一块耕地，毛主席觉得整个环境很像他韶山老家。
>
> 1966 年上半年，中央办公厅趁毛主席离京外出考察期间，对紫云轩进行了一次维修。毛主席回国后发现园内所有的房子都修葺一新，大为不悦，一段时间后便搬到旁边游泳池的更衣室，再也不肯回来了。更衣室很狭小，条件差，并不适合做起居室，毛三席却说："太小了怕什么，只要能摆个床铺，有张桌子、有把椅子不就可以了嘛。"最后，我们这些工作人员只好将游泳池的小传达室布置成毛主席的卧室，将休息大厅改成书房兼会客室。游泳池没有厨房，饭菜仍在菊香书屋做，再给他端过来。
>
> 毛主席在丰泽园的生活非常简单，除了睡觉、吃饭就是看书、批阅文件。他看书的姿势大多是躺在床上用手举着看。厚厚的一本书举在手里，经常一举就十几个小时，他的确是累得受不了。后来，毛主席授意我把超过 200 页的书分装成册，这样拿着看容易些。

帮毛主席理发也是我的工作之一，每次我都是用热毛巾敷、用篦子篦。除了理发，我还负责帮毛主席擦澡。毛主席不喜欢泡澡堂子，也不喜欢淋浴，最喜欢用毛巾擦澡。

唯一享受是抽烟

毛泽东对物质生活的要求简单至极，但烟瘾非常大。有人说，毛泽东的烟是特供他一个人抽的，还有专机负责运输。对此，生活管理员吴连登予以了澄清。

毛主席一生对吃、穿、用都没有讲究；家里也没有一件摆设，更别说什么古董玉器了。唯一有要求的，就是烟和茶。茶叶好办，毛主席一直喝龙井。但抽烟却让我们费尽了心思。毛主席战争年代抽过旱烟，抽过从国民党那里缴获的纸烟和其他杂牌烟。新中国成立后，还抽了几年“三五”牌香烟，也抽过“中华”、“熊猫”。但1969年，毛主席开始对雪茄产生兴趣。有一次，毛主席在游泳池的会客室召集领导们开会，坐在旁边的李先念抽着雪茄烟。毛主席总是眼巴巴地看着

1966年10月1日，毛泽东和周恩来在天安门金水桥上席地而坐观烟花（钱嗣杰　摄）

他。开会时一般没人给毛主席递烟，李先念那天给了毛主席一根。毛主席接过来，说："先念啊，你抽这么好的烟，也不告诉我。"

李先念抽的雪茄不是国外进口的，是四川什邡一家烟厂制作的，工艺确实很讲究，一般厂子短时间内还学不会。

警卫孟进鸿承担着给毛泽东找烟的任务。他回忆说：

"文革"开始后，红卫兵造反、大串联，社会秩序大乱，生产这种雪茄烟的烟厂不能正常运转了，毛主席的烟就供应不上了。我接到指令，前往四川，请成都军区把任务交下去，让军区给中央送机要文件的同志把烟带过来。同时抽这种烟的还有李先念等几位领导。

毛主席抽这种雪茄烟遇到两个问题：一是抽不动，通气不大顺畅，要用细铁丝扎几个孔才能吸；二是这种烟一头粗一头细，粗的一端供点火，细的一端用嘴吸，但毛主席忙时拿起来就吸，有时就把粗的一头放在嘴里，细的却不易点着，也不好抽。我们就请卷烟厂的师傅研究对策。为解决抽不动的问题，他们把里面的叶片搓成了小碎片，外皮仍保留整张不变，这样吸起来就通畅多了。烟卷好后，把细的一端切掉，保持两头一样粗，呈圆柱形，且烟的长度不变，这样吸哪头、点哪头都可以。毛主席抽了这种改进的雪茄烟后，再也没说什么，问题解决了。毛主席问过烟的价钱，再三叮嘱，不要让烟厂吃亏。

经常游泳，偶尔跳舞

虽然每天工作强度大，外加烟不离手，但在晚年患病前，毛泽东的身体素质还是很不错的。身边工作人员说，这是毛泽东年轻时锻炼身体打下的好基础，尤其是他爱游泳的习惯，一直保持到晚年。这给周福明留下深刻印象。

起初，毛主席到外面的游泳池去游泳。每天晚上出去时，他还要戴个口罩，算是化装，这显然不太方便。后来，中央警卫局在中海西侧、紫光阁往北很近的地方修建了一个露天游泳池。当时，不少中央领导同志和中南海机关工作人员都去游泳，毛主席一有空也会去游。毛主席游完经常说："游泳最大的好处是可以不想事，让大脑很好地休息。吃安眠药、散步、看戏、跳舞都不行，只有游泳可以做到，因为一想事就会下沉，就会喝水。"

毛泽东的另一项娱乐活动就是偶尔举办舞会。然而这被外界谣传为"常在人民大会堂办舞会"，并视为"生活奢靡"的"佐证"。孟进鸿对这种不负责任的谣言十分痛心。

毛主席没在人民大会堂办过舞会。1961 年以后我都跟着他，跳舞就在中南海，我也经常参加。因为来跳舞的女同志多，男同志少，上级就要求我们这些男工作人员必须参加。最早是请一个文工队来伴奏，后来就改为放录音带了，省得一帮子人来。

另一名警卫王明富也多次负责舞会的安保工作，对内情十分了解。

王明富

中南海的舞会不是毛主席一个人的舞会，朱老总、少奇同志、周总理等一些中央领导都会参加。这些领导平时工作特别忙，整天开会、搞调查。办舞会就是为了给他们一个放松精神、娱悦身心的机会。少奇同志和周总理都跳得很好，朱老总就是扭秧歌一样地走。有时会请一些外面的文工团来参加舞会，每次来人都要做严格的审查。我们负责在门口搞警卫，过程费时费力。这时就有人提议，中南海搞个自己的文工队。于是从各地挑了一些吹拉弹唱的和跳舞的文艺工作者，住在中南海东边的万寿殿。舞会上一起唱唱歌、跳跳舞。挑人的标准首先是政治好、思想好、作风好。至于相貌倒是其次，至少我没见到有美女。

后来，因为有人提意见，这个文工队被解散了。据吴连登回忆，“文革”开始后，因为“破四旧”，舞会也被取消了。

并非顿顿离不开红烧肉

吴连登还记得，前些年，韶山传出一份菜谱，列着毛泽东在20世纪60年代吃过的西餐，有牛排、罗宋汤、煎大虾等。后来，这就被人传成了“毛泽东在困难时期吃西餐，不与人民共甘苦”。

这个谣传造成了恶劣的影响。实际情况是，毛主席出访俄罗斯等国后，想了解西方的饮食文化与中国有什么不同，看哪种饮食比较科学，我们就偶尔把四菜一汤中的一个菜换成西餐。毛主席说，西方人很有钱，有的东西是好，但对身体没好处，高油、高蛋白。他的食谱，我们是要参考毛主席的活动和出访安排，还有身体和季节情况来确定的，并不是外面捕风捉影的那样。

我们有个习惯，就是把毛主席的东西都留着。毛主席去世后，中南海对外开放，经中央办公厅同意，毛主席的一些生活用品也给了湖南韶山的毛泽东同志纪念馆，其中就有这张西餐单。这张菜单后来不知怎么被传了出去，成了“毛主席在最困难时期还在吃西餐”。

也曾有大量文章提出毛泽东顿顿饭都离不开红烧肉，于是有了“毛氏红烧肉”一说，一些饭店还打出“毛氏红烧肉”的招牌。吴连登说，这是对毛泽东饮食的误解。

我们每个月一般安排毛主席吃两三次红烧肉。平时他吃杂粮、青菜比较多，几乎每天要吃一个红薯，一个玉米。中南海以前在玉泉山有个地窖，每年会存放这些东西，我就是从那里买回来的，一年四季不断。

毛主席的正餐一般是四菜一汤，一个荤菜，一个鱼，一个半荤半素，一个全素。每天的食谱、菜品采购都由我来定。他从来不对饭菜发表任何意见，也从来不主动说想吃什么。有时我们说："毛主席，加点菜吧。"他却说："吃这个很好了，很多人还吃不饱饭哩。中国不缺我毛泽东吃的，但如果我拿了国家的钱，部长们、省长们、村长们都可以拿。"

作为毛泽东的保健医生兼生活秘书，王鹤滨经常陪毛泽东吃饭。

我曾向毛主席建议要少吃动物油和肥肉。我见到他吃猪肉，通常的吃法是肉丝炒竹笋、肉丝炒青菜、清炖肘子等。在毛主席身边几年，我从没看到他吃任何保健品和补品，都是和普通老百姓一样吃粗米。他觉得饮食就要"粗菜淡饭"，所以不吃细米。我现在整整 90 岁了，身体不错，很多饮食习惯就是受到毛主席的影响。

主食方面，毛主席吃大米饭多一些，几乎每顿都有，有时加点白面花卷、烧卖，但只能说是点心。他爱吃的，准确地说是每餐都有的，是带辣味的腐乳，还有炒的或炸的尖辣椒；炒菜中常有苦瓜、青蒿、空心菜、芹菜，多是些纤维多的、带特殊味道的青菜。除此之外，他吃得多的通常都是饭桌上摆得比较近的"门前菜"，摆得远一点的菜就吃得少，随意性比较大。

王鹤滨回忆说，毛泽东吃饭不像常人那样按时、按顿很有规律，常常是被值班卫士提醒或催着才吃一顿，要保证他在 24 小时以内吃上三顿饭是一件非常不容易的事。为了避免饭菜在等候中凉得太快，吴连登专门定做了保温效果好点的瓷碗。"没想到近些年市场上开始炒作毛主席的相关文物，还出现了‘毛瓷’的说法。其实毛主席就是吃饭用了个瓷碗，却给了民间这么大的想象空间。”

毛主席原来用的碗是景德镇的，有一次他说：“我们湖南醴陵，那个地方的瓷器很不错。”我很快订了醴陵的瓷器，让最好的工匠来制作，一个碗重124克，很轻很薄。毛主席第一次拿到碗的时候很高兴：“好啊！乡情啊！”

除了吃饭，毛泽东还有另一难：睡觉难。吴连登时常感慨：不提醒他吃饭、睡觉，他的文件永远看不完。

毛主席的作息时间和我们完全不同，他每天要工作20个小时，常常是中午才吃早饭。到了晚年，如果不用安眠药，他可能几天都毫无睡意，脑子里装满了各种事情。有时候用了一次药，毛主席没反应，几个小时后还要再用一次。最极端的时候，用3次都不管用。

后来，护士给毛主席开了一种强烈控制神经的药物叫“水合氯醛”，毛主席就靠它入睡。有一次去武汉开会，我累得几天没合眼，把毛主席杯底剩的一小口药喝了下去，当时就失去了知觉，不省人事。如果按毛主席那么大的用量，我估计都醒不过来了。可见他的工作强度有多大。

财产篇——工资经常不够用　稿费只有百万元

工资和江青AA制

现在回想起来，吴连登觉得给毛泽东当“管家”时遇到的最大难题就是“毛主席的工资总不够用”。“很多人不信，国家主席还这么紧张？”他甚至听到一种说法——1961年时，毛泽东一个月的伙食费开支是654.82元，相当于50个普通工人一个月的伙食费。“这都是胡说！”

我记得，毛主席原本领取的是国家一级工资，每月610元。1958年之后，国家遇到了困难，他就带头把自己的工资从一级降到了三级，404.80元。一直到毛主席临终前，这个数目再也没变过。

这404.80元里面，每月的固定开销就有200多元：党费10元；房屋以及全套家具的租金84元；（李敏、李讷）两个孩子的学费，原来每人15元，后来随着物价的上涨提高到每人30元；江青有一个姐姐也住在这里，每月生活费30元；还有冬天的取暖费30多元。

除此以外，毛主席还有几大开支：

一是吃饭，全家人每月在这方面要花100元左右。哪怕是从中南海供应科拿回一棵菜，也要付钱。有时请一些民主党派的朋友吃饭，比如黄炎培、章士钊等，也是毛主席自己掏钱。甚至去外地出差，不少人觉得能请毛主席吃顿饭是莫大的荣幸，但我过后都会把饭钱补上。这是毛主席的硬规定，没人敢违反。他说，如果他走到哪里都付账，下面的人谁也不敢吃饭不付账。

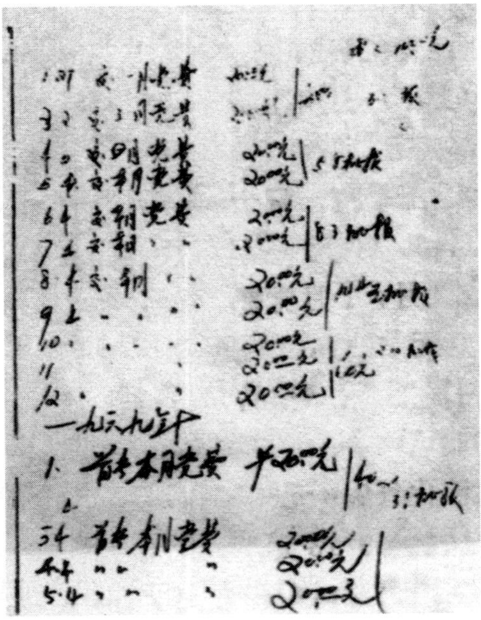

毛泽东和江青每月共交党费20元，这是党费簿的一页

二是烟和茶，烟每个月要花将近100元，茶要花几十元。毛主席在外面开会，我总要带着茶叶去。如果没带，就算是在人民大会堂开会喝一杯茶，临走前也要付

给他们2角钱。

江青的工资也是我管，每个月243元，领回来我就记到账上。毛主席的账我叫一号账，江青的账我叫二号账，他们都是各花各的钱，也就是现在说的AA制，这是毛主席交代的。所有的采购花销由我来办，晚上回来记账，从牙膏、手纸到菜钱，每一样都要详细记录。中央办公厅原副主任、中央警卫团团长张耀祠每个月要在这些账本上签字，然后定期拿给毛主席看。

记者想了解毛泽东是否还有其他方面的补贴收入，吴连登很干脆地回答："没有。"他说，自己和其他工作人员出差、加班倒有补贴，"但毛主席除了工资，没有任何一点额外收入，他说他不能开这个头"。这一点，有时让吴连登这个"管家"颇感为难。

每次钱不够用时，我只能拿着账本去找毛主席，逐一向他汇报这个月的开销。毛主席一看我这架势，就会问，"钱又不够用啦？"然后我得打一份报告，并在后面附上详细账单，请毛主席签上字，才能到中央办公厅特别会计室（以下简称中办特会室）去领毛主席的稿费。不过，总不能月月如此吧？那就是我管家的失职了。所以我说，这个家不好当。

稿费只存在中办特会室

有段时间，关于"毛泽东稿费高达1.3亿多元"的消息在一些报刊上传得沸沸扬扬。为核实此事，吴连登特意拜访了中央办公厅原主任汪东兴、原中办特会室会计郑长秋。当时，两位老人虽然精神很好，记忆力也很准确，但毕竟年事已高，不能频频出面澄清，便委托吴连登将他们了解的真相转述给记者。

郑长秋生前一直负责毛主席稿费的收入、支出账目，对此事最有发言权。

到毛主席1976年9月逝世，他的稿费共计为124万元人民币。这个数字肯定是准确无误的。到1983年年底，因为存款利息上调，稿费比原来多出33万元，变成157万元。但怎么可能变成1亿多？这谣一定要辟！

毛主席在世时，汪东兴对稿费管理得非常严格，每次稿费的收入和支出都由他签发，从来没有乱批过一分钱。关于稿费的使用情况，他每半年要向毛主席书面汇报一次。

当年，毛主席的稿费主要用于资助党外民主人士和特殊开支。每年，他会从中拨给章士钊、王季范（教育家）各2000元。远在湖南老家的亲属偶尔来京看望毛主席或看病，食、住、行等费用都由毛主席个人负责；偶尔毛主席工资不够，才从稿费中开支。还有就是不定期地给老家亲戚寄点钱，数额非常少，仅作解决临时温饱之需。

至于有媒体说，“1976年12月底，汪东兴在清理毛泽东私人财产时发现，毛泽东存放在中国人民银行总行的稿酬累计存款为7582万余元，是用‘中共中央中南海第一党小组’的名义开户的”，以及“毛泽东以个人姓名在中国人民银行中南海支行开设的户头，账上通常存有八九十万元”，汪东兴对此进行了强烈的批驳。

毛主席放稿费的地方，既不是什么“中共中央中南海第一党小组”，也不是在什么中国人民银行“中南海支行”开设的户头。党小组怎么能保存毛主席的稿费？讲不通嘛！中南海什么时候有银行了？这些人真会无中生有。他的稿费实际上只存放在一个地方，那就是中办特会室。

记得有一次，我到毛主席那里办事，谈起稿费问题。我说：“您的稿费不能总存在特会室名下。”他毫不犹豫地回答：“稿费是党的稿费，老百姓的稿费，不是我毛泽东的稿费。”我说：“那将来孩子们怎么办？”毛主席说：“孩子们长大了，他们为人民服务，人民给了他们一定的待遇和报酬，能自己养活自己。”

1974年，经毛泽东批示，工作人员共从稿费中取出3.2万元，分成4份，交给贺子珍、江青、李敏、李讷，作为生活补贴之用。这或许是唯一一次拿稿费补贴家用。吴连登向记者讲述了整件事情的经过。

这件事的起因，是李讷在1972年生下儿子效芝后，要靠每月几十元的工资维持家庭生活，还要请保姆、买奶粉，生活非常困难。实在没有其他办法了，她找到张耀祠求助。张耀祠觉得李讷的要求合情合理，就写了张条子请毛主席批准。毛主席后来也动了情，说："不要批了，你说该给多少钱？"张耀祠说："这回李讷开销小不了，给个几千块吧。"毛主席这才同意从稿费中支取8000元给她。

当时，我担心李讷万一用过了头，再开口要就难了，所以以她的名义往银行存了5000元，把剩下的3000元交给她本人。李讷当时感激得连声说"谢谢"。之后，出于对亲属的一视同仁，毛主席又分别给了贺子珍、江青、李敏各8000元。

"享用"了7两燕窝

吴连登"管家"的范围，还包括管理毛泽东的礼品。

给毛主席送礼的人，有世界各个国家的元首，还有国际友人。比如金日成主席，几乎每年都会给毛主席送来几十箱乃至上百箱的苹果、梨和无籽西瓜，大的西瓜重达五六十斤，退回去肯定不合适，他就让秘书开一个名单，将水果分送中央各位领导人。还有些礼品，比如珍珠玛瑙、金银翡翠，不管多珍贵，毛主席一律要我送到中南海礼品库登记、备案，从不据为己有。他总说："这些东西不是送给我的，是送给中国人民的，如果你吴连登在这个位置上，人家也会送给你的。"

有时候，我会趁着毛主席晚上在院子里散步，把礼品摆在藤椅上，

重庆谈判期间郭沫若赠给毛泽东的欧米茄手表

逐个给毛主席汇报、对账。吃的东西，如果数量多，毛主席一般让拿到食堂去卖，再把钱寄还给送礼的人；数量少，就送给司机班或别的人。没有一次说给李敏、李讷的。

在礼品库中，仅金表就有10块，都是外宾来访赠送的瑞士表、罗马表等高级货，毛泽东都没要。陪伴他走过30多年的，是郭沫若送的一块欧米茄手表。对这块表的来龙去脉，吴连登很清楚。

1945年以前，毛主席没有手表。重庆谈判时，他一下飞机，郭沫若就发现了这一点。为了让毛主席掌握好谈判时间，他就把自己的表从手腕上摘下来，毛主席也欣然接受。这之后，毛主席一直戴着它。直到1969年，表越走越慢，毛主席说："我这个表要拿去修修了。"我才向礼品库借了一块金表给毛主席暂用。毛主席说："借东西要打个借条，我的表修好了就把金表还回去。"金表借用了两个月，我就还回去了。

1964年前后，印度尼西亚掀起了迫害我国侨胞的浪潮，我国政府义不容辞地出面保护他们。为表达感激之情，侨胞们给毛主席送来31.5公斤燕窝。那种极品燕窝，就是在当时，也得四五百元一斤，现在更是难得一见。但毛主席毫不犹豫地指示："把它们全部送到人民大会堂招待外国人。"

1975年，我看到年迈的毛主席行动不便，咳嗽哮喘，外加心力衰竭，就向张耀祠提出给毛主席增加营养，最好能弄点燕窝炖汤。张耀祠找到人民大会堂的党委书记，发现当年的燕窝还有7两。经汪东兴批准，我打了收条把它们取回中南海，每次瞒着毛主席在汤里加一点。直到去世，他都不知道自己享用了那31.5公斤燕窝中的7两。

健康篇——不配合医生治疗　病痛中坚持工作

说到毛泽东的健康真相，海外出版的《毛泽东私人医生回忆录》曾一度吸引了不少人的目光，但毛泽东身边的工作人员不约而同地怒斥：“这本书的内容很多都是假的，（作者李志绥）是胡说八道。”

已故医学专家王新德在1974年夏被抽调为中央保健委员会专家，曾直接参与或负责毛泽东、周恩来等多位中央领导和外国元首的医疗保健工作。2002年，王新德生前第一次接受专访，曾专门对相关问题进行过澄清。

“毛主席的医疗组是在他病情危重时根据需要临时组织的，一共只有两次，每次时间都不长。第一次是1971年至1972年毛主席病重期间组织的，前后一年多时间；第二次是1974年6月中旬由神经科和内科专家会诊时提出，经中央批准成立的，直到毛主席逝世，共两年多。我是第二次医疗组专家成员，当时是北京医院神经科主任、教授。”在王新德的印象里，李志绥的确当过第一次医疗组组长，但后来由曾任北京医院院长、心内科主任的吴洁接任。第二次医疗组成立时，“李志绥是中南海门诊大夫，我清楚地记得，当时根本就没有宣布由他任医疗组组长”。加入第二次医疗组后，王新德对李志绥的表现极为反感：“凡是重要的医疗讨论和做决定的时候，或是在抢救的时候，李志绥都向后缩。毛主席心肌梗死抢救时，李志绥又是向后缩。”

最固执的病人

还有不少人，根据“毛泽东比较容易听取他人意见或建议”，推断他乐于接受医生的治疗方案。事实上，他常为了坚持工作而“不遵医嘱”。

1973年，80岁的毛泽东依然忙碌着国家大事，但各种疾病，尤其是老年性白内障令他十分苦恼，有时只能模模糊糊地看清眼前的手指。为了给毛泽东治疗，专家们反复讨论眼科手术方案，各自陈述见解，分析病情，然后决定由眼科大夫唐由之主刀。

要说服毛主席接受手术，的确有些难。“听别人说，毛主席对医生说的话，十句话里只信三句。毛主席这个人很好强，宁愿靠自己身体里的抵抗力来克服病痛。另外，毛主席也担心医生怕他不重视，将三分病说成五六分、七八分。最重要的是，他不想因为治病影响工作。眼睛看不清，他也照常工作。”唐由之曾经对记者回忆说。

经过长时间的准备和耐心的说服工作，毛泽东终于同意在 1975 年 7 月 23 日进行手术。手术只有几分钟，进行得非常顺利。术后不久，毛泽东觉得自己能正常看书了，固执地要求拿掉眼睛上的纱布，但唐由之觉得切口尚未完全愈合，眼睛容易感染，不同意这样做。毛泽东有些不耐烦，唐由之却坚持：“毛主席，平时您是领袖，我们都应该听您的。但今天我是医生，您是病人，您得听我的。”

两人争执了很久，最后唐由之只能采取折中的办法，请人特制了一副眼镜让毛泽东戴上：眼镜由塑料制成，左眼这边，中间是一块 11 度的镜片，周边有网眼状小孔，能扣在眼周边的脸上。这样，左眼既能看得见，手又碰不着，东西还不会掉进去。

1975 年 11 月初，眼科医疗小组顺利完成使命。离开中南海前，毛泽东高兴地和唐由之带队的医疗小组合影留念。

病痛中看电影转移注意力

从 1970 年开始，繁重的工作令毛泽东的身体情况急转直下，肺炎、心血管疾病缠上了他，但他每天都在病痛的折磨中坚持工作，直到生命的最后时刻。至今回忆起来，周福明仍十分心疼。

毛主席特别难受的时候，坐那看书，脸上的汗就直往外冒，这说明他心脏或者哪里已经很不舒服了。我们就问他：“毛主席，是不是让大夫给您看看？”他说：“不用，没事，看看电影。”我们工作人员就赶快架机器。美国有个电影叫《出水芙蓉》，毛主席非常喜欢那个片子。这

1966 年 8 月 31 日，毛泽东在天安门城楼休息厅看报（钱嗣杰 摄）

样一转移了注意力，他就可以喝口水、抽口烟，跟边上的人聊聊天了，身体也舒服些。

1976 年 6 月，毛主席因心肌梗死已被抢救过一次，虽然脱离了生命危险，但病情一直不见好转。7 月 28 日，唐山大地震。凌晨时分，大地突然颤动起来，泳池卧室的门窗玻璃“哗啦啦”地响个不停，地下也有拖拉机般轰轰的响声，毛主席的病榻摇晃不止。工作人员冲进毛主席的房间，找到一个大被单，几个人拉住四角，罩在毛主席的床铺上面。我冲到床前，抱着毛主席的头，弓下身挡住，以防止掉下东西砸着他。天亮后，我们发现中南海东八所的几段院墙和围绕中南海的大墙多处震倒，少数房子被震塌。经医生同意，中央政治局常委会决定，把毛主席用担架转移到抗震能力很强的 202 别墅。

搬进 202 别墅的当晚下大雨，又有较强的余震，但室内几乎没什么感觉。毛主席醒来执意要回泳池的老住所，但得知是中央政治局常委会的决定后，他显得无可奈何，用含糊不清的声音说：“既然是常委们的决定，只好如此。”43 天后，毛泽东于 1976 年 9 月 9 日 0 时 10 分在 202 别墅病逝。

毛主席去世后几个小时，我接到通知，最后一次为毛主席理发，整理遗容。这是我最艰难的一次经历，整个人被掏空了，流不出泪来。来到毛主席身旁，老人家那么安详，好像就是在休息。我跪下来给他理鬓角的头发，然后平躺在他身旁，为他修剪耳后和后脑勺的头发。我最后一次给毛主席精心地刮了胡子，擦了脸，老人家看上去又精神很多。

那天，房间外面站满了工作人员和医护人员。虽然知道毛主席生前的愿望是火化，但大家还是对第一副主席华国锋及其他常委表示：“能不能把毛主席留下来，让全国人民再看看毛主席？”华国锋专门在屋里组织开会，进行商议，最后决定对毛主席遗体采取防腐措施。在我的记忆中，毛主席永远是我最后一次理完发“在休息”的安详模样。

安保篇——常违反安保规定　爱挤在群众中间

曾经有人对毛泽东身边有百十人的贴身警卫提出意见，认为他“搞特殊化”。对此，警卫团成员、毛泽东警卫王明富非常无奈，他告诉我们，设立警卫团绝非仅仅为了保护毛泽东，还承担了更重要的使命——

其实，保卫毛主席安全只是我们工作的一部分，另一项主要任务是回各自的老家搞调查，成为联系群众的桥梁。这样毛主席就能及时、全面掌握全国各地的经济建设情况。调查一般上半年一次，下半年一次，派谁走，什么时候走，都按毛主席的安排执行。有时候是大部分人都撒出去，到全国各地调查，只留少部分人在家当警卫。调查的内容是走亲访友，了解家里有没有吃的，公社化搞得怎么样，对干部有什么意见等，了解情况后回来写一份报告，随时等待被毛主席叫去汇报。

有一次，毛主席去广州开中南局会议，于是让长江以南的同志回家调查。我是江苏人，也回去了。我们回来后，毛主席开完会，晚上9点多了，召集我们去汇报。当时一位回湖北的同志说：“毛主席，我们老家社员对一年口粮300斤有意见，不够吃！”毛主席问他：“那你觉得多少够吃呢？”“最少也得400斤。”那位同志理直气壮地回答。毛主席笑着点点头说：“你这个人啊，蛮会为农民说话的。”

黄建新是全国毛泽东纪念馆联谊会秘书长，他与毛泽东身边的工作人员接触多年，了解到安全保卫方面的许多真实情况。

黄建新

大家总以为领导人身边都是壁垒森严。其实，警卫部署是有的，但毛主席本人并不喜欢。他最高兴的时候就是和人民群众在一起的时候。

我曾经到河北邯郸成安县，听一位老生产队长讲了一件事。毛主席1959年到那儿视察，在会议室里和棉农交谈，突然听到外面一片嘈杂，就站起身自个儿走到门口查看情况。只见门口站着一个农民，手里拿着把刀，身边还围了一大群农民。警卫员见状，赶紧挡在毛主席身前，毛主席却挤过去问："老乡，是怎么回事？"原来，拿刀的就是生产队长，大家给毛主席准备了西瓜，但没有刀切不了，他就回去取了把刀想送进来。这位生产队长至今回想起来，还很感慨：毛主席喜欢和群众走在一起，不喜欢被隔离开来。

1966年10月1日的国庆典礼上，有一张照片，是警卫员孟进鸿蹲在毛主席身边。我问他："你干吗蹲着呢？"他说："万一出现情况我要是坐着就爬不起来啊。蹲着是为了随时跳起来保卫毛主席安全。"警卫员这么紧张，但毛主席自己并不在意，那次庆典上，他突然只身走下天安门城楼，席地而坐，与人民群众亲切交谈。对毛主席来说，站在城楼上挥手，不如站在群众中间开心。

吴连登认为，毛泽东的这个特点，让保卫工作很难做。

尤其到了晚年，毛主席像孩子，想法很多，出行很随意，给保卫带来很大难度。“文革”期间的一次国庆节，傍晚吃完饭，毛主席突然要去天安门广场上看放烟花。他说，平时都是在天安门城楼上看，很好奇那个纸筒子怎么能放出那么高、那么好看的烟花。天安门广场当晚人山人海，全是百姓。但毛主席不管，说走就走。

到了广场，毛主席刚一下车，百姓就看到了，呼啦一下围上来，我瞬间就和毛主席挤散了。大家都紧张坏了，陪同的周恩来总理急得一身汗。汪东兴赶紧组织人把毛主席送上另一辆车才解围。

这件事之后，叶剑英提议，因为关系到党和国家的命运，希望毛主席能够穿防弹服。汪东兴说，难道你不知道毛主席的性格吗？不但不会穿，还会发脾气。叶剑英管不了那么多，坚持做了防弹服。果然，毛主席看到后发火了：“我们共产党的领导哪里有怕人民的，怕人民的不是共产党，共产党是为人民做事的，我们穿防弹服就是脱离了人民啊！你们要怕你们拿去穿，我毛泽东不穿！”

性情篇——该发怒时就发怒　待身边人像亲人

在世人眼中，毛泽东庄重严肃，举手投足间都是领袖气度，但身边工作人员知道，他也有普通人的喜怒哀乐和真性情。

保健医生王鹤滨在初次见毛泽东时，被他爽朗的“粗话”吓了一跳。

毛主席看到我就说：“在我这里工作不要拘束，有话就说有屁就放——啊？”他说完，自己就咯咯地笑了。我开始有些吃惊，但紧接着就觉得一下子轻松起来。

毛主席待我们像亲人，还会用稿费接济大家。谁要是回乡探亲，他会指示我们进行调查研究，回来后做书面报告，这形成了一种制度。有些工作人员文化水平低，毛主席就像老师批改作业一样，将错字、白字一一改过来，还通顺语句、修正语法，谁写的报告生动活泼他就批给大家传阅。

周福明也回忆说：

毛主席

毛主席也有不高兴的时候，对我们从不掩饰。他有个口头禅——“多此一举”。1970年，中共九届二中全会在庐山召开，林彪一伙在会议上的突然发难激怒了毛主席。以往都是我负责搀扶毛主席，那天会议一结束，我马上迎上去，刚要搀扶就被毛主席甩开了。“多此一举！”他满脸不快地说了一句就走了。

还有一回让我印象深刻。丰泽园菊香书屋的北边，沿着中海有一条马路，常有汽车经过。每次毛主席睡觉，我就偷偷通知警卫值班室立个小牌子，禁止车辆通行。一次，毛主席问：“我睡觉，你干什么去？”我随口答：“去通知警卫值班室。”毛主席警觉起来：“我睡觉告诉他们干什么？”我只得讲真话。“多此一举！”毛主席严厉地批评道，“以后再不许你去。这是干扰群众！”他生气时还是很吓人的，但他自己又没放在心上，再见到你时会说：“昨天把你吓得屁滚尿流吧？”然后自己先哈哈大笑。

毛主席每次都是坐在床上伏案工作。他的床比一般床高出10厘米，但桌子是正常高度，坐在那儿只能脚尖挨地，很不舒服。我后来给他设计了一款桌子，比普通桌子高10厘米，在桌子下面加了一个横条，脚可以踩在上面。毛主席非常满意，像个孩子似的踩了踩说：“嘿，我可以用脚擂鼓了。”从那以后，屋子里常常响起“擂鼓”的声音。

毛泽东对待群众和家人的态度，让警卫员王明富等人深有感触。

毛泽东穿过的棕色牛皮拖鞋

三年自然灾害时期，毛主席很长一段时间是不吃肉的，看到带点儿荤腥的汤，他也会不高兴。他对子女的要求也严：不能吃小灶，只能吃大食堂。有人看着不忍心，给李讷买了点饼干，毛主席知道后非常不高兴。李讷星期六回到家，吃的是毛主席那份饭。毛主席在旁边看着她吃，自己就不吃了。

当时，江青住在钓鱼台，有一次她来中南海说要看看卫生，警卫只好放行。结果江青直接来到丰泽园，向毛主席要3万元钱买照相机和胶卷。毛主席很不高兴，在江青走后就嘱咐机要秘书张玉凤："今后，没有我的同意，不能让她进来。"

另一方面，毛主席总喜欢冲破我们为他设置的保护层，挤到群众身边去聊天，和群众在一起的时候，他笑得最开怀。

但晚年的毛泽东能出现在群众视野里的次数越来越少。看着病重的毛泽东，周福明的感情是复杂的：心疼他的痛苦，但也由衷敬佩他的豁达。

毛主席最后那段日子里，常常难受得嘴唇发紫。但只要他精神一好，又开始和人开玩笑，大夫曾鼓励毛主席："您身体不错，能长寿。"毛主席摆摆手说："你们不比皇帝的御医高明多少，稍微高明一点而已，我的病我自己知道。中国有句俗话，七十三、八十四，阎王不叫自己去。他不叫我，我自己还去呢！"

如今，毛泽东已逝世多年。当初年富力强的工作人员，许多都去世了，健在的也年事已高。我们在采访中发现了一张毛泽东晚年与工作人员的合影。孟进鸿指着照片给记者看："物是人非啊！真正了解那段历史的亲历者，越来越少了。毛主席左边的，是主管安全警卫和生活服务的张耀祠，我的老上级，去世了。毛主席的警卫王宇清也走了。后排这位女同志，是毛主席晚年的护士长吴旭君，现在身体欠佳，很少露面了。健在的，就我们这几个了。"

吴连登看着这张照片，也感慨良多："今年，中央在严抓党风。我就想起毛主席当年教育我们的——老百姓看中南海，就是看你们这些工作人员，中南海的大秘书就是端茶送水的，没任何特权。所以我们出去，宾馆的一个水果都不敢吃。毛主席说了：谁吃谁付钱，中南海的人敢吃别人一个水果，外面的干部看到了，就敢拿别人一座金山。人们怀念毛主席，就是因为他在世时，树立了一个正派的党风和家风。"（口述：周福明　吴连登　孟进鸿　王明富　王鹤滨　黄建新　整理：刘畅　张忆耕　王乐然　余玮）

周恩来，让国民党叹服

从留法勤工俭学运动到“旅欧共青团”

在中国共产党早期的领导人中，有这样一个群体：他们都有着 20 岁左右在欧洲学习和工作的经历；大都在 20 世纪初留法勤工俭学；他们的名字在中国近现代史的星河中熠熠生辉：周恩来、邓小平、蔡和森、赵世炎、王若飞、李富春、陈毅、聂荣臻、蔡畅、陈延年、李立三、李维汉、徐特立、何长工，他们不仅在国外学习了先进的知识，在实践中增长了才干，更认清了革命的方向，成为较早投身于共产主义运动的革命先驱。

这场留法勤工俭学运动的发起人是蔡元培、李石曾、吴稚晖三人。1915 年，他们组织成立“留法勤工俭学会”，以“勤于作工，俭以求学”为目的，号召广大青年去法国半工半读，1916 年又联合法国政府成立了“华法教育会”。众多渴望学习先进知识的青年人，怀着“改造中国与世界”的梦想，为了探求“供现在正求解放的中国”的良方，踏上了前往法国的轮船。

但现实是残酷的。刚刚经历了第一次世界大战的法国，失业情况非常严重，本地的工人尚且大批失业，更何况这些语言不通，又缺乏技术的中国学生了。更糟的是，主管留学事务的“华法教育会”以经济拮据为由，

1920年在法国勤工俭学时的周恩来

在1921年1月宣布同勤工俭学生们脱离经济关系。生活陷入绝境的中国留学生们忍无可忍，先后几次在北洋政府驻法使馆前请愿示威，要求解决生活经费问题。偏偏在这个时候，里昂中法大学又拒绝录取勤工俭学生。为了争取“生存权”和“求学权”，勤工俭学生们在周恩来等人的领导下，开展了“争回里昂中法大学”的运动，通过与校方谈判、游行，甚至占领校舍等方式奋起抗争。尽管两次行动分别在北洋政府的威胁和法国地方警察局的镇压下以失败告终，但学生们的革命意志却被磨炼得更加坚强。信仰共产主义的旅欧青年筹划成立革命组织的工作紧锣密鼓地开始了。

1922年6月，旅欧中国少年共产党（以下简称“少共”）在巴黎成立，赵世炎任书记，李维汉负责组织工作，周恩来负责宣传工作。成立后的“少共”积极与中共中央联络。1923年2月，“少共”在巴黎召开临时代表大会，决定加入中国社会主义青年团，在欧洲的名称为“旅欧中国社会主义青年团”（以下简称“旅欧青年团”）。会议还通过了由周恩来起草的《旅欧中国社会主义青年团章程》以及其他议案，选举产生“旅欧青年团”执行委员会，周恩来任书记，下面设有共产主义研究会、学生运动委员会、华工运动委员会、出版委员会等工作机构。

成立巴黎通讯处

“少共”刚成立的时候，国内的革命形势向他们提出了新的发展要求。

1922年6月，中共中央发表了《中国共产党对于时局的主张》，提出要与以孙中山为首的“国民党等革命的民主派共同建立一个民主主义的联合阵线”。以周恩来为首的“少共”积极贯彻该项政策，与国民党总部在法国的代表建立了联系。负责在法国建立国民党支部的王京岐，在给国民党中央党务部部长孙镜的工作报告中，大致介绍了当时双方接触的情况：“兹有请示者：旅欧社会主义青年团八十多名，月来探其组织颇称完善，而其行动也与吾党相差不远，因斯二故，曾与多次接头，前月十号特派代表赴巴黎参与他们的常年大会，他们大部分意见欲加盟本党，或与本党携手合作。前天接他们的来信，特派两个代表来里昂会商一切，其结果如何，来日再报。”

1923年6月，周恩来亲自率领“旅欧青年团”的代表来到里昂，与国民党总部代表商谈国共合作问题。次日，王京岐在给国民党中央总部的报告中称：“昨天开会结果很好，旅欧青年团八十余人极端赞成本党宗旨，一概加盟本党。”7月19日，国民党中央总务部部长彭素民代表孙中山复函王京岐：“查国内该团团员已有多数加入本党，则对于旅欧该团亦自不须拒绝。”至此，国共旅欧统一战线初步形成。

同年11月25日，国民党旅欧支部在里昂召开成立大会，周恩来出席会议并发表讲话。在讲话中，他指出一些国民党员“虽然登记党籍，但都不负责任，此类人实占我党（国民党）最大多数，不惟普通党员具有这一弊病，即使在欧的蔡孑民、王亮畴等党内知名人士也是如此，用着党时，自称老同志，不用时则专会反对党的决议，甚至跟着别人做落井下石之举，实为可悲。不能不承认本党内存在着隐患”。这种切中要害的批评，对正在改组的国民党是个极大的推动。在这次会议上，周恩来当选为国民党旅欧支部执行部总务主任，李富春当选为宣传部主任。在执行部部长回国期间，周恩来实际上成了国民党旅欧支部的负责人。

周恩来为推动两党在欧洲地区的合作起到了积极作用，也因此深受孙中山、彭素民等人的信任。在台湾国民党中央党史馆的档案中，存有周恩来写给总务部部长彭素民的两封毛笔信原件（档案号：环05038），现摘录如下：

总务部部长、素民同志先生：

前上一函，略报巴黎通讯处近状，想达。

现时巴黎通讯处所属党员人数日渐增加，迄至昨日止已有三十六人，里昂方面亦日有起色。本来，巴黎通讯处之组织，在总部付与恩来之使命说，宜统辖全体法境内党员。但目前事实略有变动，即里昂方面党员数目亦瞬将和巴黎相等，两地睽隔（纵编），以一机关统率之，办事颇感不便。故恩来与京岐支部长及在里昂诸同志函商之结果，咸以里昂另设一通讯处为宜。准此，恩来当于本月17日晚将巴黎通讯处第一次大会开成，正式宣告通讯处成立。其所辖之范围为巴黎及其附近地域之党员，而里昂不与焉。兹将当晚开会情形略报告如下，并请于新选举之职员加以任命为盼！

中国国民党巴黎通讯处

第一次大会记要

1924.1.17 于巴黎

…………

通讯处大会情形略如上述，正式职员且已举出，此后当由干事会负责向支部报告其进行状况，再由支部转达总部。至此，恩来所受我总理中山先生及总部之组织巴黎通讯处的使命已告结束。谨此报告，望予鉴察！

专此　三民主义的敬礼！

巴黎通讯处筹备员周恩来

1924.1.18 于巴黎

周恩来在这件档案中所属职位是“巴黎通讯处筹备员”。该职务是总务部部长彭素民实际负责任命的，委任状全文如下：

委任王京岐为里昂中国国民党分部筹备处筹备员，方棣棠为比国（比利时——编者注）中国国民党通讯处筹备处筹备员，周恩来、尹宽为巴黎中国国民党通讯处筹备处筹备员。此状。总理印。总务部部长彭素民副署。

这个通讯处究竟是何种组织呢？原来，由于中共旅欧党、团员的加入，国民党旅欧支部人数急增，党员遍布法国、英国、德国和比利时，但他们当中的绝大部分人员居住在法国。为了更好地管理留法的国民党党员，国民党中央总务部决定在巴黎成立国民党巴黎通讯处，专管国民党在法国的党务工作，相当于国民党在法国的支部。国民党本来倾心于周恩来，希望他能够担任通讯处处长，但因周恩来集中精力从事中共旅欧党团的工作，只同意接受国民党巴黎通讯处筹备员一职。

欧洲大陆第一次国共合作的前前后后

仅凭此报告，很难还原巴黎通讯处的建立过程，以及国共合作初期在欧洲大陆的真实情况。因此，笔者又查阅了中共方面的相关资料，发现了一份“旅欧青年团”给青年团中央的工作报告，时间是 1924 年 1 月 7 日，与前面周恩来所做的报告相距只有 11 天，因此两份材料非常具有比较价值。通过比较，我们会发现许多值得玩味的历史问题，可以让我们更近距离地观察历史，获得与以往不太相同的历史认识。

首先，在欧洲大陆的国共双方，对彼此的认知不尽相同。从前面的分析不难发现，国民党对以周恩来为代表的旅欧中共人士十分看重，并委以重任。王京岐更是在给他父亲的信中坦露了自己对周恩来“十二分”的欣赏：“本其过去工作，判断他的智力、魄力——与夫将来之事业，不在汪（精卫）、胡（汉民）诸老同志之下。”反观中共方面，“旅欧共青团”的成员对国民党员的印象却非常一般，在报告中称：“旅欧的国民党人，有能力的太缺乏人了，王京岐这个人能力无有而又狭隘”，故而认为“旅欧的国民党实少起色的地方”。

其次，虽然青年团中央要求旅欧的同志全部加入国民党，而且国共双方也做了一系列商定，但实际上采取的是“分期加入若干人”的办法。“旅欧青年团”执行委员会将原因总结为以下三点：“第一，旅欧国民党人甚少，我们的同志一时完全加入未免太现形，因为我们加入国民党，还需保守我们的所属组织之秘密。第二，我们的同志常常有许多新入团的人，研究与所受训练都很浅，不宜一时令同志们完全加入。第三，内部训练工作极为要紧，对外活动直接关系本团者亦需要人，全体立刻加入国民党要增加许多工作，恐反荒芜了自己的团务。”由此可见，“旅欧共青团”在执行国共合作政策的同时，既不忘本组织自身的独立性，避免了组织被国民党所吞蚀，同时也强调，最终“缓缓地仍是要做到全体加入的”，体现了“旅欧共青团”成员在坚持原则的基础上，对国共合作抱有着极高的热情。

最后，从国共合作的实际运行层面来看，国民党虽然在名义上占主导地位，但发挥作用的主要都是“旅欧青年团”的成员。在工作报告中，“旅

1924 年，旅欧支部成员在巴黎的合影。前排左四为周恩来

欧青年团”执行委员会明确指出：“国民党于去年十一月二十五（日）在里昂成立支部，其中自然亦有我们的同志在帮助主持一切。而巴黎的通讯处，固是我们同志成立的，比国（比利时）通信处亦系我们同志主持，现我们同志又正在柏林创设通讯处。”报告之所以敢做这样的预计，是因为“从现在形势看来，将来国民党在欧的活动，自然又要我们的同志替代他们做的”。

虽然周恩来不当巴黎通讯处处长，但考虑到巴黎通讯处的职能十分重要，所辖国民党员以中共旅欧党、团员居多，国民党籍人士相对较少，加上主要工作由中共方面主持，所以周恩来认为，巴黎通讯处处长应由共产党籍加入国民党的同志担任为佳，并力荐能力突出、正在比利时留学的聂荣臻担任此职。而国民党方面则想改用留法的国民党籍人士做通讯处处长。经过双方的反复协调和周恩来的力争，王京岐等人最终妥协，批准聂荣臻担任国民党巴黎通讯处处长。

巴黎通讯处是国共两党在欧洲大陆探索革命道路的成功典范。在以周恩来为代表的旅欧革命人士的积极推动下，欧洲国共合作的统一战线不但形成得较早，而且工作卓有成效。中共中央将其经验作为国共合作成功的优秀范例，向各级党组织推广。（撰文：马思宇）

周恩来担纲筹建新政协

中共中央发布“五一口号”后，作为党内对政治协商最具实践经验的领导人，周恩来担当起筹备新政协的重任。从秘密打通交通线、运送民主人士北上解放区，到组织新政协筹备会，再到起草《共同纲领》草案，在建国大业中，周恩来充分发挥了他的智慧和才能。

亲自指挥“夜幕下的行动”

1948 年秋，周恩来拟定了 77 位需邀请到解放区商讨召开新政协会议的民主人士名单。应中共中央的邀请，大批爱国民主人士，从当年秋天开始，陆续从全国各地和海外，经香港进入解放区。

为了保证爱国民主人士平安到达，周恩来做了周密的安排，指定潘汉年和钱之光在香港负责接送。

1948 年 8 月下旬，挂着苏联国旗的“波尔塔瓦”号货轮，躲过国民党侦察机的跟踪，抵达香港。就在民主人士准备上船时，传来了准备回国参与筹备新政协会议的冯玉祥将军在黑海遇难的消息。周恩来获悉噩耗后，心情沉重，立即指示潘汉年和中共香港分局：“民主人士乘苏联轮船北上的事，望慎重处理。”

为安全起见，中共把行将出发的民主党派人士分成了三批。沈钧儒、谭平山、蔡廷锴、章伯钧 4 人为第一批。他们化装成短衫工人模样，于 9 月 29 日趁夜幕悄悄登上轮船。一个多月后，郭沫若、马叙伦、沙千里等第二批民主人士 30 人，登上挂有挪威国旗的“华中”轮。

两批民主人士都离开香港后，周恩来电告钱之光，说已经走了两批人员，很可能已引起国民党的怀疑，这次行动要更加谨慎。最终，第三批民主人士离港的时间，被安排在圣诞节第二天的深夜。在夜幕的掩护下，李济深、茅盾、章乃器、马寅初等人打扮成商人，登上了苏联“阿尔丹”号轮船，启程北上。

在民主人士北上解放区的过程中，周恩来一再电示接待人员：一定要把进入解放区的爱国民主人士接待好，安全地送到目的地。考虑到北方天气寒冷，他还特意嘱咐要为远道而来的客人准备好皮大衣、皮帽子、皮靴等。

在周恩来的周密部署下，从 1948 年 9 月到 1949 年 3 月，经香港分批乘船北上进入解放区的民主党派领导人和无党派民主人士，超过 350 人。至此，参加新政协筹备工作的爱国民主人士，基本上都已安全到达解放区，筹备召开新政治协商会议的时机日益成熟。

关门起草《共同纲领》

1949 年 6 月 16 日傍晚，太阳已经落山。周恩来吃过晚饭，来到中南海勤政殿。他将主持新政协筹备会常务委员会第一次会议。在这次会议上，周恩来当选为筹备会常务委员会副主任。在常务委员会领导的 6 个小组中，周恩来任第三小组组长，负责起草《共同纲领》。

在第三小组的第一次会议上，周恩来介绍了中共关于建国的基本思想，并解释了全国政治协商会议的称号。他说：“我们的政治协商会议，加上一个‘新’字，以区别于旧的政治协商会议。一字之差，使基本的政

1949 年 8 月 28 日，毛泽东、周恩来、张治中等在北平火车站迎接宋庆龄

治策略思想也要有所变化。因此，需要有体现新的政治协商共同利益的《共同纲领》。”

那段时间，周恩来事务繁忙，既要与诸多民主人士打交道，又要处理党内事务。为了按时拿出《共同纲领》草案，周恩来请示毛泽东同意后，暂时放下手头的其他事务，把自己关进中南海勤政殿，亲自执笔撰写《共同纲领》草案。

起草《共同纲领》之前，周恩来仔细研读了毛泽东的《新民主主义论》《论联合政府》等论著，并参阅了苏联的一些资料。他每天写好一部分，通过机要秘书送给毛泽东审阅。毛泽东审阅后，再把意见送回去。其间，有整整一周的时间，周恩来没有外出，也不会客，夜以继日、废寝忘食，直到完成起草工作。

初稿拟就后，周恩来顾不上休息，又开始征求各方意见。他先后主持召开了 7 次会议，对初稿进行反复讨论和修改，直至 8 月份正式形成《共同纲领（草案）》。

8 月 2 日，周恩来乘吉普车来到毛泽东居住的香山双清别墅。毛泽东见周恩来从城里远道赶来，连忙招呼说：“恩来来了，请坐。”

周恩来没有坐，一直走到毛泽东的办公桌旁，从公文包里拿出一份打印的稿子说：“这是《共同纲领》的草案。我写了个初稿后，又 7 次开会，征求了各方面的意见，做了修改，现在请毛主席审阅。”毛泽东接过草案翻了翻，说：“我抓紧时间赶快看。”

此后，毛泽东对《共同纲领》草案进行了至少4次精心修改，改动总计达200多处。在9月10日的一次讨论中，周恩来待在毛泽东的住处，两人从晚上9点一直改到第二天早上7点。

在筹备新政协的日子里，周恩来总是用一句话来鼓励身边的工作人员：“你要知道，你是在为中国人民建立一个全新的国家而工作。”或许，这也是他对自己的告诫，因此才能不知疲倦地工作。

随着筹备工作的深入，周恩来越来越强烈地感到，政治协商这样的新型民主政治形式，有必要长期存在下去。8月26日至27日，他主持召开新政协筹备会常委会第四次会议，在会上提出：“在社会主义时期，仍然要有中共与党外人士的统一战线，要有各党派统一合作的组织，这个固定的统一战线组织，名称也要固定，建议称为‘中国人民政治协商会议’，它要长期存在。”

周恩来的这一提议，在9月17日新政协筹备会第二次全会上正式通过；他起草的《共同纲领》，也由此最终被定名为“中国人民政治协商会议共同纲领（草案）”。

9月21日，中南海怀仁堂，中国人民政治协商会议第一届全体会议开幕。周恩来在第二天的会上做了《关于〈中国人民政治协商会议共同纲领〉草案的起草经过和特点》的报告。他在报告中勾勒了一幅新中国的建国蓝图。

9月29日，中南海怀仁堂，中国人民政治协商会议第一届全体会议第七次会议召开。下午3点，身穿灰色中山装的周恩来走上台，开始对《共同纲领》草案做说明。1个小时后，周恩来结束报告，走回座位。随后，章乃器上台主持讨论。他连问3次：“代表们有什么意见？”每一次，都只有雷鸣般的掌声做回应。下午4点15分，这份凝聚了中国共产党人和其同盟者建国理想的纲领正式获得通过！

接重任筹组政务院

在政协会议结束的第二天，中华人民共和国诞生了。这一天，在中央人民政府委员会第一次会议上，51 岁的周恩来被任命为中央人民政府政务院总理，开始了他长达 26 年的总理生涯。

周恩来担任开国总理可谓众望所归。1949 年 1 月，斯大林特使、苏共中央政治局委员米高扬访问西柏坡时，曾对俄文翻译师哲说："你们成立中央政府时不愁没有领导人，周恩来是最合适的人选。"在党的七届二中全会上，毛泽东做大会总结时说："新中国中央人民政府的主要人员配备，现在尚不能确定，还需要同民主人士商量，但'恩来是一定要参加的，其性质是内阁总理'。"

开国大典之后，周恩来又开始集中精力筹建新中国的首届"内阁"——政务院。第一个任务是寻找为数众多的工作人员。毛泽东、周恩来等人经过反复考虑和研究，决定以华北人民政府为基础，组织政务院。在人选问题上，周恩来非常重视挑选党外人士担任领导职务。中国民主建国会主任黄炎培，就是在周恩来多次劝说下，出任政务院副总理兼轻工业部部长的。

黄炎培曾多次拒绝国民党政府的高官厚禄，始终奉守"不为官吏"的立身原则。1949 年 3 月，他来到北平后，也无意担任政府职务。1949 年 10 月 11 日晚，周恩来走进黄炎培的家门，邀请他担任公职。黄炎培仍抱定初衷："1946 年我才 68 岁，已觉得年老了，做不动官了。如今 72 岁了，还能做官吗？"周恩来恳切地说："这不同于旧社会做官，现在是人民的政府，不是做官，是做事，是为人民服务。在政治协商会议上，由各党派斟酌制定了《共同纲领》，就是为人民服务的'剧本'。我们自己有'剧本'，自己怎能不上台唱呢？"经过两个小时的恳谈，黄炎培被说动了。但他表示还要考虑考虑。第二天晚上，周恩来再次登门。黄炎培欣然接受了邀请。

在政务院的人事安排上，不少党内外知名人士提议让周恩来的夫人邓颖超在政府里任职，有的党外人士甚至直接找到周恩来说：“为什么不让邓大姐在政府里担任一项职务呢？”但无论大家如何提议，周恩来都严词拒绝。他说：“我是政府总理，如果邓颖超是政府的一个部长，那么我这个总理和她那个部长就分不清了。人家会把她那个部长说的话，把她做的事，当成是我支持的。”他还坚定地说：“只要我当一天总理，邓颖超就不能到政府里任职。”

10月19日下午，毛泽东主持召开中央人民政府委员会会议，正式通过政务院副总理及其下属委、部、院、行、署主要负责人的任命。在这项任命中，各民主党派和无党派民主人士占了相当大的比重：4个副总理中，民主人士有2人（郭沫若和黄炎培）；21名政务院领导成员中，民主人士有11人；政务院下属34个机构的109个正、副职位中，民主人士有49人，其中正职15人。很多民主人士因此称赞道：“周总理不愧为‘周’（取意周到、完备）总理啊！”

人事安排就绪后，10月21日，周恩来宣布政务院成立。在以周恩来为总理的政务院的直接领导下，新中国只用了短短3年时间，就完成了恢复国民经济的艰巨任务，顺利开始了国家建设的第一个五年计划。（撰文：杨志强）

寻访周恩来海外足迹

在中央文献出版社出版的《环球同此凉热》一书中，有这样一段话：一个革命者成为举世公认的成功的外交家并不多见，周恩来可以说首屈一指。作为革命者，他把属于个人的一切都毫无保留地献给了他矢志不渝的人民解放事业；作为外交家，他在新中国走上国际舞台的过程中所起的作用是无法替代和难以估量的。与他交往过的人无不为他的才智、魅力所折服。世界上只有很少几个政治家能像周恩来那样，不仅赢得了朋友，而且赢得了各式各样的对手乃至敌人发自内心的尊重。

在周恩来总理诞辰 110 周年之际，本刊记者循着他留在国门之外的足迹，感悟这段话，体会着这位伟人给我们留下的外交“遗产”……

巴黎时光

在巴黎上千条街道中，位于巴黎 13 区“意大利广场”附近的戈德弗鲁瓦街毫不起眼。和大部分巴黎街道一样，这里的路口也有一间咖啡店，狭窄的路旁停满了汽车。但是，如果时光倒流 80 多年，你或许能在这条街上看到青年周恩来的身影——他曾在这里的一家小旅馆住过两年多。

住房不到 10 平方米

走进戈德弗鲁瓦街，没几步就能看到一面墙上镶嵌着一方墨绿色的大理石纪念牌，上面是周恩来的铜质正面浮雕头像，头像下面刻着邓小平题写的“周恩来”三个中文金字，并配有法文说明：“周恩来，1922—1924 年在法国期间曾经居住在此。”这块纪念牌是 1979 年 10 月法国政府为了纪念周恩来而特别设立的。

周恩来当年在巴黎住过的小旅馆

周恩来当年居住的小旅馆就紧挨着这块纪念牌。这家旅馆是一栋干净整齐的三层小楼，矗立在闹市区的幽静小街道里。法国旅游局的铜牌表明这是一家二星级旅店。一进门，能看到迎面墙上有两幅熊猫图，再加上柜台上摆放的中文旅游图，一股中国气息扑面而来。老板是一对华人夫妇，丈夫李先生是大学教授，平时由他的夫人杨艳春打理生意。

杨艳春告诉记者，2001 年，她和丈夫想要开一家旅馆，通过中介找到了这家旅馆。“我们发现，小旅馆不但整洁雅致，而且舒服温馨，就毫不犹豫地接手了。当时还不知道周总理曾在这里生活过。”杨艳春认为自己很幸运：“我们去中国银行巴黎分行贷款时，他们一听说是周总理住过的房子，还给了我们一些优惠。”

旅馆的 1 号住房，便是当年周恩来住过的那间。这是一个不到 10 平方米的小房间。当年，房间里除了床和简单的家具外，只有一个洗手池，门外还有一个木制小楼梯。经过无数次改造，如今，这家旅馆已找不到太多当年的痕迹。十几年前，这家旅馆在进行改造时拆掉了 1 号房间外的楼梯，把这块空间变成了冲凉室。现在的 1 号房间，面积也比以前大了不少，成了双人间。

目前，这家旅馆共有26间这样的房间。杨艳春告诉记者，前来住宿的中国人并不多，还不到客源的5%。不过，专程前来参观的中国人却不少。周恩来的侄子和侄孙、蔡畅的女儿，还有一些研究历史的中国学者，都曾特意来这里小住。在房子没有被改造前，邓颖超也曾来这里看过。今年3月初，中国驻法国大使馆青年读书会的年轻外交官们，还带着花篮来给周恩来的铜像献花，并参观了这家旅馆。

在这里一住就是两年

1920年11月7日，周恩来乘法国轮船“波尔多”号，离开上海，赴法国勤工俭学。这一年，他只有22岁。一个多月后，周恩来到了巴黎。

初到巴黎的那些日子，周恩来住在郊区，后来搬到了戈德弗鲁瓦街17号的这家旅馆。当时，旅馆一般会对常住客人提供优惠，算下来价格很便宜。周恩来在这里一住就是两年。

1946年，周恩来在接受《纽约时报》记者采访时曾说：“当时正值大战之后，在法国容易找到工作，可以半工半读……在去法之前，我已和国内报纸订合同，给它做特约通讯员，所以在法国一面读书，一面写文章。”

尽管课程很紧张，但周恩来白天仍然坚持做社会调查，晚上则常常通宵达旦地给天津《益世报》撰写旅欧通讯。有时会去雷诺汽车厂做工，靠勤工俭学贴补生活。由于周恩来每天总是早出晚归，还不时在欧洲国家间奔波，因此，旅馆里其他住客见到他的机会并不多。当时，大家对他的印象是：这是一个从东方来法国求学的有抱负、勤奋好学的中国青年。

小屋还是党团活动中心

1921年春天，周恩来经人介绍，在巴黎加入了中国共产党。第二年，他发起组织了旅欧中国少年共产党（后改称旅欧中国社会主义青年团），并担任这一组织的负责人。当时，周恩来在戈德弗鲁瓦街的住所同时也是旅欧中国少年共产党的“党部”。他们创办的理论刊物《少年》（后改为《赤

周恩来在巴黎小旅馆前的留影

光》）的编辑部，也设在周恩来的房间里。

同在法国勤工俭学的聂荣臻后来写道：“恩来在法国的生活十分艰苦。他住在巴黎意大利广场附近的戈德弗鲁瓦街17号一家小旅馆里，真可谓身居斗室，唯一的一间住房不到10平方米。这里既是他的住所，又是我们办刊物和进行党团活动的中心。人多了，实在装不下，就只好到附近的一家咖啡馆活动。每当我到恩来那里，总见他不是在找人谈话，就是在伏案奋笔疾书。吃饭常常是几片面包，一碟蔬菜，有时连蔬菜也没有，只有面包就着开水吃。”

当年在法国勤工俭学的共有2000多名中国留学生，周恩来、邓小平、聂荣臻、朱德、陈毅、李富春等中共著名领导人，都是这批留法学生中的成员。

神来之笔

中国驻法国大使馆曲星公使在接受记者采访时表示：“法国是中国老一辈领导人了解最多、最深入的西方国家之一。在新中国早期的外交大事中，除日内瓦国际会议、万隆会议外，中国与法国建交，也是周总理外交艺术上的神来之笔。”

从20世纪60年代初起，在周总理的直接指挥和运作下，中国与法国就建立外交关系进行了接触和商谈。经过长时间的会谈，最后的核心问题落在了法国如何处理与台湾的“外交”关系上。周总理与法国总统戴高乐的特使、法国前总理埃德加·富尔，在上海达成了三点默契：法国只承认中华人民共和国为代表中国人民的唯一合法政府；法国支持中华人民共和国在联合国的合法权利和地位；法台“断交”后，法国撤回其驻台湾的“外交”代表机构和人员。

1964 年 1 月 27 日，中法两国政府同时发表建交公报。公报宣布：“中华人民共和国政府和法兰西共和国政府一致决定建立外交关系。两国政府为此商定三个月内任命大使。”中法建交被西方媒体喻为“外交核爆炸”，轰动了国际社会，堪称现代国际关系史上的精彩之作。

而周恩来那些在巴黎寻求救国真理、和革命战友指点江山的日子，早已成为他人生中不可磨灭的一段经历。（撰文：司徒北辰）

新德里见证

在印度首都新德里王公大道最西端，有一座红砂石外墙的宏伟建筑楼群。这就是新德里的地标——印度总统府。1954 年，周恩来总理曾作为第一位走进印度总统府的中国领导人出现在这里。

从 1954 年到 1960 年，短短 6 年间，周总理四度访印，在中印关系史上留下了不可磨灭的印记。

记者曾应邀进入印度总统府进行采访，也曾走访周总理当年到过的地方，所到之处，都能感受到他给后世留下的外交“遗产”。

十万印度人夹道欢迎

1954 年 6 月，周总理在日内瓦会议休会期间，第一次踏上印度的土地。抵达新德里时，他在机场发表热情洋溢的讲话：“我愿中印两国友谊一天比一天发展，愿亚洲各国人民的团结一天比一天紧密，愿世界和平一天比一天巩固。”周总理的讲话，引来在场如雷的掌声。

在从新德里机场到市区的道路上，10 多万名印度各界群众夹道欢迎周总理。人们从道路两侧抛下鲜花和花瓣，还有人为周总理戴上金盏花和金香木编制的花环。友好的场面令人动容。

提起往事，印度德里大学史蒂芬学院的退休教授古达瓦尔，仍然记忆

1954年6月，周恩来总理访印，受到印度总统拉金德拉·普拉沙德（左一）等的迎接

犹新。那时，他还是德里大学的学生。当周总理和印度总理尼赫鲁乘坐的车队驶来时，作为欢迎队伍中的一员，古达瓦尔和其他人一样，挥着旗，跺着脚，拍着手，高兴地跳着唱着喊着，声音都嘶哑了，手掌都拍红了。老人感叹说："在我的记忆中，新德里从来没出现过这样盛大的欢迎场面。"老人还告诉记者，印度媒体当时曾报道说，为款待周总理，印度政府提供了100多部影片，请周总理挑选欣赏。周总理只挑了《詹西女皇》这部反映1857年印度民族大起义的爱国影片，以表达中国人民对印度民族女英雄的敬意。消息传出后，一些印度报刊收到了很多来自印度各地的读者来信，无一不是表达对周恩来总理的深深敬意。

"五项原则"大路

沿着周总理在印度留下的足迹，一路走下来，记者对其中两个地方的印象最为深刻。一处是位于新德里的海德拉巴宫；另一处是柯棣华亲属的家。

海德拉巴宫坐落在王公大道最东端的印度门旁，是印度总理与外国政要举行会谈的地方。在1954年访印期间，周总理与尼赫鲁总理在这里先后进行过6次正式会谈。6月28日，两国总理在海德拉巴宫签署发表了《中印两国总理联合声明》，重申中印两国政府在4月29日的协定中首次提出的和平共处五项原则。声明发表后不久，就在海德拉巴宫不远处，一条名为“潘查希拉”（五项原则）的大路，在新德里诞生了。这条街道也因此成为对世界外交产生重要影响的、和平共处五项原则一个不朽的见证。

在印度工作期间，记者曾走进孟买老城区一幢十分普通的居民楼。这里仍住着伟大的国际主义战士柯棣华的亲属。在20世纪30年代，印度医生柯棣华随同印度援华医疗队，来到中国协助抗日，直到积劳成疾在中国病逝。翻开柯棣华家属珍藏的相册，周总理当年接见他们的照片被放在最醒目的位置。1956年11月，周总理再次率领中国政府代表团访问印度。其间，他专程赴孟买，看望柯棣华的母亲和其他家人。柯棣华的三妹马诺拉玛，回想起周总理的音容笑貌时说，那似乎还是昨天的事情。她说：“周恩来总理在与印方官员会见时，表示中国人民非常怀念柯棣华大夫，对柯棣华家亲属非常关心，希望印度政府多多关照我们。”

周总理就是用这样的方式，展示着中国人的智慧和对友谊的珍视，为中国赢得了尊重。

即便是后来，中印两国因边界问题而导致双边关系走向冰点的时候，周总理在访印期间仍告诉对方：“中印两国人民没有根本利益的冲突，一时的乌云是会消除的，两国边界的一时纠纷是能够解决的。如果需要的话，为了伟大的中印两国人民的友好，我，或者其他人，还会再来新德里的。”这段话，在多年以后多次被实践；他的心愿，正一步步成为现实。（撰文：钱峰）

感动万隆

回顾周恩来的“外交路线图”，印度尼西亚的万隆是难以忽略的一个坐标。1955年春，周恩来率领中国代表团抵达万隆，出席亚非会议（即万隆会议），开启了新中国外交事业的新篇章。

“没有周恩来，万隆会议便不可能成功。”已故万隆会议秘书长鲁斯兰·阿卜杜加尼，生前曾这样告诉记者。

在独立大厦力挽狂澜

万隆是印尼西爪哇省的省会，距离首都雅加达约 180 公里。那里群山环抱，气候凉爽，有“爪哇巴黎”的美誉。

如今的万隆，是印尼第三大城市，人口约 250 万。市内道路曲折复杂，但万隆会议的举办地——独立大厦，却非常好找。一条“亚非大街”（这条街得名于亚非会议）把万隆市区分成南北两部分，独立大厦就坐落在市中心的临街位置。这是一栋乳白色的三层建筑，一根根旗杆矗立在四周，显示着这个地方的庄重。

在独立大厦斜对面，就是万隆最古老的饭店——豪曼饭店。当年，参加万隆会议的亚非各国代表，就是从这个饭店出发，步行到会场的。2005 年亚非峰会期间，印尼总统苏西洛和中国国家主席胡锦涛等与会各国领导人，曾按当年的路线，一路从豪曼饭店步行到独立大厦。

半个多世纪过去了，独立大厦主楼大礼堂内的陈设还基本保持着 1955 年的原貌。礼堂内正中偏左的位置放着一个木制讲台。万隆会议的开幕式、

1955 年 4 月，周恩来出席万隆会议

闭幕式，以及周恩来总理的那次著名演讲，就是在那里进行的。

记者在印尼驻站期间，曾多次到独立大厦采访，每次站在礼堂内，都会产生时光交错、如同亲历那段特殊历史的感觉。

1955 年 4 月 18 日，万隆会议如期召开。会议的前两天，由于一些反共国家的阻挠，会议偏离了主题，陷入僵局。看到这种情况，周恩来决定改变原定只散发书面稿、不发言的计划，临时要求发表演讲。

19 日下午，周恩来身着浅灰色中山装，从容不迫地走上了讲台。人们完全没有想到，他的第一句话是："中国代表团是来求团结而不是来吵架的。"他接着说道："我们共产党人从不讳言我们相信共产主义和认为社会主义制度是好的。但是，在这个会议上用不着来宣传个人的思想意识和各国的政治制度，虽然这种不同在我们中间显然是存在的。中国代表团是来求同而不是来存异的。"

周恩来 18 分钟的演讲结束后，会场内立刻爆发出长时间的掌声。印度总理尼赫鲁、缅甸总理吴努等站起来与周恩来拥抱、握手表示祝贺。尼赫鲁说："这是一个历史性的演说。"吴努则说："这个演讲对抨击中国的人是一个很好的回击。"就连在上午还大唱反共调子的菲律宾代表，也忍不住上前与周恩来握手："这个演说是出色的，十分和解，充满了民主精神。"

1980 年，在亚非会议 25 周年之际，印尼政府在独立大厦内建立了亚非会议纪念博物馆。

记者看到，在纪念馆的展厅内，除了介绍主办国的部分，照片最大、篇幅最多的就是关于中国代表团和中国代表团团长周恩来的内容。其中，一块展板上摘录了周恩来当年的发言："现在，我首先谈不同的思想意识和社会制度问题。我们应该承认，在亚非国家中是存在有不同的思想意识和社会制度，但并不妨碍我们求同和团结。"展板旁边陈列着几幅"克什米尔公主"号事件的图片。在万隆会议召开之前，国际反动势力和台湾当局相互勾结，企图谋害出席亚非会议的中国代表团和周恩来总理，制造了震惊中外的"克什米尔公主"号事件，致使中国代表团部分工作人员和中外记者 11 人遇难。

“他是一位伟大的政治家”

1955 年万隆会议期间，周恩来总理与巴基斯坦总理穆罕默德·阿里（前右）及其夫人（左二）合影

2005 年，当年的亚非会议秘书长、印尼资深外交家鲁斯兰·阿卜杜加尼先生，在家中接受了记者的专访。当时，鲁斯兰先生已年过九旬，但依然精神矍铄。

鲁斯兰告诉记者，万隆会议召开前夕，在是否邀请中国参加的问题上，曾经历了一番激烈的讨论。苏加诺总统坚决主张邀请中国，因为“没有中国的参加，亚洲就不完整”。当时，有的国家认为，作为共产党国家，中国的参与可能会让其他伊斯兰国家“望而却步”。“但事实上，亚非各个受到邀请的国家，都表现出积极、热情的态度。”鲁斯兰说，当年，联合国成员国还只有 60 个，但参加亚非历史盛会的国家就达到了 29 个，这充分证明，不同意识形态、不同社会制度的国家，是能够坐到一张会议桌前的。

鲁斯兰先生让秘书拿出一摞当年的老照片，指给记者看。他说，他对万隆会议最深刻的印象，就是中国代表团团长周恩来的演讲。“他的演讲非常坦诚。我很敬佩他。他是一位伟大的政治家。”周恩来入情入理的发言，使会议回到了正常轨道。最后，大会通过了十项原则，内容包括：尊重一切国家的主权和领土完整，承认一切种族的平等、承认一切大小国家的平等，不干预或干涉他国内政等。鲁斯兰先生指出，万隆精神的核心就是通过对话解决分歧，实现和平共处。50 年来，虽然国际形势发生了重大变化，但是对话、求和平的准则依旧适用。

“哭声比雨声还大啊！”

当年，在周恩来总理抵达万隆后，中国驻印尼大使馆收到了一封署名为“觉醒了的暗杀队员”的信件。信中说，台湾特务组织了一个 28 人的“敢死暗杀队”，准备在会议期间行刺周总理。在此情况下，当时有报道说，在亚非会议期间，周总理的安全问题面临考验。

万隆会议会场

作为当时华侨社团中华总会的联络部副主任，现年 81 岁的印尼华人邱章龙，参与组织了中国代表团在万隆会议期间的安全保卫工作。他表示，万隆侨社特地邀请曾为中国辛亥革命、抗日战争做过贡献的万隆洪门洪义顺公会，来担任保卫工作。在迎接周总理的车队时，他们还安排一些会武术、身强力壮的大汉，分散在成千上万人的欢迎人群中。

会议期间，周总理和陈毅元帅住在达曼萨里 10 号——华侨郭贵盛的别墅。这栋别墅位于市中心一个独立的高坡上，便于警卫，且交通便利。别墅内使用的全都是华侨自愿提供的家具。为了让自己的家具被选用，侨胞们争执不下，最后只好采取折中方案——每家的家具都选用一些。为了保证中国代表团的食品安全，侨团派专人去不同地方采购，送交代表团前，华侨们自己都要先尝一尝。此外，华侨们还组织了 160 多辆新型轿车供代表团使用，自己则充当司机，分批日夜轮流值班。

在周总理参加亚非会议期间，达曼萨里 10 号别墅外，总是围着许多华侨群众。他们从早到晚守候在那里，等待与周总理见面。有一天，周总理从会场回来，天上突降暴雨。他见到在别墅外等候的 100 多人都没打伞，自己也拒绝打伞，冒雨和大家一一握手问好。所有人都激动得哭了起来。“哭声比雨声还大啊！”邱章龙老先生说到这一动情处，立时热泪盈眶。他告诉记者，虽然已时隔 50 多年，但他现在做梦时，还是会时常想起万隆会议，梦见周总理。

世事沧桑，当记者想要寻访达曼萨里 10 号时，却发现它已经踪迹难觅。然而，周总理在万隆展现的伟大人格魅力和政治智慧，却不会因一事一物的逝去而消失。（撰文：管克江）

共和国总理周恩来智斗尼赫鲁

20世纪40年代末，印度和中国先后独立。历史遗留下的中印边境纠纷，严重影响到两国关系的正常发展。从1947年印度独立到60年代初期，中国高层为和平解决中印领土争端做出了一系列努力，周恩来总理更是四访新德里。

短暂的“蜜月期”

因为相似的殖民地经历和共同的“反帝”诉求，中印这两个亚洲古国在建国初期曾有过一段平顺的“蜜月期”。

1954年6月，周恩来按照毛泽东的指示，在日内瓦会议休会期间第一次访问印度。抵达新德里时，周恩来在机场发表了热情洋溢的讲话，愿中印两国友谊“一天比一天发展”。从机场到市区的道路上，10余万印度群众夹道欢迎，并为周恩来戴上金盏花和金香木编制的花环。访印期间，周恩来与印度总理尼赫鲁进行了6次正式会谈。6月28日，《中印两国总理联合声明》发表，重申了指导两国关系的和平共处五项原则。

4个月后，尼赫鲁偕女儿英迪拉·甘地回访中国。毛泽东在会见尼赫鲁时说：“朋友之间有时也有分歧……这种吵架同我们和杜勒斯（美

20世纪50年代，周恩来与来华访问的印度总理尼赫鲁交谈

国国务卿）的吵架，性质是不同的。中印签订了关于西藏某些问题的协定，这有利于消除引起怀疑、妨碍合作的因素。”同一年，尼赫鲁再次来到中国，与毛泽东、周恩来、刘少奇等一起出席了印度驻华大使馆举行的招待会。1956年底，周恩来再度访问印度并停留12天。中国代表团所到之处，无不受到印度群众的欢迎，“印中人民是兄弟”的口号响彻印度大地。

在这一时期，出于外交的需要，中印边界领土争议曾一度被搁置，中印双方都默契地对这个话题“避而不谈”。然而，这并不意味着问题已经解决，中印间的领土纠纷，就像一座休眠的火山，潜伏在和平友好的表象之下。

未谋面的“口水战”

印度虽然刚从英帝国主义的殖民统治下脱离出来，但其强烈的大国主义情绪却毫无收敛。在西藏问题上，尼赫鲁设计出一个“理想边界”，将克什米尔、尼泊尔、锡金、不丹和阿萨姆邦作为印度的防务内线，把西藏作为“缓冲国”纳入印度的势力范围，而“麦克马洪线”正是他眼中印中边界的理想分界线。

1955年，周恩来总理出席万隆会议期间，与尼赫鲁交谈

中共高层对尼赫鲁的野心早有警觉。1955年，周恩来在万隆会议上表明："同有些国家的一部分边界尚未划定。我们准备同邻邦确定这些边界，在此以前我们同意维持现状……至于我们如何同邻国来确定边界，那只能用和平方法，不容许有别的方法。"他通过这段话，谨慎而清晰地表达了中国高层对中印边界争议的态度。

1958年12月，尼赫鲁给周恩来写了一封长信。这是印中两国总理正式交涉边界问题的第一封信，正式将中印边境问题"摆上台面"。尼赫鲁言辞强硬地提出，"麦克马洪线"以南的地区毫无疑问是印度的。1959年1月，周总理在回信中声明，"麦克马洪线"是英国和西藏地方当局代表，背着中国中央政府代表，用秘密换文的方式决定的，它从未被中国任何政府承认过。

在与周恩来用书信方式"唇枪舌剑"的同时，尼赫鲁公然发动了军事挑衅。1959年8月至10月，喜马拉雅山和喀喇昆仑山上相继发生中印武装部队交火事件，全长2000公里的中印边界全线紧张。1959年9月8日，周恩来严词批评印方行为，要求"印度政府应立即采取措施，撤回越境的印度军队和行政人员，恢复两国边界久已存在的状况"。3天后，北京召开第二届全国人民代表大会常务委员会第六次扩大会议。周恩来在会上做了关于中印边界问题的报告，阐明中国政府在中印边界问题上所采取的立场、态度和方针，提请全国人民代表大会常务委员会审议。

1959 年 11 月，中国最高层在杭州举行决策会议，中心议题仍是中印边界争端。1959 年 11 月 7 日，周恩来总理代表中国政府致函印度总理尼赫鲁，建议两国武装部队立即从实际控制线各自后撤 20 公里，脱离武装接触，同时建议两国总理尽快举行会谈。但尼赫鲁置若罔闻。

在新德里的较量

为了表明中方的态度，中方高层决定先伸出橄榄枝。于是，周恩来第四次访问印度（周恩来第三次访问印度是在 1956 年 12 月，会见了滞留印度的达赖）。1960 年 4 月 19 日傍晚，周恩来在外交部部长陈毅的陪同下，从缅甸仰光起飞，前往印度。

周恩来到达新德里后，遭到了印方前所未有的冷淡对待。既没有以往欢迎他的彩旗，也没有群众的欢呼。只有尼赫鲁等率领少量随从前来迎接，简单的欢迎仪式只进行了 25 分钟，便匆匆结束。车队沿着空荡荡的大街，驶向中国代表团下榻的总统府。从 19 日至 25 日的 6 天时间里，周恩来与尼赫鲁进行了 20 多个小时的会谈，但因为印方态度强硬，始终没能取得任何有实质意义的进展。

临回国的最后一天，周恩来做出了一个轰动世界的决定：在新德里单方面召开记者招待会，让世界人民知道中国的和平态度。消息一宣布，立刻引来全世界的关注。

4 月 25 日晚 7 点 30 分，来自世界各地的记者早已守候在印度总统府圆柱厅。在镁光灯的闪烁下，周恩来带领陈毅等人，快步由边门走进会场。正在这时，对中国素有好感的《泰晤士报》记者韦尔娜突然闪了出来，焦急地向周恩来提醒："有人准备不顾外交礼仪，将向中方发难，总理务必小心！"周恩来微微点头致谢，继续前行。韦尔娜又善意地提醒说，这次记者招待会就像是“射击场”，周恩来将成为唯一的“靶子”，上千“枪口”都瞄准了他。周恩来坚毅地说：“新德里的子弹打不倒我。”

韦尔娜没有危言耸听。印度新闻托拉斯的一伙人，抢先占据了突出位置，准备在周恩来一走进大厅时狂呼口号，给中国人一个下马威。看到情况不对劲，中方立刻向记者散发打印好的中方声明，声明上清晰地印着：“中印两国边界从未划定，问题应通过友好协商解决，在谈判未达成协议之前，双方应维持边界现状，不应片面行动，更不允许使用武力来改变这种状况。”

面对早有准备的中方，打算闹事的记者们一下子乱了阵脚。当周恩来缓缓走上讲台时，才有一个尖细的声音喊道：“中国佬，滚出去！”但这阵小小的骚动还没有掀起大浪，就被其他国家记者给周总理的热烈掌声淹没了。

周恩来的演讲刚刚结束，就有一个留大胡子的人站起来发难：“我是印度新闻托拉斯的记者，请问周恩来先生，中印边界的领土划分已经是十分明确的了，难道还有什么必要再进行谈判、再重新划分吗？”

周恩来微笑道：“如果你对中印边界的百年历史多做些研究，并且能真诚地倾听一下中国政府的呼声，我想，你是不会提出这种问题的。”一位西方记者立刻接话道：“我是英国路透社记者詹姆斯，总理先生口口声声要靠谈判来解决问题，请问，原本属于别人的东西，你认为有什么资格和必要去讨论这东西的归属？”周恩来当即反诘道：“如果一个强盗夺走了别人的东西，那么原物的主人难道不该向强盗讨还吗？”詹姆斯恼羞成怒地说：“你敢说印度是强盗？”周恩来回答道：“强盗，有，但不是印度，而是英国殖民政府。中国和印度是朋友，而且应该永远是朋友。”又一位记者站起来问：“在有争议

1962 年中印边境自卫反击战期间，解放军战士对敌开火

我军在中印之战中全歼印军第七旅，活捉旅长达尔维准将

的地区擅自修了一条公路，这难道也是在表示和平、尊重和友谊？”此时，台下响起一片嘘声。周恩来镇定地说：“青藏公路是为了改善新疆、西藏地区交通困难的状况而修筑的……我们原本以为，这是众所周知的中国领土。后来印度政府提出了抗议，我们愿意就此问题进行协商解决。如果这不算和平、尊重、友谊的话，那么印度政府越过传统的边界，在有争议地区建立军事据点，武装巡逻，不但不打招呼，而且逐步推进，动枪动炮，这又算是什么呢？”

在 45 分钟的记者招待会上，周恩来不但有力驳斥了在场有敌意的记者们的质疑和发难，更用他的儒雅和机智赢得了长达 7 分钟的掌声。然而，这番努力终究没能拉回心意已决的尼赫鲁。1961 年 11 月 28 日，尼赫鲁在印度人民院发出战争的信号：“在这些地区（中印边境）打仗不是一件容易的事情，但是这是必需的，因此我们必须为此进行准备。”（撰文：任彦　梁蓬飞　刘有飞　张永攀　吕文利　楼春豪）

专访周尔均夫妇：难忘七伯周恩来

“把所有的心装进你心里，在你的胸前写下，你是这样的人；把所有的爱握在你手中，用你的眼睛诉说，你是这样的人；把所有的伤痛藏在你身上，用你的微笑回答，你是这样的人；把所有的生命归还世界，人们在心里呼唤，你是这样的人。”

《你是这样的人》是《百年恩来》电视片的主题曲，歌中没有一个字提到周恩来，然而，凡是听过的人都能立刻知道说的就是周恩来。这是《百年恩来》总导演邓在军专门提出的要求，作为周恩来的侄媳，她对总理有着更深厚的感情和更真实的理解。

2013年是周恩来诞辰115周年，邓在军编辑出版了《你是这样的人——回忆周恩来口述实录》，撰写了《海棠花前·绽放的记忆》两本书来缅怀和纪念周总理。在她看来，周恩来既是一位独一无二的伟人，又是一个集中华民族传统美德于一身的“人民公仆”。

他是怎样的人

2013年11月7日下午，邓在军与丈夫、国防大学原政治部主任周尔均将军准时出现在与记者约定的地点。

1962 年，周恩来、邓颖超在中南海西花厅与侄子周尔均、侄媳邓在军的合影

简单的介绍之后，周尔均说："先采访邓导。""你也说说。"邓在军马上接话。夫妇二人的谦让和敬重，一下子让人联想到了周恩来和邓颖超。"我们一直都在努力向伯伯学习。"泡上一杯香气扑鼻的花茶，邓在军向记者讲述了自己第一次见到周恩来时的情景。

1955 年，一个海棠花盛开的春天，18 岁的邓在军第一次来到中南海西花厅。"七伯（周恩来）用他特有的炯炯有神的目光，端详了我好一会儿，然后点点头笑着说：'好！好！'七妈转过脸对伯伯说：'她是独女，我也是独女，而且都姓邓，好！'这时，傻乎乎的我多少明白了，他俩是用这种方式表达了对未来侄媳妇的肯定。"婚后，邓在军经常有机会陪同周恩来和邓颖超在海棠花下散步，聆听他俩的教诲，观察他们的为人处世。"文革"期间，邓在军曾因是名导演和总理亲属而被点名陪斗。

1959 年，邓在军从部队转业后，成为中央电视台（当时叫北京电视台）的一名电视编导，是我国电视文艺和春节晚会的重要开拓者，50 多年来，编导制作了各类电视节目 1000 多台。1976 年 1 月 11 日，邓在军和周尔均都参加了周总理的追悼会。1992 年 7 月 11 日，他们夫妇又陪伴邓颖超走完了人生最后一天。

1993 年，纪念毛泽东 100 周年诞辰之际，邓在军担任总导演的大型电视艺术片《毛泽东诗词》播出，广受好评。她也萌生了拍摄《百年恩来》的念头。

《百年恩来》的拍摄历时 3 年，陆续采访了近 400 位和周总理有亲身接触和交往的各界人士。剧组采访的第一个人，是觉悟社最后一位成员管易文。觉悟社是五四运动时期产生在天津的先进学生组织，周恩来、邓颖超都是觉悟社的成员。在管易文家采访他时，他已经年满百岁，几年前就完全丧失了记忆力，连新四军时期与他患难与共的夫人都认不出来。邓在军拿出周恩来的照片放在他面前。看到照片，管易文的眼睛突然一亮，他用微微颤动的手指抚摸着照片，嘴唇翕动。管易文家墙上还有一幅总理照片，上方有一个条幅，写着“音容宛在，永别难忘”8个字。邓在军问：“这是您写的吗？”老人慢慢抬起头，停了几秒钟，突然眼圈发红，大声地喊出了条幅上的字，而且一连喊了三遍。在场的所有人都愣住了，这简直就是奇迹！

英籍华裔女作家韩素音在接受摄制组采访时含着热泪说：“周恩来不但是中国的，也是世界的。他改变了我的一生。”她还透露了一个秘密：“《周恩来与他的世纪》这本书，是美国总统肯尼迪的夫人杰奎琳要我写的。杰奎琳说：‘全世界我只崇拜一个人，就是周恩来。’”

已故日本航空公司总裁冈崎嘉平太的儿子冈崎彬说，父亲一生中最敬仰周恩来，一直把周恩来的照片藏在自己怀中。嘉平太去世的时候，冈崎彬问母亲：“父亲去世，你好像不怎么悲伤？”母亲回答：“你父亲一生敬仰周恩来，他最终的愿望是到天国会见周恩来，这个愿望实现了，这是值得高兴的事。”她还把丈夫一直放在身上的周恩来照片，随同遗体一起火化了。

“为什么会有这样的奇迹？伯伯人格魅力到底有多大？为什么他能成为这样的人？”邓在军一直在思考这个问题。

危机时先考虑部下安全

周恩来对工作认真，思考问题细致众所周知，然而他毕竟是人不是神，难免也有疏忽的时候。难能可贵的是，在遇到问题的时候，他总是先替别人着想。

《你是这样的人——回忆周恩来口述实录》一书中记录了熊向晖回忆总理的一个故事。

1946 年 6 月 7 日，身在南京主持国共谈判的周恩来为了讨论东北停战的问题，乘马歇尔专机回延安。两天后，他又乘马歇尔专机返回南京。在延安时，因为一直忙于工作，没有睡觉，疲惫不堪的周恩来一上飞机就睡着了。飞机降落在南京后，匆匆下了飞机的周恩来后来发现，放在自己衬衣口袋里的小本子不见了。总理分析一定是落在了飞机上。

小本子里写着当时由周恩来安排在胡宗南身边担任机要秘书的熊向晖的联系方式，而周恩来希望通过熊向晖了解到胡宗南的军事计划。一旦这个联系方式被马歇尔交给蒋介石，那熊向晖就会立即处在巨大的危险之中。

在危急关头，周恩来没有乱了阵脚。他先向中央汇报了情况，请求处分，同时分析本子一定到了马歇尔手里。但以他的了解，马歇尔作为国共谈判里美方的代表，为了不影响其作为调处人的立场，应该会恪守中立。与此同时，他也做了两手准备，通知熊向晖到上海暂避，静观其变。后来马歇尔果然把密封好的本子还给了周恩来，胡宗南也没有对熊向晖采取任何行动。正因为熊向晖的情报，党中央才及时安全地撤离了延安。

这个故事熊向晖珍藏了很多年，后来他决定讲出来，是因为“对大家有教育意义”。熊向晖告诉周尔均，像总理这样光明磊落，又处处保护下属的人，他从来没遇见过。

唯一一次破例也是为了大局

周尔均告诉笔者：“七伯有着高度的原则性，对待和处理任何事情，旗帜都很鲜明。他对公事私事分得很清，他可以听我们汇报工作情况，也会借机做调查研究，但从来不会轻易表态，更不准我们传达他的意见。”

但有一次，周恩来却破了例。1955 年，周尔均正在总后勤部的重庆办事处工作。有一次他到北京汇报工作后，和邓在军一起到中南海见周恩来。当时周恩来问周尔均到北京来做什么，当听到他是来汇报“肃反”工作时，周恩来变得严肃起来：“说说你们单位的肃反情况吧。”听完他说的情况之后，周恩来沉思了一会儿说：“你们西南军区那边解放得比较晚，反革命的情况肯定会有，开展肃清反革命运动是必要的，查出问题也很正常。但你们一个军级单位，查出这么多反革命，出现这么多重大政治历史问题，肯定不正常。你给你们领导带个话，这关系到很多人的政治生命，要慎重。就说这是我周恩来的意见。”

周尔均回到重庆，立刻向上级领导汇报。所在单位立即落实，纠正偏差，保护了很大一批人。“伯伯关心和爱护所有的人。他做一切事情都是从民族发展、国家安定的角度出发。”邓在军说。

“文革”后期，周恩来处于一种“苦”和“难”的境地，内心也非常郁闷。周恩来秘书纪东曾经回忆，在当时的特殊情况下，周总理有多条路可选：一是唯命是从，完全按照毛主席关于“文化大革命”的指示，不折不扣地执行；二是公开与毛主席抗争，阻止、抵制“文革”的发生、发展和错误；三是随波逐流，与林彪、江青两个反革命集团同流合污；四是消极怠工，少做工作，减少精神和身体的压力；五是退避三舍，养病治病，安度晚年；六是舍身忘我，把这个国家带出浩劫。选择前五条中的任何一条，总理都可以“保”住自己的身体、地位、名誉，可他却说：“我不下地狱，谁下地狱；我不入苦海，谁入苦海？”

1970年庐山会议之前，纪东替周恩来整理文件，看到办公桌上一张白纸上，总理用铅笔写了几句戏文：做天难做二月天，蚕要暖和麦要寒。种菜哥哥要落雨，采桑娘子要晴干。

这几句《西厢记》的戏文真实反映了周恩来当时的艰难处境。但周尔均认为，幸运的是，毛主席对周恩来终归还是很信任的，两个人相互之间也很关心。到“文革”后期，中央政治局虽然按毛泽东指示，开会批判周恩来，但毛主席还是很关心他，让人把自己的沙发抬去给他，希望重病中的周恩来坐得舒服些。而知道毛主席的眼睛不好，周恩来也把自己的老花

毛泽东、周恩来1974年5月在中南海书房握手

镜送给了毛主席。

周尔均至今保留着一张毛主席和周恩来在1974年的照片，这是两人最后一张握手的照片。1974年以后，两个人身体都不好，周恩来就很少见毛主席了。不过1974年四届人大会议召开前夕，江青集团极力想掌权，派了王洪文到长沙向毛泽东汇报这届人大的人事安排。当时，叶剑英认为只有周恩来出面才能挽回局面，想方设法让病重的周恩来到长沙见了毛主席。随后毛主席批评了王洪文，跟周恩来一直谈到了深夜。虽然两人的这次谈话内容永远成了一个谜，但周尔均说："总理和毛主席谈话出来后很高兴，还和身边的人一起吃了给毛主席祝寿的面。毛主席终归还是信任总理的。"

力保邓小平"带领中国往前走"

对于周恩来在"文化大革命"中的表现，邓小平在日后的回忆中说："(周恩来)也说了好多违心的话，做了好多违心的事，但人民原谅他。因为他不做这些事，不说这些话，他自己也保不住，也不能在其中起中和作用，起减少损失的作用。他保护了相当一批人。”邓小平，也是这“一批人”中的一员。

周尔均曾拜访过邓小平之子邓朴方。周尔均说：“1974年4月，邓小平去参加联合国大会的时候，身体不好的周恩来一直坚持不治病，主要原因是他担心邓小平刚刚复出去联合国，会不会出什么问题，遇到什么困难。在国内，还有反对小平复出的势力，他们会不会做出对小平不利的动作。他希望等到邓小平顺利回国了，他再去治疗。当时他知道，只有邓小平接替他，他才放心。”

周恩来和邓小平在天安门城楼（拍摄时间不详）

周恩来和毛泽东在长沙那次单独会谈10天之后，也就是1975年1月5日，邓小平被任命为中央军委副主席兼中国人民解放军总参谋长。又相隔5天，邓小平被任命为中共中央副主席、政治局常委。接着在四届人大上，周恩来仍被任命为国务院总理，邓小平为国务院第一副总理。“四人帮”篡权阴谋没有得逞。

1975年12月底，周恩来去接受治疗，在被推到手术室门口时，他把邓小平、王洪文、张春桥叫到身前，他说：“小平同志，你几个月来的工作，证明你比我做得强很多。”他对张春桥和王洪文说：“你们要支持小平同志的工作。”尽管张春桥和王洪文不会听周总理的，但总理还是尽最后的力量来保护邓小平。

周尔均看来，周恩来力保邓小平不仅因为两个人的深厚情谊，更是在长期工作中，深知邓小平的工作能力。对此，周恩来曾说：“我看他们两人（刘伯承和邓小平）的风格大不一样，伯承同志和我一样是‘举轻若重’，小平同志是‘举重若轻’。他能处理好现在复杂的局面，能更好地带领中国往前走。”

为什么怀念周恩来

在《你是这样的人——回忆周恩来口述实录》一书的主编感言中，邓在军写道：“周总理一生清正廉洁，身后没有半点个人遗产，却给我们留下了更为宝贵的精神财富：他的人格力量，他的思想情操，他的道德风范。”邓在军认为，周恩来的品德和精神源于中华民族几千年的文明史。“中国人民是伟大的、勤劳勇敢的、忠厚淳朴的，周恩来精神其实就是中华民族美德的象征，具体来说就是忠、孝、爱。”

周恩来和邓颖超（拍摄时间不详）

在周尔均看来，总理之所以集如此多的传统美德于一身，在于他博古通今、学贯中外，经受了最为复杂严峻的斗争和考验，同时又亲身体验到了广大人民的痛苦。“他把中国人民几千年的苦难时刻放在自己心中，所以他才能做到鞠躬尽瘁、忍辱负重，才会对自己要求这样严格，对人民怀有这样博大的爱心。”

著名表演艺术家秦怡回忆过一段总理的故事，让邓在军夫妇记忆深刻。1941 年，19 岁的秦怡带着刚出生的女儿菲菲在重庆工作。一个偶然的机会，周恩来看到瘦弱的菲菲因为胃不好而吐奶，当即嘱咐在国统区文艺界的领导要关心和解决演员的实际困难。1957年的“亚洲电影周”上，总理遇到秦怡，关心地问她：“小菲菲身体怎么样？胃好不好，还吐吗？”秦怡感动得一句话都说不出来，眼泪不断地往下掉。“时间过了这么久，女儿小时候的事我自己都忘了，可总理还清楚地记着，连菲菲的名字也记得。”秦怡问邓在军：“在这个世界上，还能遇到这样的人吗？还能得到这样的爱吗？还能得到这么多的帮助吗？”

秦怡的问题不只在问邓在军，还在问整个中国社会。改革开放后，国民经济有很大发展，人们的生活水平、个人素质、审美意识也不断提高，但总觉得缺了一种信仰和精神。路上有人跌倒了没人敢去扶，怕被“赖上”，这些现象让邓在军觉得很痛心。她说：“我也理解没有钱寸步难行，但完全为钱活着的人生没多大意义，活着还是要有点爱人的精神。古语说，舍得舍得，有舍有得。爱别人，舍掉自己，才能得到别人的爱；光爱自己不爱别人，谁会来爱你呢？”

除此之外，在邓在军看来，总理身上的勤政精神也是当代社会缺失的。她给记者讲了采访谷牧时听到的一段往事。“文化大革命”后期，谷牧任国务院副总理协助总理抓经济工作。有一次他工作到凌晨3点多，刚回到家里睡觉，就接到了总理的电话过问一件事。谷牧当时想，3点多钟了找部长们也不方便，于是回答说：“我明天早上一起来就去抓这个事情。”结果等早上醒来，总理处理这个问题的批示已经送到谷牧的桌子上了。上面写着：“谷牧同志，我来不及等你到明天了，我已经找他们处理了这个事。”谷牧说：“那时候我觉着很惭愧。”邓在军说：“今天，能做到像总理这样全心全意勤劳工作的干部不多了。很多官员在工作的时候，首先想到的不是服务人民，而是管理人民。他们忘了，官员首先是公仆。”

实际上，博爱、勤劳本就是中华民族的传统美德，只是在一个愈发浮躁的社会里，很多美好品质都被遗忘了。邓在军认为，今天纪念周恩来，不仅仅是一种缅怀，更是中华民族传统美德的回归，是为官、为人基本素养的重拾，是一种人格精神的碰撞、思想灵魂的洗礼。这才是今天我们重新思考周恩来精神，学习周恩来高贵品质的真正意义。（撰文：黄莹　王德民）

刘爱琴：父亲刘少奇

在中共领导人的子女中，刘少奇的几个孩子受到的磨难恐怕是最多的，因为他们的父亲在“文革”中的遭遇最惨。

长女刘爱琴如今已是一位90多岁的老人，过着平静的晚年生活。她几乎不再接受媒体采访，深居简出，淡出了公众的视线。

刘爱琴一生经历了太多的坎坷。她的童年有一段不堪回首的记忆。11岁被找回接到延安后，才第一次见到了自己的父亲。12岁时，刘爱琴同哥哥刘允斌一起到苏联国际儿童院学习，经历了苏联卫国战争的艰苦考验。在苏联，她与西班牙共产党领袖的外甥坠入爱河，却遭到父亲的坚决反对，生生与爱人分离。回国后，她按照父亲的意愿生活，在内蒙古工作了近20年，经历了婚姻的波折和残酷的“文化大革命”，直到年过半百，这一生的痛苦和遗憾才有了补偿。

刘爱琴近照

作为政治领袖的子女，享受普通人正常的生活，成了一种奢望。但是，刘爱琴并不怨恨父亲。她说：“父亲是一位悲剧式的伟人。我透过这悲剧，去寻找他的崇高与永恒！”

不堪回首的童年

1938 年，是我来到人世间的第十一个年头。可我这个小傻瓜还不知道自己的亲生父母是谁，我只知道自己是个家里养活不起的苦小囡，从未怀疑过自己的身世。

从我五六岁刚刚记事时，我们一家四口人——养父、养母、我和弟弟就在贫困中挣扎着。养父曾是当年武汉工人罢工的积极分子，早已失业，整天在外打零工、找活干，一天挣不了几个钱，家里总是吃了上顿没下顿。养母其实就是我的奶妈，她常常一只胳膊挎着篮子，里边装着袜板和针线，另一只手牵着弟弟和我，到处揽活，替人缝补浆洗，挣点钱糊口。

我们没有固定的住处，也没有什么铺盖行李，一家人今天住在这儿，明天住到那儿。城里的日子实在熬不下去了，养父母带我们离开了武汉，回到乡下老家。老家也穷，一个 70 多岁的奶奶守着一间破房子。养父给人家打短工，我们仍要靠挖野菜度日。我 8 岁那年，奶奶饿得骨瘦如柴，眼看就要不行了。养母哭着对我说："孩子，明天妈送你到城里亲戚家去，他们家能吃饱。只是你以后不能再回来了，妈有空儿会去看你。"年幼的我哪里知道，被生活逼迫无奈的养母是送我去当童养媳啊！

自从我到了汉口这个"亲戚家"，我的身份变成了女奴。每天天不亮，婆婆就喊我起来劈柴、扫地、担水、烧火……对我，她没有满意的时候，不停地咒骂，稍不高兴就拳打脚踢。我的身上、胳膊上、腿上到处是青一块、紫一块的伤痕。儿时，养母给我扎了耳朵眼儿，戴了一对小耳环，婆婆总是使劲地揪我的耳朵，耳朵流血化脓，都要豁了，疼得我哇哇直哭。

不久，婆婆的孩子，也就是我那个才1岁多的"丈夫"出天花死了。婆婆把罪过推到我的头上，骂我给她家带来了邪气，整天拿我出气，一手拿根竹竿，一手揪住我的辫子，朝我劈头盖脸地打过来。整天的劳累和挨打受骂，让我的神经非常紧张。在一次惊吓之后，我患了遗尿症。这下更糟了，婆婆一发现我尿了床，就没头没脑地打。然后逼我双腿跪地，把尿湿的褥子蒙在我的头上，一跪就是几个小时。冬天没有火，我跪在通风处，冻得瑟瑟发抖。我光着的双脚和遮不住的小腿冻出一块一块肿包，一走路就像针扎一样疼。

1938 年 3 月的汉口，阴雨绵绵。我的心情就像这天气，冰冷，压抑。当我在婆婆家度日如年、难以支撑的时候，养母和一位叔叔突然到来。我一看到养母，立即扑过去痛哭起来，喊着“妈妈，我要回家，我要回家”。养母赶紧同婆婆耳语了几句，跟她一起来的叔叔又把婆婆拉到门外递给婆婆一包东西，便带我离开了那个家。

叔叔指着养母对我说：“她是你的奶奶，你还有亲生父亲，在很远的地方。这次我来接你，就是要把你送到你爸爸那里去。”我刚刚轻松一点的心，一下子又缩紧了，惊愕地睁大了眼睛。“不，她就是我的妈妈！妈妈，你是不是又要把我卖到别的地方去？”我紧紧抓住养母的手，放声大哭。养母摩挲着我的脸说：“孩子，这些年你受苦了，这次是把你送到你爸爸那里去，绝不会再卖你了。”我紧紧地抱着她，不肯松手……

靠一张照片回忆生母

汽车在黄土高原上颠簸，向延安驶去。我脱离了苦海，来到延安，来到爸爸身边。

第一次见到爸爸，他身边一位叔叔问我：“几岁啦？”我心情紧张，说：“不知道。”周围的人哄笑起来。爸爸也笑了，“这么大了，还不知道自己的岁数。”一时间，多年来我所受的委屈一下子涌上心头，哇的一声，我扑到父亲怀里哭了起来。

爸爸感慨地说：“你吃苦了，爸爸都知道……要记住，你是党用几百块大洋换回来的，是人民用血汗赎回来的，等你长大了，也要为千千万万的受苦人办事。”几十年来，我一直把这句话铭记在心里。

爸爸告诉我，我还有一个哥哥，一个弟弟。哥哥刘允斌在湖南老家，很快也要到延安来。弟弟刘允若还没有找到。而我的母亲，已经牺牲四五年了。在父亲的介绍下，我拜访了曾和母亲一同战斗过的帅孟奇妈妈、夏之栩妈妈，从她们口中知道了母亲生前的一些情况。

母亲何宝珍，1902年出生在湖南道外城内（今道县江镇）的一个贫农家里。1918年，母亲考入衡阳省立第三女子师范学校。1922年，加入中国社会主义青年团，并担任第三女师青年团组织的负责人。这一年，母亲在中共地下党负责人的帮助下，来到长沙清水塘毛泽东和杨开慧的住地。白天，母亲到自修大学学习，晚上回来，毛泽东还布置她读些进步书刊，并每天写一篇学习心得。

刘少奇和女儿刘爱琴

1922年金秋，父亲到长沙参加中共湘区执委会议，在清水塘与毛泽东会面，杨开慧妈妈将我母亲介绍给父亲，推荐她去安源工作。就这样，母亲到了安源。1923年春，母亲加入中国共产党，同年4月，和父亲结了婚。

1925年，母亲离开工作两年多的安源，随父亲奔赴广州，开始新的战斗。从此，父亲为革命四处奔走，母亲就跟着他四海为家。1927年4月，汪精卫叛变革命，武汉的形势日趋恶化，父母亲不得不离开武汉，把我寄养在汉口一位工人家里。1932年，随着负责中央特科工作的政治局委员顾顺章和时任中央总书记向忠发先后被捕叛变，中央决定让父亲迁往江西苏区，而母亲和我的小弟弟则留在上海坚持地下工作。这年冬天，父亲告别了母亲和弟弟刘允若，没想到从那以后，父母亲再也没有见过面，这次离别成了永别。

父亲走后，母亲化名王芬芳，以教师身份做掩护，担任全国互济总会领导职务兼营救部部长。她四处奔波，争取社会力量，千方百计地营救被

何宝珍烈士遗像

捕同志。1933 年 3 月底的一天，一群便衣特务包围了母亲的住处。母亲意识到要出事，迅速把只有 3 岁的弟弟塞到一位邻居阿姨怀里说："请帮我照看一下孩子，过几天会有人来领他。"

母亲回到屋里销毁了文件，从容地应付前来逮捕她的敌人。母亲开始被囚禁在上海市公安局，敌人多次对她严刑拷打，始终没有结果，敌人无奈，判她十五年徒刑，关押在宪兵司令部牢房。

然而，由于叛徒告密，母亲的身份最终暴露。审判官宣布："是死是活，两条路由你自决！"母亲冷笑："要口供，没有。要命，有一条。请吧！"1934 年深秋的一个清晨，母亲在南京雨花台壮烈牺牲，年仅 32 岁。

我在襁褓之中就离开了母亲，至今已有 80 多年了！母亲的样子，我只能依靠仅有的一张照片去感受。

生命中的父爱和两份母爱

年轻时的谢飞

自从 1938 年回到父亲身边后，我似乎成熟了许多，不再是那个孤独无助、饱受摧残，甚至想以死来结束自己生命的脆弱女孩儿。延安就像一个大家庭，和睦、团结、欢乐。在这里，我第一次见到了谢飞妈妈。她慈祥、漂亮，常怜惜地把我搂在怀里，让我感到很温暖。谢飞妈妈 13 岁参加革命，14 岁加入中国共产党，长征后和父亲在延安结婚。谢妈妈对我就像对自己的亲生孩子一样。

一年以后，12 岁的我刚刚感受到家庭的幸福，又被送往苏联国际儿童院和专科学校学习。这一待就是 10 年。1949 年，当我再次回国时，已是一个二十几岁的青年。

在火车站台上，我见到了新妈妈王光美。后来我们一直相处得很融洽。因为她比我大不了几岁，我还不太习惯，不知道叫她什么好，有时候什么都不叫，她也不在乎，该怎么关心我，还怎么关心我。我回来住哪个房间，都是她亲自帮我安排。我骑车子上学校教书，她担心骑车太冷，给我买来皮棉鞋，生活上缺什么，她都能察觉到。作为一个继母，她的照顾实在太周到了。

我回国后，父亲和光美妈妈把我送到北京师范大学女附中，我一边教俄语，一边学中文。父亲总是叮嘱我："中国的事情你还不懂，要虚心向同志们学习。"他对我的学习要求极严，每次他看我的学习笔记都让我提心吊胆。

由于学校远，有一次离校回家，我给中南海汽车队打了电话，请他们来接我。这件事情被父亲知道后，他非常生气，严厉地批评了我。一年冬天，我悄悄对父亲身边的工作人员说，"给我买一身绒衣绒裤吧"。这件事也受到父亲的批评。他直接告诉我，"你思想上的毛病很多，要接受思想改造。"每逢周六日回家，他总是把我说得不高兴，有时甚至把我说哭了。我对父亲当时恨铁不成钢的心情非常不理解，甚至很抵触。我想，我还要接受改造？我出身好，小时候受苦受罪，又在苏联社会主

刘少奇和王光美

义国家受教育，什么是资产阶级也没见过，哪里需要改造？

1951年，我作为北京师范大学的候补党员，考核期满，即将转正。父亲知道后，给学校写了一封信，说我没有达到党员的标准，不同意转正，还说不管什么人入党，都要坚持党员标准。经过这次思想上的巨大震动后，我开始认真思索和检讨自己，也开始逐渐地了解父亲。

父亲自己一生严于律己，生活朴素。1964年，光美妈妈去搞“四清”。她走后的第三天，父亲拿出一个陈旧的小木盒，对刘振德秘书说：“这是我家的钱柜，里面还有些票证，是光美交给我的，我交给你，你看看该用什么地方就从里面取。光美走时留下一个开支单，每个月发了工资，你按照她那个单子分配就是了。”刘秘书打开一看，很惊奇，这哪里是钱柜，充其量就是个杂物盒。所有的钱加起来总共才23.8元。

道不尽的人生沧桑

1965年，一个难得的机会，我和哥哥刘允斌、弟弟刘允若三个15年没有见面的同胞兄妹，在北京相聚。父亲对我们三人进行了长达四个小时的谈话，鼓励我们要积极上进。

爸爸谈话之后，我实在坐不住了，和哥哥相约离开北京，扎根边疆。我来到内蒙古呼和浩特，一干就是近20年；而哥哥继续西行到了包头。我万万没有想到，这次和大哥同行，竟是我们兄妹的最后一次见面。

1960年8月，刘少奇全家在北戴河团聚，前排右三手挽父亲者为刘爱琴

1968年10月，中共八届十二中全会在北京举行，批准了《关于叛徒、内奸、工贼刘少奇罪行的审查报告》，“撤销刘少奇党内外一切职务，永远开除党籍，并继续清算刘少奇及其同伙叛党叛国的罪行”。酿成了中共党史上最大的一桩冤案。早就被单独关押的父亲此时身体每况愈下，陆续出现肺炎、糖尿病、高血压、植物神经紊乱等多种疾病，他完全不能进食，只靠鼻饲维持生命。

11月24日是父亲的生日。然而就在这一天，他听到了自己被“永远开除出党”的决议。父亲躺在病床上，一声不吭，浑身颤抖，大汗淋漓，血压陡然升高到260/130，体温升到40℃……从此以后，他没有说过一句话。1969年11月12日，父亲在河南开封含冤而逝。几年后我们才知道。

当我知道父亲去世的消息，心中的最后一道防线也随之轰然倒塌。

在那个株连九族的年月里，哥哥未能逃脱林彪、江青的魔爪。1967年底，在包头工作的他，被折磨致死。哥哥从小学习刻苦，获得莫斯科大学化学系博士学位。毕业回国后，被分配到国防科研部工作。这位为了报效祖国，不惜妻离子散的原子能专家，就这样怀着满腔的愤恨离开了……这一年，他才41岁。

弟弟刘允若，命运也极为悲惨。1967年初，只凭江青的一句话：“刘允若不是好东西！”弟弟被捕，入北京第一监狱，一关就是8年，他从人生的黄金时段直接走进了生命的冬天。

家中的其他孩子，平平、源源、亭亭、小小，那时他们都很小。光美妈妈被关进监狱，爸爸杳无音信，他们在学校受批斗、围攻、歧视……

至于我，也难脱干系。1968年春节前夕，我被扣上了“里通国外”、“特务”的帽子，被抄家。4月被关进隔离室，6月又转到当时所谓的“群众专政”监狱。这时，听人说，我不满10岁的女儿常常被打骂，几个孩子在外面已不成人样……

“文革”给我全家老老小小带来的不幸和痛苦，我不愿再多说。

父亲的死亡登记表上，病因填写为“烈性传染病”。他的遗物，被警卫战士当作“烈性传染病”患者的遗物焚烧了。

遗物被烧，但历史真相却是烧不掉的。父亲可谓：为强国披荆斩棘探索实践；为富民呕心沥血燃已成灰。

我怀念父亲，因为他给了我一条艰难曲折的成长道路——求索、坚持。我敬仰父亲，因为他给我留下了极为珍贵的精神财富——忠实、奉献。我铭记父亲，他教我怎样做一个真正的共产党员——人民的好儿女。（口述：刘爱琴　整理：刘畅）

五大书记“进京赶考”

如今，对每一位到延安的游客来说，位于杨家岭的中央大礼堂都是行程中必不可少的一站。1945年，正是在这里，中共七大隆重召开，产生了三个层次的领导集体，即中央委员会、中央政治局和中央书记处，为党领导人民争取抗日战争的胜利和新民主主义革命在全国的胜利，奠定了政治上、思想上、组织上的基础。

刘少奇、任弼时新晋书记

在现有历史资料中，“团结的大会，胜利的大会”是对七大最准确、最权威的概括。七大之所以能具有“团结、胜利”的局面，不得不回溯到几年前。

早在1931年，党的六届四中全会就提出，要将召开七大作为全党“最不可延迟的任务”之一。之后，中央多次提出并决定召开七大，但都未能按计划实施。究其原因，一是受到内战和抗日战争的影响，代表不易集中；二是党内思想上还不一致，对党的领导核心有着不同的认识。

遵义会议后，毛泽东重返中央领导层，但王明回国后，不断以各种非组织方式向他和中央挑战。1941年，中央政治局扩大会议围绕此前的“左”

刘少奇

倾错误和右倾错误进行了热烈讨论。和博古、张闻天等人进行自我批评的态度不同，王明一再推卸责任，为自己的错误辩解，遭到与会者的一致批评。次年，全党整风运动开始。

1943年3月20日，刘少奇出席中共中央政治局会议，在会上提议“中央书记处设一个主席，两个书记，书记是主席的助手”，以处理中央日常工作。会议通过《中共中央关于中央机构调整及精简的决定》，决定调整中央机构，推举毛泽东为中央政治局主席，并决定他为书记处主席，刘少奇、任弼时任书记。其中，刘少奇实际成为党内地位仅次于毛泽东的中央领导人。这次会议，已经将王明排斥于中央领导层之外。

刘少奇1898年出生，湖南宁乡人。他早年曾领导并参加安源路矿工人大罢工、五卅运动、省港大罢工等，在五大时当选为中央委员，成为党内工运和白区工作领袖。遵义会议上，刘少奇坚决支持了毛泽东的正确主张。1941年皖南事变后，他临危受命，与陈毅等一起扭转了新四军的困难处境。

任弼时长征期间是红六军团和后来红二方面军的最高政治领导人，后随八路军总部东进抗日前线，在政治方面负总责。1940年3月，任弼时参加中共中央书记处工作，次年9月任中共中央秘书长，从人事安排到谁吃大灶、中灶、小灶都要管，由于处理问题周到，被称为“党内的老妈妈”。

1943年3月的这次中共中央政治局会议还规定，对于书记处会议讨论的问题，书记处主席“有最后决定之权”。自此，中共最高领导人也完成了从张闻天到毛泽东的平稳过渡。1950年以后，张闻天转到外交战线，先后担任驻苏大使和外交部常务副部长，1976年7月1日，病逝于江苏无锡。

1945年4月，以中共六届七中全会通过《关于若干历史问题的决议》

为标志，整风运动结束。经过延安整风，全党初步确立了实事求是的思想路线，经实践证明为正确的毛泽东思想在全党得到一致的认可，全党达到了空前的团结与统一，这为七大确立毛泽东思想的指导地位打下了坚实基础。

“放手的民主，高度的集中”

1945 年春末，延安城内，陌生的面孔日益增多。抗战胜利在即，为了系统总结中国革命的基本经验，为彻底打败日本侵略者和建设新中国做准备，在六大召开 17 年之后，七大就要在这里召开。

几年前，中共中央就明确要求，各地代表选出待命。那以后，代表们就陆续从各抗日根据地、国民党统治区和沦陷区向延安集中。他们穿越封锁线，通过敌占区，有的人辗转数月到一年才抵达目的地，还有人牺牲在

1945 年 4 月 23 日至 6 月 11 日，中国共产党第七次全国代表大会在延安杨家岭中央大礼堂召开

途中。影片《铁道游击队》中，游击队曾接受了一项政治任务，护送胡服同志穿越敌人的封锁线，现实中，这位胡服同志就是刘少奇。他跨越津浦铁路，就是为了前往延安筹备和参加七大。“山一程，水一程，万里长征足未停。太行笑相迎。昼趱行，夜趱行，敌伪关防穿插勤。到处是军屯。”陈毅也用一首《长相思·冀鲁豫道中》，写出自己赴延安参加七大途中的真情实感。实际上，即便会议筹备工作已近尾声，仍有代表风尘仆仆向延安赶来。

七大是中国共产党在民主革命时期召开的最后一次全国代表大会。那时，全国已有共产党员 121 万人，出席大会的代表就有 755 人。为了适应会议规模，1942 年，中央机关的同志亲手盖起了一座集西式风格与陕北窑洞为一体的、占地千余平方米的建筑——杨家岭中央大礼堂。它虽然无法同现在的许多高大建筑相比，但在当时的延安却是独一无二的。

在春日的明媚阳光里，七大在大礼堂正式开幕。在党的历史上，七大的会期最长，从 4 月 23 日至 6 月 11 日，整整开了 50 天。

会议选出了新一届中央委员会。这是与会代表普遍关心、讨论最多的问题。经过反复讨论，最终确定和坚持了三个原则：一、对过去犯过错误的同志，不要一掌推开，只要承认错误，决心改正错误，还可以入选；二、对中国革命在长期分散的农村环境中形成的“山头”，既要承认和照顾，又要缩小和消灭，要把各个地方、各个方面党的先进代表人物都选进来；三、不要求每一位中央委员都通晓各方面知识，但要求中央委员会通晓各方面知识，因而，要把有不同方面知识和才能的同志选出来。

选举的过程也比之前党的历史上任何一次选举都民主：先由各代表团小组提出候选人名单，经过充分讨论后，进行预选，再提出正式候选人名单，最后举行无记名投票选举。任何代表都可以提名候选人，没有任何指定，没有任何限制，对候选名单中的任何一个人有不同意见可以提；有不了解的地方可以问。

代表们在讨论候选人名单时，有的代表提意见点名道姓，非常尖锐。对于在中国革命过程中犯有严重错误的王明，很多代表不愿意选，毛泽东就亲自做说服工作，提议他继续担任中央委员，说选上他对团结犯过"左"倾路线错误的人有好处。

选举那天，投票结束后，几个计票员在后台忙碌地统计每位候选人得的票数。当时没有计算机，只能把候选人的名字写在黑板上，一个人念，另一个人在名字下写"正"字。工作人员计票时，其他代表都出去休息了，只有毛泽东坐在那里吸烟。当计票人员统计王明选票超过半数后，毛泽东才放心地离开。

经过选举，七大选出中央委员 44 人，候补中央委员 33 人。王明在正式中央委员中排在倒数第二，也有的说是最后一名。七大之后，王明在党内主要从事政策研究以及起草法律条文。1950 年秋，王明以治病为名举家前往苏联，此后多数时间滞留莫斯科。1956 年中共八大召开前，中央邀请他回国参会，王明回电表示因病无法回国，向中央请假，但八大仍然选举他为中央委员（虽然他在 97 名中央委员中得票最少）。此后，王明长期留居苏联，1974 年病逝于莫斯科。

七大的民主选举方式在党的代表大会是第一次。会后，毛泽东曾以"放手的民主，高度的集中"进行评价，认为这次选举"是在集中领导下的民主，在民主基础上的集中，是民主与集中相配合的模范"，并提出，这种制度和方式"全党都应采用"。

6 月 11 日，七大闭幕，通过了新党章，第一次明确将毛泽东思想作为党的指导思想写进了党章。

8 天后，七届一中全会在杨家岭召开。会议选举出 13 名中央政治局委员，即毛泽东、朱德、刘少奇、周恩来、任弼时、陈云、康生、高岗、彭真、董必武、林伯渠、张闻天、彭德怀。会议同时选举毛泽东、朱德、刘少奇、周恩来、任弼时 5 人为中央书记处书记，在中共历史上被称为"五大书记"。此次会议还选举毛泽东为中央委员会主席、中央政治局主席、中央书记处主席。至此，以毛泽东为首的中央领导集体正式形成。其中，毛泽东是核心，负责全面工作；朱德负责军事工作；刘少奇负责土地改革与城市工作；周恩来负责外联、统战，并协管军事；任弼时负责组织、办公厅和群团工作。“五大书记”各自发挥所长，各有分工，团结协作，形成了一个成熟的、团结的中央领导集体的中枢。至新中国成立初期，“五大书记”一直是中国共产党最高领导层。

朱德

七届一中全会选举让朱德进入中共最高领导层。朱德，1886 年 12 月 1 日生于四川省仪陇县一个佃农家庭，1922 年加入中国共产党，早年曾参加领导八一南昌起义、湘南起义，后任中国工农革命军（后改称红军）第四军军长。1930 年起，历任中国工农红军第一军团军团长，第一方面军总司令，中国工农红军总司令，中央革命军事委员会主席。抗日战争时期，任中央军委副主席，八路军总指挥（后改称第十八集团军，任总司令）。

“五大书记”夜间集体办公

1945 年 8 月 15 日，就在七大结束后不久，日本宣布无条件投降。在当时的复杂时局下，毛泽东不顾个人安危，决定与周恩来共赴重庆与国民党谈判，表明中国共产党争取国内和平的愿望。

对于这次赴重庆谈判，毛泽东做了最坏打算。8 月 26 日，即赴重庆前两天，在中央政治局会议上，不少与会同志都为二人此行的安全担心，但毛泽东说：“我到重庆后，你们回到各自的根据地，坚决打击进犯的蒋军。胜仗打得越多，我就回来得越快；打不胜，我就回不来。”他还说：“重庆是可以去，必须去。领导核心还在延安，党内也不会有什么扰乱……因为有了里面的中心，外面也就能保得住。”根据毛泽东的提议，在他和周恩来赴重庆谈判期间，为了保证中央书记处能保持五人开会，由刘少奇代理主席职务，并增选陈云、彭真二人为书记处候补书记。彭真 1902 年出生，山西曲沃人，参加革命后积极领导工农运动，早期就是中共北方地区的主要领导人之一，也是中共白区工作的重要领导人，在支持毛泽东的正确路线、培养党的领导骨干和开展党的地下工作等方面有着重大贡献。

在重庆，毛泽东与蒋介石经过前后10次会谈，各自表达了自身的政治意图，却并未取得外界预期的结果。10月11日，毛泽东返回延安。

在延安，毛、朱、刘、周、任“五大书记”基本上都住在一起，经常一起开会讨论、研究党务国事。1947年3月，国民党军队攻占延安后，毛泽东、周恩来、任弼时等转战陕北指挥全国解放战争，刘少奇任中共中央工作委员会书记，转移到华北，和朱德一起负责中共中央委托的工作，但那也只有短短一年多时间。1948年9月政治局扩大会议后，“五大书记”会合。

“五大书记”工作时，为了配合毛泽东夜间办公的习惯，周恩来和任弼时从转战陕北时起就改为夜间办公，后来，原本习惯在白天工作的刘少奇、朱德也加入进来，五个人经常在夜间集体办公，研究、部署、指挥三大战役。经常是每天晚上8点钟左右，其他人来到毛泽东的办公室，几乎每次都工作通宵。习惯早睡早起的朱德坚持不住，总要打盹儿，每次醒来，他总会抱歉地说：“哎呀，我睡着了。”毛泽东便为他开脱。任弼时血压高，工作一紧张，容易头晕，连续熬夜也支撑不住，便在躺椅上稍稍休息一下。

周恩来

1949年3月，解放战争即将取得胜利的前夕，中共在河北省西柏坡召开七届二中全会。这次会议后，中央书记处书记名单次序变为毛泽东、刘少奇、周恩来、朱德、任弼时，候补书记为陈云、彭真。与七大时相比，排名先后有所变化，刘少奇、周恩来的排名提前。

新中国成立前夕的1949年3月23日，

“五大书记”率领中共中央机关离开西柏坡，前往北平。临行前，毛泽东高兴地说：“今天是进京赶考的日子。”周恩来风趣地回答道：“我们都应该考试及格，不要退回来。”毛泽东接着说：“退回来就失败了，我们一定要考个好成绩，决不当李自成。”

新中国成立后的调整

1949年中华人民共和国成立后，中国共产党成为执政党，中共中央领导机构的核心成员几乎全部进入新成立的中央人民政府，并成为政府各个重要部门的领导骨干。“五大书记”中，除任弼时因身体原因无法承担工作外，毛泽东当选为中央人民政府主席，朱德、刘少奇为副主席，周恩来为政务院总理兼外交部部长。另外，彭德怀当选为人民革命军事委员会副主席，陈云为政务院副总理兼财经委员会主任，彭真为政务院政法委员会副主任。

1950年6月，因任弼时生病需要休养，中共中央书记处决定，在此期间由陈云参加中央书记处的工作。陈云是党内不可多得的擅长财经工作的人才，1944年3月任西北财经办事处副主任兼政治部主任期间，他主持中共中央所在的陕甘宁边区的财政经济工作，有效地执行了发展经济、保障供给的方针，为边区的经济建设做出了很大贡献。在新中国成立初期的经济恢复与调整中，陈云也立下了汗马功劳。在新中国成立以后经济建设任务日益繁重的情况下，陈云进入中央书记处工作也是中央综合考虑的结果。这次会议还决定，由毛泽东、刘少奇、周恩来、朱德、陈云组成七届三中全会主席团。

在1950年6月召开的七届三中全会上，经毛泽东提议，陈云被正式批准在任弼时休假养病期间代理中央书记处书记。1950年10月，任弼时病逝，中共中央决定，由陈云担任中央书记处书记。

1954年9月，中共中央政治局决定，在中央政治局和书记处之下成立中共中央军事委员会，由毛泽东任主席，彭德怀主持军委日常工作。

抗战时期在延安的陈云

由于召开党的全国代表大会的时机尚不成熟，1955 年 3 月，中国共产党在北京召开了一次全国代表会议。鉴于此前中共中央政治局委员、计划委员会主任高岗分裂党、破坏党的团结，为加强党的纪律，与党员中各种违法乱纪现象做斗争，会议决定成立党的中央和地方监察委员会，代替原来的纪律检查委员会。

1955 年 4 月，七届五中全会在北京召开。由于任弼时病逝，高岗自杀，会议补选林彪、邓小平为中央委员会政治局委员，中央政治局还是由 13 人组成。毛泽东仍为中央委员会主席、中央政治局主席和中央书记处主席，中央书记处书记仍为毛泽东、刘少奇、周恩来、朱德、陈云 5 人。这样的中央领导机构格局，经历了七届六中全会、七届七中全会，到中共八大召开前基本没有变动。（撰文：青岭）

朱和平：祖父朱德

穿过长长的走廊，在空军指挥学院的一间会议室里，笔者见到了朱德的嫡孙、空军指挥学院副院长朱和平少将。此时，记者脑海中回荡的，是朱老总曾经教育后代的那句名言："我不要孝子贤孙，要的是革命接班人。"

朱和平手里拿着厚厚的文件夹，器宇轩昂地走了进来，眉眼神态像极了朱总司令。此前，记者听学院一位来自利比亚战区的空军准将说，在利比亚局势最紧张的时候，他费尽周折回到这里，一是为了听完朱将军的课；二是朱将军给了他信心，让他有勇气在回到祖国后面对现实，不论战争结

2011 年，朱和平少将在空军指挥学院

局如何，他都要把在这里学到的知识用于自己祖国的国防建设上。他说很多同学都喜欢朱将军的经济与国防课，让他们大开眼界。朱和平得到这样的好评，并非因为他是“朱德的嫡孙”。

“您认为朱家的家风是什么？”记者问。“我个人觉得就是‘红专并举’。‘红’是无论从事什么工作，都要把祖国和人民的利益放在第一位；‘专’是说无论担任什么职务，都要努力成为‘内行’。这几十年来，它一直是我的座右铭，我也坚持这样教育我的孩子。有一天，我儿子突然告诉我，‘我们朱家人要做社会人，而不是经济人’，我觉得特别骄傲。”朱和平说。我们的话题也自然围绕着家风和教育展开了。

一切从教育说起

朱和平 1952 年出生，刚满 8 个月就被抱到了爷爷朱德和奶奶康克清的身边，跟着两位老人共同生活了将近 40 年。朱德有一个儿子朱琦和一个女儿朱敏。朱和平是朱琦的第二个儿子。但他的经历并非人们想象的享受了“特殊待遇”，而是从一名普通工人到普通士兵，渐渐成长为空军少将。每一次人生选择，朱和平反而都把自己“先放在最困难的位置上”。

2006 年，朱和平被任命为空军指挥学院副院长。他说自己的目标是做个专家型领导。“现在的领导一定要有很强的专业知识，比如我们研究中国的空中力量建设问题，既要懂技术，也要懂经济，现在一架战斗机最便宜也要几千万元，没有钱不可能建设好空军。那么钱从哪里来？这要求国家一定要强大。有了钱还要有技术，任何一个军队靠买是不能实现现代化的；有了技术还要会管理，怎么实现效益最大化，使稀缺的资源得到合理的配置。这就是国防经济学……”朱和平从我国的工农业发展，谈到商业和经济现状，以及军队的科技工作，几句简单的对话，能感受到他知识渊博，关注和思考着重要的问题。

“我们把哪些技术作为现在的发展重点，哪些作为未来要解决的？专家型领导既要搞好技术决策又要具备战略发展的谋划能力。这些问题考虑不好，谈什么建设空中力量？那么有了钱，有了技术，有了装备，还要有人。复合型的人才培养也是问题。我们既要有能从战略上谋划空军建设的人，又要有具体组织实施各项工作的人，还需要脚踏实地、冲锋陷阵，在基层站岗放哨默默奉献的人……空军和海军一样，是一个高技术军种，投入力量很大，需要有综合知识。”

然而，朱和平做了这么多研究，最终却发现，问题的根源和传统教育有关，这也是他最为担忧的。“由于历史原因，我军在人才培养和教育创新上，明显落后于军事理论和科学技术的创新。如何培养出大批新型高素质军事人才，是我军最为紧迫的任务。”朱和平给记者举了个简单的例子，比如我国航空发动机的研发和生产问题，发动机的研制需要上千人的创新团队，欧洲空客公司的发动机研发团队有几千人，而我们中国是一个人可以，两个人凑合，5个人的篮球就不行了，11个人的足球更不行。我们可以选择合适的途径，投入更多经费，但我们心里很清楚，要几千人拧成一股绳，需要强有力的思想教育。中国孩子接受应试教育，自我学习能力很强，但团队合作意识和集体荣誉感相对较弱，这是我们要解决的问题。”

朱和平强烈意识到，无论在什么年代，爷爷那辈人“红专并举”的传统不能丢，这才是我们国家现在大力倡导红色传统教育的原因。“比如，在一个研发团队里，大家都是博士，都是高科技人才，但有些人的工作就是负责研究一个材料的裂纹问题，周而复始，当他看到同样学识的人负责总体设计的时候，是否还能耐得住寂寞？这是个很现实的问题。我们要建设创新型国家，就要迈过这道坎。其实我们的红色传统教育中有答案：在我们的红军队伍中，当年爬雪山过草地，就剩一口粮食谁吃？当年我们正是解决了这样的问题，才能战胜那么强大的敌人，这很值得我们思考和吸收。”

爬上毛主席的屋顶

朱和平告诉记者，就像现在的年轻人对“红色”革命精神有距离感，没有切身体会一样，成长在共和国第一元帅的家庭中，他的思想觉悟也是从被动到主动，慢慢形成的。

朱和平有过红墙深处令人羡慕的童年。他和哥哥援朝小时候生活在中南海，周围住着毛泽东、刘少奇、董必武、彭德怀、邓小平、杨尚昆等领导人，然而懵懂的他们，哪里懂得政治和红墙的威严，让爷爷朱德伤透了脑筋。哥哥援朝曾在课堂上，给薄一波的儿子薄熙成绘制中南海详细线路图，就是为了告诉他怎么到刘少奇的儿子刘源家去玩。幸亏被老师及时发现。但事情随后也传遍了中南海，要求所有孩子引以为戒。可没过多久，朱和平又闯了祸，因为好奇，他和李富春的外孙爬上了毛主席的屋顶。看到屋檐上探出的两个脑袋，警卫员的心提到了嗓子眼儿，后来的结局可想而知，朱和平被严厉地训斥了……

回忆过往，朱和平感慨地说，“我们就是这样被爷爷奶奶一次次批评教育长大的。他们其实更像是我的父母。”朱和平现在还保留着一个爷爷的记录本，上面记录着孩子们在学校的情况，成绩如何，表现如何，什么时候开了家长会，等等。朱德还考虑到孩子们除了上学，待在中南海无法接触社

20世纪50年代，朱德（右一）、康克清与孙子朱和平在北京香山

会，只要条件允许，他就尽量多地带中南海的孩子们一起去外地考察。“有一次爷爷外出视察乘坐专列，一路上爷爷不停地强调，出来不是玩，是要让我们去看看工厂和农村，看看农民怎么耕种。”朱和平还记得他们参观哈尔滨军事工程学院时爷爷说的话：“你们将来要考这个学校，将来的战争是科学家的战争，不掌握现代科学技术是打不了仗的！”

朱德一生酷爱读书，也在家庭中培养了良好的学习读书习惯。新中国成立后，朱德、康克清和家中的工作人员成立了党的基层学习组织，“几十年里，我们家的工作人员换了一茬又一茬，但爷爷始终要求努力学习、积极上进”。朱和平至今难忘1964年国庆节，天安门广场举行盛大的国庆活动，哥哥和他都在游行方队中，激动兴奋了一上午，而当天爷爷也在天安门城楼上站了半天，晚上还有焰火表演，谁都觉得家庭学习会可以不开了。“没想到爷爷坚决要求学习当天的报纸社论，说今天该学的东西不能拖到明天。现在想来，爷爷是考虑到当时的社会环境，国家政治生活开始出现了不正常，他是想让我们及时领会上面的精神，不要糊里糊涂做事。”

体会“红”的意义

朱家的家风“红专并举”是朱和平后来自己总结的。他说，爷爷在战争年代带领红军爬雪山、过草地，无论如何艰难困苦，都立场坚定。新中国成立后，他对中国的发展道路进行了长期的探索与实践，在这个过程中，我党曾出现过一些争论，也走过一段弯路，特别是“文革”开始后，爷爷受到了不公正的批判。但他却总说：“历史是公正的，主席和恩来是了解我的。”

后来，朱和平的父母也相继受到了冲击，“爷爷多次对我说‘你记住！历史就是历史，历史是任何人都篡改不了的！’在那种特殊的历史环境下，他仍然坚持自己的理想信念，并尽最大的努力保护党的干部。这种宠辱不惊、大义凛然的气度，对我影响很大”。

朱和平说，20 世纪五六十年代，自己的中小学教育完全是红色的，听着《东方红》和《社会主义好》的文化史诗，接受集体主义教育，学雷锋……“对我们这一代人来讲，发生翻天覆地变化的是‘文革’这十年。”不过，朱和平反而觉得，正因为有了这场浩劫，他们这一代人才在政治思想上迅速成熟起来。“过去爷爷奶奶要求我们放假不许玩，下连队当兵，去农村体验生活，我不理解，可以说是被动地或者没有真正用心地去做。但‘文革’开始后，各种政治斗争，把我们强行推向了社会，才真正明白爷爷的良苦用心。‘文革’时党内出现的混乱，影响最大的是人们的核心价值理念。”朱和平记得，那时他经常陪爷爷在中南海的院子里看大字报，每看一次都在想，这是真的吗？这种说法对吗？“昨天刘少奇还是党和国家领导人，怎么今天就变成叛徒、内奸？尽管这些大字报都是一些造谣诽谤之词，但我看见 80 多岁的爷爷仍然像往常一样镇定自若。”朱和平的初中时光，就是在“文革”中度过的，“在最需要和渴望接受教育的时候，我没有学习的机会。”初中毕业后，朱和平进入北京带钢厂当了工人。然而，他却一心想当兵，遭到爷爷的坚决反对。

“爷爷说当工人有什么不好？建设国家，搞现代化建设，首先是工业现代化。要想着怎样把眼前的事儿做好！”但也许是继承了爷爷的倔强，朱和平最终背着家人到北京市宣武区武装部报了名。他感慨地说：“40 年

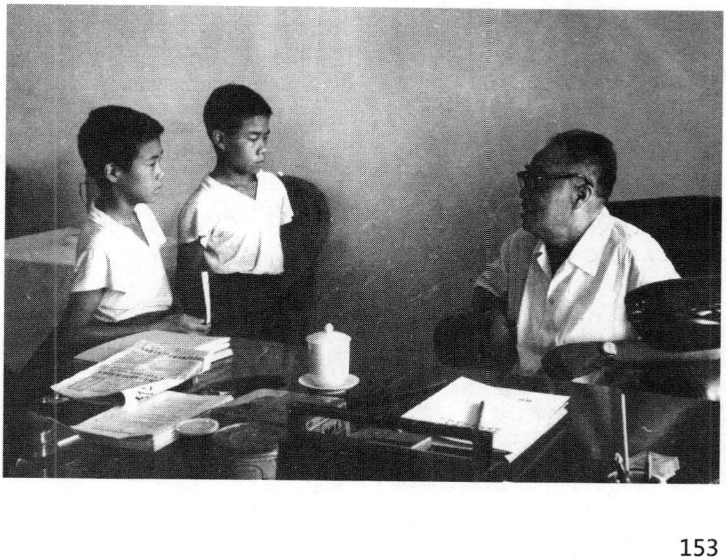

20 世纪 60 年代初，朱德在中南海书房

前，爷爷就清楚地看到了战争的前景是高技术条件下的作战。他要求我学知识、学技术，在军事理论中求创新求突破。在这一点上，我不得不佩服老人家的远见卓识。”进入部队后，朱和平收到了爷爷奶奶寄来的包裹。打开一看，竟然是全套的高中教科书。

“1973 年以前，爷爷已通读《毛选》四卷 8 遍，1974 年，88 岁高龄的爷爷又完成了第九次通读。爷爷读书有个习惯，凡是重要的著作，他都逐字逐句地读，并认真地做标记。每次回家，我们祖孙俩经常是边学习边讨论边做笔记。这也使我无形中提高了政治理论水平。”在爷爷的激励下，朱和平用 3 年时间自学了高中课程。1976 年，他考入北京工业学院（现北京理工大学）无线电工程系，之后在研究所工作期间，他又克服种种困难，用 3 年多的时间完成了北京航空航天大学的经济管理学硕士课程，并获得学位。

进入部队以后，朱和平越来越体会到“红”的意义。“怎么设计自己的成长路线？可以从排长、连长、团长一步步上升，走指挥军官的路线；但我听从爷爷的教导，未来是技术型战争，要从精通一门专业做起。其实每一步都选择了最难的，几乎不可能办到的事情，但我就是这样慢慢地走了过来。”

朱家第四代秉承家风

“亲爱的老奶奶，您好吗？再过几天就是您百岁生日了！全家人都在祝您生日快乐！您听到了吗？在我的书桌上，一直摆放着两张照片，一张是您和老爷爷在银白的雪地里相扶相携满脸笑容；另一张是我与您生前最后的合影……记得每天吃饭的时候，您总是要我坐在您身边，我旁若无人大口大口香甜地吃着，您却只在一旁静静地看着我，脸上洋溢着暖暖的微笑，尽是高兴和满足，嘴里不停地说着：多吃点，吃胖点，长高点。我不小心把米粒掉在桌上，您一面慢慢地对我说‘粮食来之不易呀，不能浪费啊！’一面将米粒捡起放进自己的嘴里……您总是喜欢用双手托起我的脸，细细端详，嘴里念叨着：‘您瞧瞧，和老爷爷长得多像啊！真是我们朱家的后代……’亲爱的老奶奶，如今，我已成长为您眼中的男子汉，遇到困难不退缩放弃，获得成功不沾沾自喜。靠着自己的不懈努力，现在我是美国哥伦比亚大学的一名研究生。我会努力学习，不辜负您的期望，像您和老爷爷那样做人做事，为振兴中华贡献我的青春和智慧！您和老爷爷就放心吧！”

20世纪90年代初，康克清与曾孙朱辰亲密相依

2011年9月，在朱德夫人康克清100周年诞辰纪念日前夕，远在美国的朱家第四代、曾孙朱辰写下了《遥寄天国里我的老奶奶的一封信》，饱含深情地回忆了康克清老奶奶生前对自己的深情和期盼。

谈起儿子朱辰，朱和平很骄傲。“我们朱家第四代就两个直系曾孙，我哥哥和我各一个儿子。我们对他们的教育，几乎是完全克隆了爷爷奶奶对我们的教育，‘红专并举’。这两个孩子开始都有一些抵触情绪，同学朋友在一起都爱攀比、爱玩，但是他们长大以后越来越发现朱家家风的价值。”

让朱和平记忆深刻的，是儿子去美国后和自己的一次对话。“我当时很不放心他，找了一些我在美国工作的同学、朋友，希望能在生活和学业上帮儿子出出主意。儿子回国休假时，郑重地告诉我，‘爸爸，你找的人都帮不了我。到了美国我才发现，没有人能帮我，只有自己能帮自己。’这句话让我很震撼”。朱和平告诉记者，现在朱家这两个孩子都有非常强烈的意识，他们说：“我们朱家人应该先天下人之忧，做一个社会人。”

采访结束时，朱和平再次向记者强调了“红”和“专”对于中国发展的重要性。“如果我们秉承‘红’的革命精神，那么就会少出现一些学术腐败现象，就能正确对待你的个人需求；而‘专’对现在的领导更为重要。不仅要做领导，更要做‘内行’的领导。这样才能减少决策失误。正如爷爷强调的，你要有为人民服务的本事。今年是中国共产党成立90周年，也是辛亥革命100周年，回顾历史，我们更要大力继承和发扬我们党的光荣传统，增强民族凝聚力。”（撰文：刘畅）

回眸邓小平①

邓小平曾说："中国应该每年有新的东西，每一天都有新的东西，这样才能占领阵地。尽管我岁数大了，但我感到很有希望。"

又到了思念的日子——2007年2月19日，邓小平逝世十周年。

在北京一个普通的四合院里，邓小平的亲人们会像往年一样，在他生前每天散步的那条188米的小路上，撒满花瓣。他们一边撒，一边说："老爷子，给您撒花了，您听见了吗？"在全家人吃饭的桌子边，亲人们特意把邓小平生前固定坐的位置空了出来，摆上碗筷……

关于邓小平，人们有说不尽的话题。国内、国外各行各业的人，用各种各样的语言，从各种各样的角度描述过这位伟人。

邓小平无疑是20世纪中华民族追求伟大复兴的历史进程中最具影响力和个人魅力的领袖人物之一。他有着鲜明的革命风格和崇高品德。他一生多次历经磨难与挫折，但他从不消沉，无私无畏，不屈不挠，沉着坚韧，对党对人民无限忠贞，对革命事业的未来充满乐观。

他尊重实践，敏锐把握时代发展的脉搏和契机，既继承前人又突破陈规，既借鉴世界经验又不照搬别国模式，总是从中国的现实和当代世界发展的特点出发去总结新经验，创造新办法。

① 本文完成于2007年2月。

邓小平

他尊重群众，时刻关注最广大人民的利益和愿望，总是把是否有利于发展社会主义社会的生产力、是否有利于增强社会主义国家的综合国力、是否有利于提高人民的生活水平作为制定路线、方针、政策的出发点和归宿。他目光远大，胸襟开阔，总是从大局着眼来观察和处理各种重大问题。

他举重若轻，崇尚实干，行动果断，他以非凡的理论勇气、经验和智慧，从根本上改变了中国的社会面貌，改变了世界的格局，对20世纪中国和世界的发展产生了不可磨灭的巨大影响。

正像人们所说的那样，没有毛泽东就没有新中国，没有邓小平就没有今天的中国。

我国从20世纪70年代末开始实行改革开放以来，在30多年的时间里不断取得举世瞩目的巨大成就。人们谈到中国的变化，首先就会谈到邓小平。

生前，他改变了中国，影响了世界。但他很少谈及自己，甚至在他的有生之年不允许人们给他写传。

今天，当我们重新审视这位在20世纪的中国和世界产生过重要影响、为中华民族做出巨大贡献的伟人时，我们看到的，是一个其个人命运与国家发展的历史责任联系在一起的政治家的形象，是一个其思想深邃、久远地影响着中国未来发展的思想家的形象，是一个其智谋与气魄牢牢地占据了国际舞台的战略家的形象，是一个神情淡定、衣着朴素的慈祥的邻家老人的形象。

邓小平走了，他给我们留下了什么？

一个时代，改革开放的新时代。

一条道路，建设有中国特色的社会主义道路。

一个理论，邓小平理论。

一种精神，求真务实，勇于创新的精神。

邓小平把一生都献给了中国人民。在中国革命、建设和改革的各个时期，他都做出了重大贡献。特别是在粉碎“四人帮”、结束“文化大革命”后，邓小平73岁高龄时第三次复出，在他生命中最后的20年，他用全部的智慧和精力开辟一个时代，改变了中国的面貌和中国人民的命运，使全中国十几亿人民过上了舒心的日子。

他顺应时代的要求和人民的愿望，领导我们党在新中国成立以来革命和建设实践的基础上，成功地走出了一条建设中国特色社会主义的新道路，引领中国人民走上了一条振兴中华民族的伟大复兴之路，为我们的国家和民族赢得了从未有过的国际地位和声望。

他集全党全国人民集体的智慧，创立了邓小平理论：他第一次明确提出我国还处在社会主义初级阶段的思想；第一次提出了社会主义的本质是解放生产力，发展生产力，消灭剥削，消除两极分化，最终达到共同富裕的思想；第一次提出了科学技术是第一生产力的思想；第一次提出了社会主义市场经济的思想；第一次提出了“一国两制”的思想，等等，给我们留下了一份丰厚的精神遗产。

邓小平说：“我是实事求是派。”他最尊重实践，善于把握时代发展的脉搏，善于从新的实践和新的条件中总结新经验、提出新观点、拓展新视野、开辟新道路。他在晚年曾说过：“中国应该每年有新的东西，每一天都有新的东西，这样才能占领阵地。尽管我岁数大了，但我感到很有希望。这十年进步很快，但今后进步会比这十年更快。”

邓小平说：“我是中国人民的儿子，我深情地爱着我的祖国和人民。”他一生都在身体力行“凡是于人民有利的事情，无不尽力提倡与实行”的诺言。他总是把人民拥护不拥护、人民赞成不赞成、人民高兴不高兴、人民答应不答应作为制定方针政策和做出决断的出发点和归宿。

从邓小平逝世那天算起，我们每一年、每一月、每一天都无不在享受这位伟人留下的宝贵遗产。1997—2007年，让我们逐年盘点这些遗产以及背后的故事，以寄托我们对他的思念。（撰文：汝洪）

1997年：香港回归——邓小平遗愿实现

1983年6月25日，邓小平在人民大会堂会见港区全国人大代表和政协委员。当时他问大家："'九七'后香港实行资本主义还要继续多久？十五年？"场内没有声音。邓小平又问："三十年？"还是没有反应。接着，邓小平伸出五个手指，提高嗓门说道："五十年？五十年不变可以了吗？"话音刚落，全场响起热烈的掌声。

1997年7月1日，是一个值得人们永远纪念的日子。邓小平的夫人卓琳来到香港，出席了中英两国政府关于香港政权的交接仪式，完成了他的遗愿。

历尽百年沧桑的香港终于回到祖国的怀抱，香港同胞从此真正成为这块土地的主人。"一国两制"的伟大构想首先被用来解决香港问题，香港的发展也从此进入一个崭新的时期。

1997年7月1日，中英两国政府举行香港政权交接仪式

勾画“一国两制”雏形

1974 年，81 岁高龄的毛泽东会见英国前首相希思。谈到香港问题，毛泽东说“恐怕我是看不到了”。然后，又指着在座的邓小平说，“这是他们年轻人的事情”。

1979 年 3 月，邓小平会见香港总督麦理浩。当时 75 岁的邓小平始终没有忘记毛主席的嘱托。他说，我们历来认为，香港的主权属于中华人民共和国。但香港又有它的特殊地位，我们将把香港作为一个特殊地区来处理，在相当长的时期内，香港还可以搞资本主义。短短几句话，已勾画出“一国两制”的雏形。从那以后，邓小平找了一批批香港同胞来谈，发表了许多重要的看法。又过了 3 年，邓小平在钓鱼台国宾馆接见 12 位香港人士时，有人问，为什么要在这个时候收回香港这个小地方，如果真的要收回，是否可以分期分批收回？邓小平坚定地说，香港问题涉及主权问题，一定要收回，不考虑分期分批收回，而要收回一个完整的香港。当有人提出收回后希望香港人的生活方式不受影响时，邓小平的回答十分明确：“收

1982 年 9 月 24 日，邓小平会见英国首相撒切尔夫人，全面阐述了中国政府对香港问题的基本立场

回后的香港，社会制度不变、经济制度不变、法律制度基本不变、生活方式不变。”

1982 年 9 月 24 日，邓小平会见英国首相撒切尔夫人。他明确说，主权问题不是一个可以讨论的问题。中国在这个问题上没有回旋余地。如果中华人民共和国成立 48 年后还不把香港收回，任何一个中国领导人和政府都不能向中国人民交代，甚至也不能向世界人民交代。如果不收回，就意味着中国政府是晚清政府，中国领导人是李鸿章。

“过渡期参与”和“港人治港”

在解决香港问题时，邓小平十分强调过渡时期的参与问题。在同英国人谈判的时候，他希望过渡时期不要出现英资撤走、港币波动以及把土地卖光用于行政开支等问题。邓小平说，过渡时期的参与，也是一种干预，当然这个参与不是北京方面的参与，而是香港人参与，中央政府支持香港人参与。不能设想，到了 1997 年 6 月 30 日，一夜之间换一套人马。如果那样，新班子换上来，什么都不熟悉，不就会造成动乱吗？即使不造成动乱，也会造成混乱。在过渡时期后半段的六七年内，要由各行各业推荐一批年轻能干的人参与香港政府的管理。参与者的条件只有一个，就是爱国者，也就是爱祖国、爱香港的人。

“港人治港”是邓小平谈得最多的问题之一。1982 年 4 月 6 日，邓小平会见来访的英国前首相希思。希思问邓小平是如何考虑处理香港问题的，怎样才能使投资者不要担心呢？邓小平回答说，中国要维护香港作为自由港和国际金融中心的地位，也不影响外国人在那里的投资，在这个前提下，由香港人，包括在香港的外国人管理香港。

两年后，邓小平在会见香港客人时，针对有关香港人对管理香港缺乏信心的说法，他表示，要相信香港的中国人能治理好香港。要有这个自信心。香港过去的繁荣，主要是以中国人为主体的香港人干出来的。邓小平还指出，由香港人推选出来管理香港的人，由中央政府委任，而不是由北京派出。选择这种人，左翼的当然要有，尽量少些，也要有点“右”的人，最好多选取些中间的人。这样，各方面的人心情会舒畅一些。

为什么是“50年不变”

香港实行资本主义“五十年不变”，是邓小平给香港各界人士吃的一颗“定心丸”。1983年6月25日，邓小平在人民大会堂会见港区全国人大代表和政协委员。当时主管港澳事务的廖承志刚刚去世，香港一些人士心存疑虑。邓小平明确告诉大家，中国对香港的政策不会因为廖公的去世而改变，请大家放心。

邓小平当时问大家：“‘九七’后香港实行资本主义还要继续多久？十五年？”场内没有声音。

邓小平又问：“三十年？”还是没有反应。

接着，邓小平伸出五个手指，提高嗓门说道：“五十年？五十年不变可以了吗？”话音刚落，全场响起热烈的掌声。邓小平也露出满意的笑容，他又强调一遍：“‘一国两制’，香港实行资本主义五十年不变。”

又有人进一步问道：“五十年是从哪一年算起？”

邓小平回答说：“当然从回归日算起，五十年不变。”

中英关于香港问题的联合声明草签后，香港还有些人怕变。他们怕1997年后“马不能跑”、“舞不能跳”、“股不能炒”，邓小平又利用各种场合做香港人的工作，多次重申：我们对香港的政策五十年不变，我们说这个话是算数的。用“一国两制”的办法解决香港问题，不是一时的感情冲动，也不是玩弄手法，而完全是从实际出发的，是充分照顾到香港的历史和现实情况的。

邓小平发火

关于驻军问题，是中英谈判中争论最大的问题。邓小平说得斩钉截铁：中国有权在香港驻军，中国一定要在香港驻军。1984年4月，英国外交大臣杰弗里·豪访问中国。邓小平在会见豪时说，1997年后，我们派一支小部队去香港，这不仅象征中国收回了主权，更大的好处是对香港来说是一个稳定的因素。

据当时参加中英谈判的原国务委员、国务院港澳办主任姬鹏飞回忆说："驻军问题吵了好久，驻军问题是驻不驻啊？他们说你们不驻好了，我们说一定要驻军，不是在报纸上人家公开了吗，说是不驻军，有些人不是不主张驻军吗？所以小平同志就拍了桌子，召集香港代表来谈谈。香港不驻军，我们怎么体现收回香港？香港要象征性地驻军。香港收回来了，驻军是我们主权的表现，不驻军就是表明我们没有收回。"

这里说的邓小平"拍了桌子"是发生在1984年5月的事。5月2日，香港《明报》刊出一篇报道，点名道姓说中央某一位负责人对记者表示，中国将不在香港驻军。5月25日，邓小平会见了港澳地区的全国人大代表和全国政协委员，他特意把香港记者都留了下来，发表了一篇言辞激烈的讲话：我要在这里辟谣，关于"将来不在香港驻军"的讲话，是胡说八道！这不是中央的意见。既然香港是中国领土，为什么不能驻军？英国外相也说，希望不要驻军，但承认我们恢复行使主权后，有权驻军。连这权力都没有，还算什么中国领土。

"一国两制"进行时

为了确保1997年之后香港的繁荣稳定，在基本法起草的过程中，邓小平倾注了大量的心血。他多次会见基本法起草委员会的全体成员，对基本法原则和意义作了精辟的解释。他说："我们的'一国两制'能不能成功，要体现在香港特别行政区基本法里面。这个基本法还要为澳门、台湾做出一个范例。所以，这个基本法很重要。"

1997年香港回归祖国后，中央政府坚决执行基本法，贯彻"一国两制"、"港人治港"和高度自治的方针，除国防和外交外，香港特区政府享有行政管理、立法、独立司法和终审等自治权利。

2004年，邓小平诞辰百年展览在香港会展中心举行。自发参观的香港市民络绎不绝。有的一家三代走进展厅，看见邓小平的塑像，马上跪伏在地，虔诚叩头。直到现在，香港同胞都亲切地称邓小平为"邓公"。

2007年是香港回归10周年。10年来，香港先后经历了亚洲“金融风暴”、全球经济不景气和“非典”疫情。在严重的困难面前，“一国两制”显示出强大的生命力，保持了香港社会安宁，人心稳定。香港连续11年被评为“世界最自由经济体”，经济也持续复苏。经过10年，港人的疑虑基本消除了，在国家认同方面已取得进展，国家观念基本作为主流共识已树立起来。“一国两制”得到了广大香港同胞的拥护。现在，香港依然是亚太地区首屈一指的金融中心、商贸中心、航运中心和旅游中心。（撰文：鹿海啸）

1998年：中国实行改革开放20周年——改革开放　中国人越来越富

邓小平：我在广东听说，有些地方养三只鸭子就是社会主义，养五只鸭子就是资本主义，怪得很！农民一点回旋余地没有，怎么能行？农村政策、城市政策，中央要清理，各地也要清理一下，自己范围内能解决的，先解决一些。总要给地方一些机动。

1978年至今，中国的改革开放已经30多个年头。30年多来，全国人民在党中央的领导下，高举中国特色社会主义伟大旗帜，成功地走出了一条建设有中国特色的社会主义道路。我国的综合国力显著增强，经济总量不断扩大。2006年国内生产总值达到209407亿元人民币。经济持续快速增长，全年进出口总额17607亿美元，国家外汇储备10663亿美元。30多年来，GDP年均增长超过9%，创造了世界经济史上的奇迹。

在改革开放已经30多年的今天，我们仍然忘不了改革开放和社会主义现代化建设的总设计师邓小平。

1998年12月18日，在纪念党的十一届三中全会召开20周年大会上，江泽民说：“在回顾20年辉煌历程的时刻，我们深切怀念我国改革开放和现代化建设的总设计师邓小平同志……没有邓小平同志的领导，就没有建设有中国特色社会主义道路的开创。”

我们太穷了，太落后了

中国的改革是从农村开始的，邓小平说，这个发明权是农民的。农民们却说，没有邓小平，改革是搞不起来的，即使搞起来了也会夭折。农村改革之所以能成功，靠的是邓小平的支持。

1977 年 7 月，邓小平第三次复出后，针对我国农业发展状况，对农村的体制问题进行了深入的思考。他说，1958 年“大跃进”一哄而起搞人民公社化，片面强调“一大二公”，吃大锅饭，带来大灾难。“文化大革命”就更不用说了。近 20 年里，农民和工人的收入增加很少，生活水平很低，生产力没有多大发展。中国的农业问题太严重了。

特别是中国农民的贫穷生活，给这位 70 多岁的老人很深的感触。邓小平这样动情地说，我们太穷了，太落后了。老实说对不起人民。我们的人民太好了。外国人议论，中国人究竟还能忍耐多久，很值得我们注意。我们的人民忍耐性已经够了。我们现在必须发展生产力，改善人民的生活条件。

养三只鸭子是社会主义，五只就是资本主义？

1978 年 1 月底至 2 月初，邓小平出访尼泊尔，途经成都时做了短暂停

1979 年，邓小平在黄山为大学生签名留念

留。在听取了中共四川省委汇报工作后，他说，农村和城市都有个政策问题。我在广东听说，有些地方养三只鸭子就是社会主义，养五只鸭子就是资本主义，怪得很！农民一点回旋余地没有，怎么能行？农村政策、城市政策，中央要清理，各地也要清理一下，自己范围内能解决的，先解决一些。总要给地方一些机动。

同年8月，邓小平又一次谈到四川农村的情况。他说，四川农业的发展政策对头。所谓政策，还是老政策，无非是按劳分配，这是最根本的，不吃大锅饭，按劳分配，再加上点小自由，如养鸡，给少量的自留地，一年就搞起来了，两年就翻身了。

1978年9月，邓小平在东北之行中，多次谈到农村问题。他说，一个公社有自己的条件，有自己的情况，一个大队有自己的条件，有自己的情况，有一般，也有特殊，大量的是特殊，更重要的是要根据自己的特殊情况考虑问题。

对当时全国农业学大寨、普及大寨县的提法，邓小平也表示了不同看法：不论搞农业、搞工业、搞现代化，都要实事求是，老老实实。学大庆、学大寨要实事求是。大寨有些东西不能学，也不可能学。比如他评工记分，一年搞一次，全国其他人民公社、大队就不可能这样做，取消集贸市场也不能学，自留地完全取消也不能学。小自由完全没有了，也不能学。

邓小平的这些讲话，如一石激起千层浪，解放了人们的思想。

千方百计让农民富起来

1978年12月18日，十一届三中全会召开。会后，全国各地落实全会的精神，积极试行各种形式的责任制。特别是安徽，迈出的步子比一般省份要大。

1979年1月《人民日报》陆续报道了几个省实行生产责任制的情况，随之而来也引发了一场激烈的争论。争论从报纸上延续到1979年4月中央工作会议的会场上。当时，明确表态支持实行“包工到组、包产到组”的省委书记在会上仍是少数派。安徽省委书记万里在会上说，你们走你们的阳关道，我走我的独木桥。

这年7月，邓小平去了安徽，登上了黄山。他听完万里的汇报后说，你就这么干下去，实事求是地干下去，要不拘形式，千方百计地使农民富起来。

随着包产到户从暗处走到明处，从个别省份走到全国许多省，由此引起的责难也纷至沓来。

关键时刻，邓小平说话了。

1980年4月，邓小平在同中央负责同志谈长期规划问题时说，对地广人稀、经济落后、生活贫困的地区，政策要放宽……有的可以包给组，有的可包给个人。这个不用怕，这不会影响我们制度的社会主义性质。

5月31日，邓小平又一次站出来说话：农村政策放宽以后，一些适宜搞包产到户的地方，搞了包产到户，效果很好。针对当时党内外一些同志的担心，邓小平说，我们总的方向是发展集体经济。

邓小平的这个讲话，肯定了安徽的大胆试验，对于稳定包产到户和推动农村改革，无疑起了重要作用。后来，以包产到户，家庭联产承包责任制为特征的农村改革在全国全面铺开。

为什么一谈市场就说是资本主义?

社会主义也可以搞市场经济的思想，最早也是邓小平提出来的。

1979年11月26日，邓小平在同美国不列颠百科全书出版公司编委会副主席吉布尼等人谈话时说，市场经济只限于资本主义社会，只有资本主义的市场经济，这肯定是不正确的。社会主义也可以搞市场经济。我们是以计划经济为主，也结合市场经济，是社会主义的市场经济。但是，邓小平关于社会主义也可以搞市场经济的思想，当时并没有能够成为全党的共识。

农村改革取得成功后，1984年10月党的十二届三中全会做出了《关于经济体制改革的决定》，这个决定阐明了加快以城市为重点的整个经济体制改革的必要性、紧迫性，规定了改革方向、性质、任务和各项基本方针。邓小平对此评价很高，认为是“马克思主义基本原理和中国社会主义实践相结合的政治经济学”，这个决定讲了一些“我们老祖宗没有说过的话，有些新话”，“过去我们不可能写出这样的文件，没有前几年的实践不可能写出这样的文件。写出来，也很不容易通过，会被看作‘异端’”。在这个决定的指导下，以城市为中心的全面经济体制改革开始启动。

1984 年 2 月 9 日，邓小平为厦门经济特区题词

社会主义能不能搞市场经济？1985 年 10 月，邓小平在回答关于社会主义和市场经济关系的提问时说：“社会主义和市场经济之间不存在根本矛盾。问题是用什么方法才能更有力地发展社会生产力。我们过去一直搞计划经济，但多年的实践证明，在某种意义上说，只搞计划经济会束缚生产力的发展。把计划经济和市场经济结合起来，就更能解放生产力，加速经济发展。”

1987 年 2 月，在准备十三大的过程中，邓小平同几位中央负责同志谈话时又说：“为什么一谈市场就说是资本主义，只有计划才是社会主义呢？计划和市场都是方法嘛。只要对发展生产力有好处，就可以利用。”

改革开放是决定中国命运的重大决策。要不失时机地推进改革，我们要以邓小平改革开放思想为指导，坚持解放思想、实事求是，敢于攻坚、锐意进取，坚持社会主义市场经济的改革方向。（撰文：张峥）

1999 年：中美建交 20 周年——中美关系　曲折中不断发展

1974 年，第六届联合国特别大会在纽约召开。在派谁去的问题上，中共领导层内部发生了分歧。这是中国恢复联合国安理会常任理事国席位后，首次派遣高级代表团出席这样一个重要的会议，必须派外交和国际经验丰富的人率团。中央政治局讨论具体人选，毛泽东批示让邓小平去。但江青坚决反对，她企图让张春桥取而代之。毛泽东得知情况后，十分恼火，给江青写了一封信——江青：邓小平同志出国是我的意见，你不要反对为好。小心谨慎，不要反对我的意见。

中美关系从改善到发展经历了风风雨雨。有一位老人一直关心着中美关系的改善和发展，他就是邓小平。

邓小平不止一次说过：我是一个世界公民。他一生出访过 10 多个国家，在变幻莫测的国际舞台上，留下了叱咤风云的形象。尤其是在中美关系的建立和发展上，邓小平倾注了大量的心血。所以他说："我是最热心中美关系的。"

背着"包袱"出席联大特别会议

1974 年第六届联合国特别大会在纽约召开。

毛泽东对此非常重视，认为中国应该派高规格代表团参加。但是，在派谁去的问题上，中共领导层内部发生了分歧。这是中国恢复联合国安理会常任理事国席位后，首次派遣高级代表团出席这样一个重要的会议，必须派外交和国际经验丰富的人率团。当时，周恩来总理身染重病，不宜远行。邓小平虽然担任国务院副总理职务，但还不是中央政治局常委。后来，中央政治局讨论具体人选，毛泽东批示让邓小平去。但江青坚决反对，她企图让张春桥取而代之。毛泽东得知情况后，十分恼火，给江青写了一封信——

江青：邓小平同志出国是我的意见，你不要反对为好。小心谨慎，不要反对我的意见。

4 月 10 日，邓小平在一片关注的目光中，走上联合国大会讲台，阐述了毛泽东提出的“三个世界”理论。赢得了广大发展中国家的一致称赞。

4 天后，美国国务卿兼总统国家安全事务助理、美国代表团团长基辛格，为以邓小平为团长的中国代表团举行宴会，并就中美关系正常化问题进行深入的探讨。事实上，这也是邓小平来参加这次大会的一个主要内容。

稍事寒暄，宾主开始切入正题。“我们美国政府正致力于两国关系正常化的努力，研究如何实现一个中国的设想，但一时想不出办法来。”基辛格推托说。

邓小平非常清楚，美国政府并非“一时想不出办法来”，而是尼克松总统被“水门丑闻”搞得焦头烂额，一时抽不出时间来。“博士，中国政府希望这个问题能较快地解决，但也不着急，我们能够体谅美国政府的困难。”邓小平笑了笑，很有分寸地说。此次中美会谈虽没有具体成果，但为以后的会谈打下了一个良好的基础。

11 月，美国国务卿基辛格访华。邓小平代表中国政府先后同基辛格进行了五次限制性的会谈。最终，由于当时美国共和党政府下不了决心接受中国提出的建交原则，并承认中华人民共和国政府是中国的唯一合法政府，中美建交被拖延下来。

作为中美建交谈判中的关键人物，邓小平之后也因“第三次被打倒”而从中国政坛上消失了。

“他是一位老谋深算、可以放心与之打交道的政治家”

1977 年初，美国卡特政府上台。它认为中美两国建立合作关系会大大加强远东局势的稳定，并有利于美国在全球范围内同苏联竞争，从美国的战略地位考虑，美中关系正常化是十分可取的。

7 月，中国共产党十届三中全会恢复了邓小平党政军的一切职务，给停滞中的中美关系谈判带来了新的生机。

1977 年 8 月 18 日，邓小平在中国共产党第十一次全国代表大会上致闭幕词

美国人开始投石问路。

8 月，美国国务卿万斯访问北京，基于当时美国的国际国内政策，他带来了一个比基辛格、福特时代还后退的方案。万斯访华没有达成协议，但有助于卡特政府更好地理解中国对这一问题的坚定立场。

1978 年 5 月，美国总统国家安全事务助理布热津斯基到达北京。邓小平在 5 月 21 日会见了布热津斯基。布热津斯基说，总统要我带话给您，美国已经下了决心，我们不仅准备同你们讨论国际形势以及同你们采取并行不悖的行动，以促进达到同一目标，消除同一危险；同时也准备同你们积极讨论美中双方的关系问题。

邓小平说，很高兴听到卡特总统的“已经下了决心”这个口信。在这个问题上，我们历来阐明的就是三项条件，即断交、撤军、废约。这三项条件都涉及台湾问题。我们不能有别的考虑，因为这涉及一个主权问题。如果美国政府认为是时机了，下了这个决心，那么，我们双方随时可以签订正常化的文件。正常化问题对两国来说，是一个带根本性的问题。

这次会见，邓小平给布热津斯基留下了很深的印象。

布热津斯基在他的回忆录里写道：“别看邓小平身材矮小，胆识可大呢，他一下子就把我吸引住了。他生气勃勃，机智老练，思维敏捷，谈笑风生，气派很大，开门见山。一席话使我懂得了他在政治生涯中屡经浮沉而不倒的原因。更重要的是，他的胸怀和魄力给我留下了深刻的印象。他真正够得上是一位老谋深算、可以放心与之打交道的政治家。”

布热津斯基北京之行，打开了中美建交谈判的大门。

紧接着，双方于 7 月初在北京开始建交谈判。经过近半年的谈判，双方终于达成协议：从1979年1月1日起，中美双方互相承认并建立外交关系，3月1日互派大使、建立大使馆。

而几乎同时，中日关系也掀开了历史性的一页。1978年10月22日，邓小平应邀出访日本。邓小平作为访问日本的第一位中国国家领导人，将恩恩怨怨的中日关系向前推动了一大步。这次访问，是一次历史性的访问；这一步，也是历史性的一步。

美国电视黄金时段成“邓小平时间”

1979年1月28日，即中美建交的第二十九天，邓小平应邀对美国进行正式访问。

抵达华盛顿是在当地时间下午3点半。在美国总统国家安全事务助理布热津斯基位于华盛顿郊外的住宅里，邓小平参加了一次别有风味的家庭晚宴——吃烤牛肉。为了办好这次宴会，布热津斯基一家几天来一直忙个不停。他的夫人亲自捧上具有浓郁美国风味的烤牛肉、蟹肉、蔬菜、水果沙拉等，布热津斯基负责选购满满一柜的各色美酒。他的三个孩子则充当宴会服务员……

据布热津斯基后来回忆：“那天晚上一上来就遇到了一场虚惊。邓小平的车子已经到了我家门前，我正走出去迎接时，起居室壁炉的烟道堵塞了，屋里顿时浓烟弥漫。我装作若无其事的样子向邓小平表示欢迎，而我的妻子手忙脚乱地把几台电扇搬来放到窗旁，把烟扇出去。邓小平夫妇不顾旅途劳顿，整个晚上都兴致很高……”

第二天上午，白宫南草坪披上了节日的盛装。美国总统卡特以国家元首的规格为邓小平副总理举行欢迎仪式。仪式结束后，邓小平和卡特走进白宫椭圆形办公室，先后共进行了三次会谈。邓小平挥洒自如的大国领袖风范，折服了美国人。

在与卡特会谈期间，一次邓小平问：“美国国会有没有通过一条会谈中禁止吸烟的法律。”“没有。”卡特说，“只要我任总统，他们就不会通过这样的法律，你知道我的州种植大量的烟草。”邓小平哈哈大笑，随即取出一支熊猫牌香烟吸了起来。邓小平这种开朗和坦率的性格，使卡特钦佩不已。他事后说：“中国人似乎知道如何表达他们对国家的自信和自豪，却并不傲慢。”

2 月 5 日，邓小平结束对美国的访问。9 天访问，使美国掀起了“中国热”。两千多名记者追踪采访和报道这一历史性事件，美国三大全国性的电视新闻网的黄金时段全部变成了“邓小平时间”。

邓小平的这次访美，为中美关系的进一步发展，起了重要的促进作用。为两国的政治、经济、文化、科学、技术等领域的交流与合作，开辟了新的广阔的前景。

此后，中美关系又经历了很多进进退退和曲曲折折。1989 年底，美国派总统特使、总统国家安全事务助理斯考克罗夫特访问中国。邓小平对他说，中美两国之间尽管有些纠葛，有这样那样的问题和分歧，但归根结底中美关系是要好起来才行。这是世界和平与稳定的需要。他请特使转告美国总统，在东方有一位退休老人，关心着中美关系的改善和发展。

如今，中美双方不仅是利益攸关方，更应该是建设性合作者。两国关系已经超越双边关系的范畴，越来越具有全球影响和战略意义。中美关系正常化是中美两国关系史上的里程碑，也是现代国际关系史上的重大事件。中美建交以来，两国发展友好互利合作的进程，反映了两国人民的共同愿望，有利于亚太地区乃至整个世界的和平、稳定与繁荣，符合时代的潮流与要求。今天，我们缅怀邓小平对推动中美关系的改善和发展的贡献，更不会忘记他对中国整个外交事业的贡献，也不会忘记他对世界和平与发展的伟大贡献。（撰文：鹿海啸）

2000 年：经济特区建立 20 周年——经济特区　继续充当“排头兵”

1979 年 1 月，一份关于香港厂商要求在广州开设工厂的来信，引起了邓小平的高度重视。他敏锐地意识到，这是利用外资的一个很好的时机，当即在这份来信摘报上批示："这件事，我看广东可以放手干。"

1982年初，深圳蛇口工业区拟聘请外籍人士当企业经理，遭到一些人的责难。邓小平得知这一情况，立即拍板道：可以聘请外国人当经理，这不是卖国。

2000年11月14日，深圳召开庆祝经济特区建立20周年大会。同时，在深圳市中心的莲花山公园山顶广场上，矗立起一尊邓小平的塑像。

塑像的矗立，体现了深圳特区人民对这位改革开放的总设计师、建立经济特区的倡导者的深深缅怀之情。

你们自己去搞，杀出一条血路来

"1979年那是一个春天，有一位老人在中国的南海边画了一个圈……"中国经济特区就是伴随这首《春天的故事》所唱的那样诞生的。

1979年1月，一份关于香港厂商要求在广州开设工厂的来信，引起了邓小平的高度重视。他敏锐地意识到，这是利用外资的一个很好的时机，当即在这份来信摘报上批示："这件事，我看广东可以放手干。"

2006年9月8日，深圳，在邓小平画像广场上施工的农民工

3个月后，在中央工作会议期间，广东省委的同志在发言中明确提出要利用毗邻港澳的有利条件，实行特殊政策和灵活措施，加快对外开放和经济发展。邓小平在听取广东省委负责人关于试办出口加工区的汇报后说："还是叫特区好，陕甘宁开始就叫特区嘛！中央没有钱，可以给些政策，你们自己去搞，杀出一条血路来。"始终保持军人气质的邓小平，就像下达作战

命令一样。

根据邓小平的倡议，又经过了几个月的调查研究，党中央批准广东、福建两省实行“特殊政策、灵活措施”，出口特区“可先在深圳、珠海两市试办，待取得经验后再考虑汕头、厦门的设置问题”。

1980 年 3 月，中央在广州召开广东、福建两省会议，将“出口特区”定名为“经济特区”。5 月，中央在总结深圳、珠海两市试办特区的基础上，又明确提出，广东省先集中力量把深圳特区建设好，其次是珠海，汕头、厦门两个特区可以进行规划，做好准备，逐步实施。并进一步要求将深圳特区建成兼营工业、商业、农牧业、住宅、旅游等项事业的综合性的经济特区。同年 8 月 21 日，五届全国人大常委会第十五次会议决定：批准国务院提出的在广东省的深圳、珠海、汕头和福建省的厦门设置经济特区。

经济特区诞生了！中国打开了对外开放的窗口，迈开走向世界的第一步！

聘请外国人当经理，这不是卖国

经济特区在前进的道路上不是一帆风顺的。特别是最初几年步履维艰。邓小平给予了很大的关心和支持。

1982 年初，深圳蛇口工业区拟聘请外籍人士当企业经理，遭到一些人的责难。邓小平得知这一情况后，立即拍板道：可以聘请外国人当经理，这不是卖国。

就这样，我国的经济特区在邓小平的直接关怀和指导下，“神话般地崛起座座城，奇迹般地聚起座座金山”。

1984 年，经济特区的建设进入第五个年头。5 年来，对这项重要的创举和崭新的试验，人们充满了希望。当然也有一些人疑虑。有人说：“特区是国际资产阶级的‘飞地’”，“香港市场上‘水货’之源”，“走私的主要通道”，甚至还有人把特区比拟为“旧中国上海的‘租界’”。特区的建设者们面临着巨大压力。

这个时候，邓小平来了。他说：“经济特区是我的提议，中央的决定。

5 年了，到底怎么样，我要来看看。”

1 月 24 日下午，邓小平来到深圳当时楼层最高的国商大厦，登上 26 层的大厦天台，居高临下，俯瞰市容和四周热火朝天的建设工地。当时，已近黄昏，寒风袭人，气温只有 11℃，八十高龄的邓小平毫不在意。随行人员两次要为他披上大衣，都被他拒绝了。陪同人员指着旁边正在建设的国贸大厦说，这幢楼要建 53 层，是目前国内最高的建筑物，建设者们曾创下三天一层楼的速度，再过一段时间，我们站的这个楼就是“小弟弟”了。听到这些，邓小平脸上露出欣慰的笑容，沉思片刻后，缓声说道：“看见了，全看见了，全看清楚了。”

建立经济特区的政策是正确的

1 月 26 日下午，邓小平结束在深圳的视察，之后又赶到珠海。

过了两天，当深圳人得知邓小平在珠海专门为珠海特区题词时，他们恍然大悟。是啊，深圳这几年究竟怎么样？外面的风声雨声一直不断。今天，改革开放的总设计师邓小平亲自到深圳视察过了，能不能也请他给深圳题个词，打个“分”，看“及格，不及格”？这既是深圳人的渴望，也是全国人民的需要。

于是，深圳市领导经过商量，决定委派市接待处处长张荣赶往广州，请邓小平题词。

张荣 1 月 29 日夜接受任务，30 日一早到达广州。他通过有关方面将深圳人的请求向邓小平汇报了。当时邓小平想回北京再题，但也没有把话说死。张荣看有希望，就在那儿等“机会”。

第二天，即 1 月 31 日，深圳人继续在焦急地盼望着……

到了 2 月 1 日农历大年三十这天，早饭后，邓小平照例在广州珠岛宾馆内小花园散步。但是，他好像在思索、琢磨着什么……

还是家人最理解他的心思。邓小平散步回来，看见女儿邓楠等已将笔墨纸砚铺放在大厅的方桌上。邓小平先在大厅的沙发上坐下来，喝了口茶，问在场的张荣：“题什么？”

此刻，张荣非常激动，一边急忙从公文包内取出几张草拟好的题词稿递给邓小平，一边说：“随首长吧，首长题什么，我们都一样高兴。”

邓小平略略看了看草拟的题词稿，就把它推到一边。而后站起来，走到桌前，拿起笔，在砚台上蘸了蘸，目光在纸上谋划了一下书写的布局，又将毛笔沉浸在墨池内，饱蘸浓墨，在纸上一字一字地题写——

“深圳的发展和经验证明，我们建立经济特区的政策是正确的。邓小平。一九八四年一月二十六日。”

题词这天本是2月1日，邓小平却将日期写在他离开深圳的1月26日，这是为什么呢？显然，邓小平题词的内容是他在深圳经过两天全面深入调查考察后得出的结论。下这个结论，是他几天来深思熟虑的结果。

回到北京，邓小平又发出了振聋发聩的声音：我们建立经济特区，实行开放的政策，有个指导思想要明确，就是不是收，而是放。邓小平建议：除现在的特区之外，可以考虑再开放几个港口城市，如大连、青岛。这些地方不叫特区，但可以实行特区的某些政策。

邓小平的第一次特区之行，给“经济特区该不该办”的争议，画上了一个句号。同时，对特区更快的建设和发展起了十分重要的推动作用：对外开放的步子加大了！

从1980年至2000年，经济特区的成就是辉煌的。特别是作为中国改革开放的窗口标志，深圳特区在20年间国内生产总值年均递增31.2%。这是一个令世界惊叹的奇迹。可以这样说，创办经济特区，是我们党和国家的一个重大决策，也是邓小平亲自倡导、设计并始终关注和支持的一项崭新事业。

经济特区在全国的改革和建设中发挥了十分重要的作用，为探索有中国特色社会主义的现代化建设道路，积累了新鲜经验，在我国各地区共同发展的历史进程中发挥了重要的示范、辐射和带动作用，在完成祖国统一大业的历史进程中对香港、澳门的顺利回归并保持繁荣稳定发挥了重要的促进作用。（撰文：秦功）

2001年：中国申奥成功——申奥成功了却邓小平夙愿

1985年11月27日，邓小平会见一位外国客人时说："我们准备申请举办2000年奥运会，就是花十几年的时间准备，结合起来发展我们的旅游事业。"邓小平成为我们党和国家领导人中第一个提出申奥的领导人。

2001年7月13日，莫斯科，北京时间22时10分。国际奥委会第112次全体会议投票表决，北京获得2008年第二十九届奥运会主办权，中国人的"申奥梦"终于实现了。

中国的申奥之路，凝聚着邓小平的心血，正是由于他的倡导和推动，才使奥运会来到了中国。

把中国排除在国际组织之外，是不平等的

新中国成立后的1952年，中国代表团派出运动员，参加了在芬兰首都赫尔辛基举办的第十五届奥运会。但之后，由于政治的原因，我国曾一度被排斥在国际奥委会之外。

1974年，邓小平恢复工作以后分管体育。在这一年的全国体委主任会议上，他提出了要恢复我国在国际体育组织合法席位的问题。他还严肃指出，中华人民共和国是中国唯一合法代表，真理在我们这一边，在国际体育组织中，包括国际奥委会，把中国这样一个大国排除在外，这样对待中国是不平等的。

1979年10月，国际奥委会确认中国奥委会为中国全国性的奥委会，恢复了中国在国际奥委会的合法地位。据原国家体委主任伍绍祖回忆说，邓小平当时就有了中国要申办奥运会的想法。"不过，当时中国的条件实在是不行，无法申办……小平同志希望申办奥运，是从国家、从全局的角

度来考虑的。”

此后，伴随着改革开放，经济腾飞的脚步，中国的体育事业开始腾飞。邓小平又亲笔题词，鼓励运动员“提高水平，为国争光”。不久，我国的竞技体育“冲出亚洲，走向世界”。特别是1984年，当中国运动员许海峰在洛杉矶奥运会上实现金牌零的突破时，邓小平兴奋不已。

看看到底是中国的月亮圆，还是外国的月亮圆

1985年11月27日，邓小平在同来访的朝鲜劳动党中央委员会总书记、国家主席金日成举行会谈时说：“我们准备申请举办2000年奥运会，就是花十几年的时间准备，结合起来发展我们的旅游事业。”邓小平成为我们党和国家领导人中第一个提出申奥的领导人。

5年后，1990年7月3日上午，在北京亚运会筹备最紧张的日子，86岁高龄的邓小平来到刚刚为亚运会建好的国家奥林匹克体育中心，此前他亲笔题写了中心的馆名。他对在场的国家体委主任伍绍祖和北京市副市长张百发说：“我这次看亚运会体育设施，就是来看看到底是中国的月亮圆，还是外国的月亮圆。看来中国的月亮也是圆的，比外国圆。现在有些青年人总以为外国的月亮圆，对他们要进行教育。”

在听汇报的时候，邓小平突然问：“你们打算什么时候申办奥运会啊？”当时，伍绍祖等赶紧把这些话记录下来，之后向中央有关方面做了汇报。

这次视察，邓小平特意戴着一顶印有中国国旗和奥运五环标志的帽子，给人们留下了深刻的印象。这顶帽子，他戴了很久。

从那一刻起，邓小平申办奥运的愿望就化作所有中华儿女的理想和目标。在当年亚运会的闭幕式上，观众席上打出了“亚运成功，众盼奥运”的横幅。

然而，3年后，1993年9月，北京在蒙特卡洛仅以两票之差申奥失利。这年的10月1日，邓小平对国家体委负责人说：“申办不成，没有关系，

总结经验。”4年后，他带着遗憾离去了；又过了4年，中国终于申奥成功。

终生不变的体育情结

回望邓小平的一生，人们发现，邓小平有着那么深的体育情结。

1977年7月邓小平第三次复出的时候，他的公开亮相选择在足球比赛的看台上。就连谈到自己“三落三起”的政治生涯，邓小平用的都是体育术语。他曾风趣地说：如果给政治上东山再起的人设立奥林匹克奖的话，我有希望获得该奖的金牌。

看足球比赛，是邓小平毕生的爱好。早年他在法国勤工俭学时，为了看一场奥运会的精彩足球比赛，他把一件外衣当了五法郎，买了一张最便宜的门票。多少年后，他仍然记得那场比赛的冠军是乌拉圭队。邓小平不仅爱看足球比赛，也十分关注中国足球的发展。他提出，中国足球运动要搞上去，要从娃娃、从少年抓起。

电视上的体育节目，邓小平也是百看不厌。如果中国运动员赢了，他就高兴地拍手，还对身边的人说：“快鼓掌啊！鼓励鼓励。”如果是体操、跳水这样的项目，他会一边看一边和场上的裁判一起打分。不过，他给中国选手打的分，总是偏高，尤其是对年轻选手。

打桥牌

游泳和打桥牌是邓小平身体力行的终身爱好。他常说：“我能游泳，说明我身体还行；我能打桥牌，说明我脑子还行。”“唯独打桥牌的时候，我才什么都不想，专注在牌上，头脑能充分地休息。”有时，他操着带有音乐感的四川话说：“打牌要和高手打嘛，输也有味道！”

1992年夏天，邓小平已经88岁了。根据他的身体状况，医疗小组决定不让

“小平式”保健操

他下海了。他就坐在岸边看着孩子们游泳。每天早晨起来，他就问：今天天气怎么样？风力多大？海浪大不大？身旁的人知道他的心思，就去请示医生，经过研究，终于同意他下海了。他很高兴。护士婉转地对他说：“今天下海咱们表现好一点儿，少游一会儿，明天就还能批准咱们再游。好吗？”邓小平却说：“好不容易下去一趟，我才不呢！”这一年，他一共下海 8 次，每次大约 45 分钟。这是他一生最后在大海中游泳。

邓小平打牌特别认真。一次，我国围棋大师聂卫平陪邓小平、万里等人一起打桥牌。邓小平和聂卫平搭档。当聂卫平看到对方输得一败涂地时，就想放一马。结果，一手好牌因为聂卫平的“放水”而连跌六墩。邓小平看在眼里，心中很不高兴。事后，他还特地给聂卫平的妻子打电话说，你先生是围棋大师，可绝不是桥牌大师哦。

退休以后，邓小平自己创造了一种“小平式”的保健操，编排得很科学，从头、颈、上身、腰腿直至脚，依次活动。抬腿，弯腰，伸胳膊，都是些最简单的动作，但是他做起来却是十分认真。89 岁时，他还双手叉腰单腿轮流跳，并在医护人员协助下，坚持做下蹲运动。当他的生命平静地进入耄耋之年时，仍然是那样精神抖擞。

邓小平还喜欢散步。1959 年，他的腿骨折了，为了锻炼恢复腿的功能，他每天坚持散步，几十年如一日，从不间断。他散步时不说话，目不斜视，有一种勇往直前的军人气概。

邓小平不仅关注竞技体育的发展，也关心群众性体育活动，他曾多次指示要加强体育工作，他说，我们不做“东亚病夫”，要做“东亚强人”。“体育运动搞得好不好，影响太大了，是一个国家经济、文明的表现。它鼓舞了这么多人，吸引了这么多观众、听众，要把体育搞起来。”

伟人已逝，但他的业绩不朽，他留给我们的体育文化遗产永存。（撰文：张章）

2002年：南方谈话10周年——南方谈话　发展进入快车道

1992年1月19日，邓小平第二次来到深圳。一路风尘仆仆，大家都劝他好好休息，邓小平却毫无倦意，兴奋地说：“到了深圳，我坐不住啊！”他乘车观光市容，感慨地说：8年过去了，这次来看，深圳发展得这么快，我没有想到。不搞改革开放，现代化不知要等到哪一年才能实现。

2007年春，是邓小平发表著名的南方谈话15周年。而5年前的2002年春，人们曾举行大规模的纪念邓小平南方谈话10周年的活动。1992年早春，88岁高龄的邓小平，以洞察历史、把握未来的气魄和胆识，迈出了视察南方的步伐。从此，中国经济社会的发展驶入了新的快车道。

1992年2月10日，邓小平视察中外合资的上海贝岭微电子制造有限公司

发展才是硬道理

1992年1月17日，农历腊月十三。一列火车从北京站悄悄开出，向着南方奔驰而去。当时，恐怕谁也不会料到，这趟专列的南方之行将会载入史册。

后来，人们谈到这次邓小平视察南方的背景时，用得最多的词就是“国际国内政治形势的严峻关头”、“我国改革开放的关键时刻”。那么，当时的形势究竟有多严峻、多关键？

刚刚过去的1991年，是国际形势错综复杂、风云变幻莫测的一年：海湾战争的战火刚刚熄灭，南斯拉夫内战接着爆发；东欧剧变后尚在动荡，苏联在剧变中迅速解体；美苏两极体系彻底瓦解，世界力量对比失衡；南北差距进一步扩大……

与动荡的世界相比，中国的稳定则为海内外所称道。我国战胜了特大洪灾，农业生产夺得了历史上第二个大丰收；中国人民继20世纪80年代解决温饱问题之后，又在向着小康的目标迈出了坚实的一步；历时3年的治理整顿宣告结束，改革开放将迈出新的步伐……

1月18日上午，专列抵达武昌。在武昌车站停留的短短20分钟，邓小平一边在站台上散步，一边同湖北省委负责同志交谈。他在谈话中一针见血地批评了“左”的言论和表现，也留下了后来人们耳熟能详的那些精彩话语：右可以葬送社会主义，“左”也可以葬送社会主义。中国要警惕右，但主要是防止“左”。发展才是硬道理。不坚持社会主义，不改革开放，不发展经济，不改善人民生活，只能是死路一条。办事情正确与否，主要看是否有利于发展社会主义社会的生产力，是否有利于增强社会主义国家的综合国力，是否有利于提高人民的生活水平。中国的事情关键在人，关键在党……

18日下午，专列抵达长沙。在这里，邓小平在同湖南省委负责人谈话中强调：“要抓住机遇，现在就是好机遇。改革开放的胆子要大一点，经济发展要快一些，总要力争几年上一个台阶。”

深圳的重要经验就是敢闯

1月19日上午，专列抵达深圳火车站。这是邓小平第二次到深圳，距上次1984年他来这里，已经是8年的时间。一路风尘仆仆，大家都劝邓小平好好休息。邓小平却毫无倦意，兴奋地说："到了深圳，我坐不住啊！"于是他乘车去观光市容。他感慨地说：8年过去了，这次来看，深圳发展得这么快，我没有想到。不搞改革开放，现代化不知要等到哪一年才能实现。

20日上午，邓小平来到深圳国贸大厦，登上大厦五十三层，俯瞰深圳市容。他在观看深圳经济特区总体规划图，听取关于深圳改革开放和经济建设的情况汇报后发表谈话，指出，苏联东欧的变化，说明我们只能走社会主义道路。中国不能乱。中国如果一乱，便是一片灾难。我们到20世纪末达到小康，有了这一步，再赶上中等发达国家水平，才有希望。我们时间不多呀！世界市场也很紧，不容易竞争。要夹着尾巴做人。

22日下午，邓小平接见深圳市五大班子负责人并发表谈话。他说，改革开放胆子要大一些，敢于试验，不能像小脚女人一样。看准了的，就大胆地试，大胆地闯。深圳的重要经验就是敢闯。没有一点闯的精神，没有一点"冒"的精神，没有一股气啊、劲啊，就走不出一条好路，走不出一条新路，就干不出新的事业。社会主义的本质，是解放生产力，发展生产力，消灭剥削，消除两极分化，最终达到共同富裕。证券、股市，这些东西究竟好不好，有没有危险，是不是资本主义独有的东西，社会主义能不能用？允许看，但要坚决地试。看对了，搞一两年对了，放开；错了，纠正，关了就是了。关，也可以快关，也可以慢关，也可以留一点尾巴。怕什么，坚持这种态度就不要紧，就不会犯大错误。

胆子要大一点，步子再快一点

1月23日上午，邓小平从蛇口港码头乘海关快艇前往珠海。当快艇接近珠海市九洲港时，邓小平站起来，望着窗外烟波浩渺的伶仃洋说，我们改革开放的成功，不是靠本本，而是靠实践，靠实事求是。实践是检验真理的唯一标准。我就是相信毛主席讲的实事求是。过去我们打仗靠这个，现在搞建设、搞改革也靠这个。我们讲了一辈子马克思主义，其实，马克思主义并不玄奥。马克思主义是很朴实的东西，很朴实的道理。

1992 年，在珠海视察时，邓小平同志说："发展才是硬道理。"

第二天上午，邓小平视察珠海生物化学制药厂。在参观该厂的实验室和生产车间时，他说，我们应该有自己的拳头产品，创出中国自己的名牌，否则就要受人欺负。这就要靠我们的科学工作者出把力，这样才能摆脱被人欺负的局面。在科学技术方面，中国要有一席之地。中国应该每年有新的东西，每一天都有新的东西，这样才能占领阵地。

25 日上午，邓小平来到珠海市高新技术企业亚洲仿真控制系统工程有限公司参观。邓小平说，当年钱学森搞导弹的时候，给他 100 个高中生，就这样带出来了。现在这个公司大专以上的科技人员就有 100 人，学历比那时高多了。今天我们看到那么多年轻的科技工作者，有希望啊！从中国出去的科学工作者，有很多人很想念祖国，这很好啊！要把他们吸引回来。随后，邓小平来到拱北地区的芳园大厦，乘电梯上到 29 层的旋转餐厅，他一边观赏窗外的拱北新貌和澳门风光，一边同广东省委负责人交谈。他说，这 10 年真干了不少事。我国发展这么快，使人民高兴，世界瞩目。

这就足以证明三中全会以来路线、方针、政策的正确性，谁想变也变不了。谁反对改革开放谁就垮台。

29日下午，邓小平乘汽车前往广州。中途在顺德县容奇开发区停留，视察了以容声冰箱闻名遐迩的广东珠江冰箱厂。在这里，他强调，我们国家一定要发展，不发展就会受人欺负，发展才是硬道理。

30日下午，邓小平乘坐的专列从广州出发，沿浙赣线从湖南进入江西鹰潭车站。在这里，他在同江西省负责人谈话时说，改革从农村起步，刚开始时有些同志想不通，存有疑虑，有的人还害怕是资本主义。但我们既不给他们戴帽子，也不搞批判，做出成绩让他们看。后来认识逐步统一了，几年就都执行了。那时安徽有一个搞“傻子瓜子”的，收入上百万元，许多人反应强烈，主张动他。我说动不得。这不是一个人的问题，涉及一个面，牵一发而动全身。所以，改革开放政策要稳定，不能变。邓小平语重心长地强调，稳定发展我赞成。但是，只要能快一点还是要争取快一点。胆子要更大一点，放得更开一点。不能胆子没有了，雄心壮志也没有了。有机遇能跳还是要跳。

这是上海最后一次机会

1月31日，邓小平专列抵达上海。

2月8日晚，邓小平乘游船游览黄浦江，观看上海夜景。他对陪同的上海市委书记吴邦国、市长黄菊等人说，21世纪是年轻人的。干部要年轻化，用人也要解放思想，胆子要大一点。人无完人，年轻人有这样那样的缺点，老同志就没缺点？老同志也是这样走过来的。要提拔一批年轻人，这样才能后继有人。

12日上午，邓小平视察上海闵行开发区和上海县马桥乡旗忠村。在视察时指出：到20世纪末，上海浦东和深圳要回答一个问题，姓“社”不姓“资”，两个地方都要做标兵。要回答改革开放有利于社会主义，不利于资本主义。这是个大原则。要用实践来回答。农村改革是一大创举。家庭联产承包责任制的问题是用实践来回答的，城市改革的问题也要用实践来回答。实践这个标准最硬，它不会作假。要用上百上千的事实来回答改革开放姓“社”不姓“资”，有利于社会主义，不利于资本主义。上海要回答这个问题，要靠大家努力。

17日下午，邓小平听取吴邦国、黄菊关于浦东开发和发展规划的汇报，并审看浦东新区规划图。他说，浦东开发晚了，这是我的失误。当时建四个经济特区主要是从地理上、外资情况上考虑，没有考虑到人的因素。上海人聪明，但让你们失去了一次机遇。接着，邓小平又语重心长地告诫说，90年代的机遇不能再错过，这是你们上海最后一次机遇。现在浦东的开发是只能进、不能退，而且也没有退路。浦东开发是晚了，这是件坏事，但也是好事，你们可以借鉴广东的经验，可以搞得好一点，搞得现代化一点，起点高一点，后来居上，我相信这一点。到1995年，浦东就会有大的变化，我还可以看得到。

20日，邓小平乘专列离开上海。途经南京、蚌埠时做短暂停留。在南京火车站同江苏省负责人谈话时说，要抓住时机，把经济搞上去，步子可以快一点。我现在就怕丧失时机。

21日，邓小平乘火车回到北京。

邓小平南方谈话后，我国改革开放和现代化建设事业进入了一个新的阶段。

今天，当我们再一次回味邓小平这篇对党和人民所做的一次全面的政治嘱托和庄严的政治交代，我们体会更深的是一位政治领袖面对困境时所表现出来的不畏传统、无惧改变的胸怀和境界：他敢说前人没有说过的话，敢做前人没有做过的事，敢走前人没有走过的路。今天中国社会发生的巨大变化，无不与南方谈话相关。也正因为如此，他的影响一直延续到了今天。（撰文：黎伟）

2003年:“神舟五号”发射成功——“神舟五号”圆了国人飞天梦

1978年3月，全国科学大会召开。在开幕会上，邓小平重申“科学技术是生产力”这个马克思主义的基本观点，发出了“树雄心，立大志，向科学技术现代化进军”的号召。在一个宴会上，邓小平还风趣地说:“希望大家一定要抓好科技和教育工作，我愿意当好大家的后勤部长。”

2003年10月15日9时9分50秒，我国自行研制的第一艘载人飞船“神舟五号”发射升空。大约21个小时后，即16日6时23分，“神舟五号”飞船在环绕地球14圈之后，成功着陆。这标志着我国首次载人航天飞行获得圆满成功。从此，中国成为世界上第三个独立掌握载人航天飞行技术的国家。

如果说人类的航天史是一部伟大的激动人心的史诗，那么在这部伟大的史诗中，中国书写了辉煌壮丽的篇章;在我国载人航天这部伟大的史诗中，邓小平的名字，占据着重要的一页。可以这样说，正是在邓小平的直接推动下，我国载人航天技术才有了令世界瞩目的巨大成就。

我愿意当你们的后勤部长

1977年5月，邓小平还没有复出，就在一次谈话中说，我们同国外的科技水平比，在很多方面差距拉大了，要赶上很费劲。我们要努力赶，你不赶，距离就更大了，人家是一日千里。世界发达国家都注意最新的科学成果。据说他们政府头头每天办公桌上都放一张每日科技新闻。邓小平还提出:要花高价把世界上最新的资料买到手。要着手搞科学技术发展的长远规划。

1978年3月，中共中央、国务院召开全国科学大会。在有6000人参加的开幕会上，邓小平做了重要讲话，他重申“科学技术是生产力”这个马克思主义的基本观点，发出了“树雄心，立大志，向科学技术现代化进军”的号召。这次科学大会，被誉为中国“迎来了又一个科学的春天”。就在这次大会期间的一个宴会上，邓小平风趣地说：“希望大家一定要抓好科技和教育工作，我愿意当好大家的后勤部长。”

事实上，邓小平说要当“后勤部长”是有渊源的。早在1956年，我国刚刚成立一个导弹研究院。他当时就说，你们好好干，干好了，功劳是你们的，出了问题，由总书记负责（当时邓小平任中共中央总书记）。后来，邓小平还曾跟叶剑英讲，作为行政领导，一定要和科技知识分子交朋友，要老老实实地做好科技知识分子的后勤兵，要甘当后勤兵，要为他们服务好。

“863计划”宜速做决断

1986年3月3日，王大珩、王淦昌、杨嘉墀、陈芳允四位科学家联合写了一个《关于跟踪研究外国战略性高技术发展的建议》，呈送给邓小平。

3月5日，这份材料到了邓小平的手上。今天，我们无法准确描述邓小平当时看到后的具体心情，但事后的种种迹象表明，邓小平看完后，心情十分高兴。就在当天——1986年3月5日——也许是深夜，也许是清晨，这位老人便激动地拿起笔，在这封信上做了批示：“这个建议十分重要，请找专家和有关负责同志，提出意见，以凭决策。此事宜速做出决断，不可拖延。”

邓小平批示后的第三天，国务院便召集有关方面负责人，对王大珩等四位科学家的建议进行了充分的讨论。会议最后决定，由国家科委主任宋健和国防科工委主任丁衡高负责组织论证我国高技术发展计划的具体事宜。

4月，全国200多名科学家云集北京，讨论制定《国家高技术研究发展计划纲要》（以下简称《纲要》）。8月，国务院常务会议通过了这个《纲要》。邓小平看了《纲要》后，十分高兴，当即批示道：我建议，可以这样定下来，立即组织实施。1986年10月，中共中央政治局专门召开扩大会议，批准了《国家高技术研究发展计划纲要》，并正式做出决定：拨款100

亿元!

由于四位科学家写信的时间和邓小平批示的时间都是1986年3月，故这个涉及生物、航天、信息等领域的高技术发展计划，被称为“863计划”。

1988年9月5日，邓小平会见捷克斯洛伐克总统胡萨克，两人就科技等问题谈得十分热烈。共进午餐时，邓小平仍意犹未尽，他对胡萨克说：“马克思说过，科学技术是生产力，事实证明这话讲得很对。依我看，科学技术是第一生产力。”几天后，邓小平再一次谈到了“科学技术是第一生产力”这个观点。后来的事实证明，这一崭新理论的提出，第一次揭示了科学技术在当代生产力诸要素中所处的第一位作用。

我家里有许多这样的模型

邓小平曾对来访的诺贝尔奖获得者、著名科学家李政道说过，对于科学，我是外行，但我是热心科学的。

1988年10月16日凌晨，中国第一台高能粒子加速器——北京正负电子对撞机首次对撞成功。24日，为了祝贺中国在高科技领域取得的这一重大突破性成就，邓小平来到了北京正负电子对撞机国家实验室。那一天，84岁的老人兴致勃勃，在登记簿上签完字后，工作人员给每一个参观者一个小纪念品，别人拿到盒子就收起来了，邓小平却好奇地打开盒子，看看里面是什么东西。看到里面是画家吴作人画的题为“对撞”的一幅画，他非常高兴。

参观结束后，邓小平做了一段即席讲话。他没有更多的开场白，而是先讲了一个故事——我有一位欧洲朋友，是位科学家，向我提了一个问题：“你们目前经济并不发达，为什么要搞这个东西？”我就回答他，这是从长远发展的利益着眼，不能只看到眼前。

故事讲完后，邓小平意味深长地说，世界上一些国家都在制订高科技发展计划，中国也制订了高科技发展计划。下一个世纪是高科技发展的世纪。过去也好，今天也好，将来也好，中国必须发展自己的高科技，在世界高科技领域占有一席之地。这些东西反映一个民族的能力，也是一个民

邓小平视察上海航天局新中华机器厂，观看火箭模型

族、一个国家兴旺发达的标志。

1991 年 2 月 13 日，邓小平来到上海航天局运载火箭总装厂。这是他继 1959 年视察我国自行设计、制造的首枚试验型液体探空火箭后，第二次亲临上海航天基地视察。

视察的那天，正好是小年夜，天空中飘着细雨。邓小平参观了“长征四号”火箭合练弹、“风云一号”气象卫星模型等航天产品。他一边听着航天专家的介绍，一边饶有兴致地发问。当他听到“长征四号”运载火箭连续发射成功的时候，异常兴奋地说，箭箭成功，办到了，了不起，世界上没有。后来，上海航天局运载火箭总装厂参与了“神舟五号”的工程。

临走时，航天局的同志送给邓小平一个“长征四号”的模型，邓小平笑着说：“我家里有许多这样的模型。”这个模型后来放在了邓小平办公室的书柜里。

至今，在邓小平当年简朴的客厅墙壁正中央，仍挂着一幅“长征二号”捆绑式火箭载着卫星拔地腾空的壮观图片。

就在这位老人离开我们 6 年后，“长征二号”F 型运载火箭，将“神舟五号”载人飞船送上了太空。此后的2005年10月12日，“神舟六号”飞船载着中国两名航天员再次飞上太空，并在遨游太空5天、完成一系列太空实验后安全返回地面，中国的载人航天事业又向前迈进了一大步。许多像载人航天飞行这样的高科技，不仅提高了我国的国际声望，也改变着我们的生活。目前，我国仅在空间技术方面，就有1800项成果运用于电视转播、纺织、石油、交通运输、医疗等国计民生行业。

盘点着科技进步带给我们的诸多福祉，享受着高科技文明带给我们的幸福生活，我们更加感念邓小平。（撰文：周石）

2004年：党内首部监督条例颁布——反对腐败　加速走向制度化

邓小平指出，自实行对外开放和对内搞活经济两个政策以来，不过一两年的时间，就有相当多的干部被腐蚀了。卷入经济犯罪活动的人不是小量的，而是大量的。犯罪的严重情况不是过去“三反”、“五反”时能比的。那时，贪污一千元以上的是“小老虎”，一万元以上的是“大老虎”，现在一抓就往往是很大的“老虎”。经济建设这一手我们搞得相当有成绩，形势喜人，这是我们国家的成功。但风气如果坏下去，经济搞成功又有什么意义？会在另一方面变质，反过来影响整个经济变质，发展下去会形成贪污、盗窃、贿赂横行的世界。

2004年2月17日，中国共产党建党82年、执政54年以来的第一部党内监督条例——《中国共产党党内监督条例（试行）》正式颁布施行。这是党内监督工作进入规范化、制度化新阶段的一个标志，也是邓小平反腐败思想在实践中得到继承和发扬的重要表现。

在中国谁有资格犯大错误？

邓小平非常重视反腐败，他提出“党要受监督，党员要受监督”。1957

年，邓小平进一步阐述了“党要受监督，党员要受监督”的重要性。他说：“在中国来说，谁有资格犯大错误？就是中国共产党。犯了错误影响也最大……如果我们不受监督，不注意扩大党和国家的民主生活，就一定要脱离群众，犯大错误。”

邓小平说，我们自从实行对外开放和对内搞活经济两个方面的政策以来，不过一两年时间，就有相当多的干部被腐蚀了。卷进经济犯罪活动的人不是小量的，而是大量的。犯罪的严重情况，不是过去“三反”、“五反”那个时候能比的。那个时候，贪污一千元以上的是“小老虎”，一万元以上的是“大老虎”，现在一抓就往往是很大的“老虎”。经济建设这一手我们搞得相当有成绩，形势喜人，这是我们国家的成功。但风气如果坏下去，经济搞成功又有什么意义？会在另一方面变质，反过来影响整个经济变质，发展下去会形成贪污、盗窃、贿赂横行的世界。

各地举办“警示教育学习班”，干部们认真学习《中国共产党党内监督条例（试行）》

为使广大党员干部提高拒腐防变的能力，邓小平号召共产党员要坚持和发扬党的优良作风，保持艰苦奋斗的优良传统。他说：“在经济得到可喜发展、人民生活水平得到改善的情况下，要告诉人民，包括共产党员在内，应该保持艰苦奋斗的传统。坚持这个传统，才能抗住腐败现象。”“我们的国家越发展，越要抓艰苦创业。提倡艰苦创业精神，也有助于克服腐败现象。”

反腐败还是靠法制

如何在改革开放的新形势下开展反腐败斗争，是邓小平始终关注和思考的一个重要问题。他提出在整个改革开放过程中要始终坚持“两手抓，两手都要硬”的方针。他说：“我们要有两手，一手就是要坚持对外开放和对内搞活的政策，一手就是打击经济犯罪活动。”“一手抓改革开放，一手抓惩治腐败。”

1980 年 8 月，邓小平在《党和国家领导制度的改革》讲话中指出：“旧中国留给我们的，封建专制传统比较多，民主法制传统很少。解放以后，我们也没有自觉地、系统地建立保障人民民主权利的各项制度，法制很不完备，也很不受重视，特权现象有时受到限制、批评和打击，有时又重新滋长。克服特权现象，要解决思想问题，也要解决制度问题。”

邓小平强调要抓紧对大案要案的查处，严惩腐败分子。他说：“本来我们就是要反对腐败的。对腐败的现象我也很不满意啊！反对腐败，几年来我一直在讲，你们也多次听到我讲过，我还经常查我家里有没有违法乱纪的事。腐败的事情，一抓就能抓到重要的案件，就是我们往往下不了手。这就会丧失人心，使人们以为我们在包庇腐败。这个关我们必须过，要兑现……一定要取信于民。”他还强调：“越是高级干部的子弟，越是高级干部，越是名人，他们的违法案件越要抓紧查处，抓住典型，效果也大。”

1985 年 10 月，邓小平在谈到如何解决少数人贪污、腐化和滥用权力的现象问题时，指出：“我们主要通过两个手段来解决，一个是教育，一个是法律。”1992 年，他再次强调：“在整个改革开放过程中都要反对腐败。对干部和共产党员来说，廉政建设要作为大事来抓。还是要靠法制，搞法制靠得住些。”

扎扎实实做几件事情，体现出我们是真正反腐败

当 1989 年政治风波后，党的威信、党的形象，乃至党的执政都受到比较严峻的挑战时，邓小平就曾反复向新的中央领导集体提出：“要扎扎实

实做几件事情，体现出我们是真正反腐败，不是假的。”“要做几件让群众满意的事情。主要是两个方面，一个是更大胆地改革开放，另一个是抓紧惩治腐败。”

1990 年 3 月，党的十三届六中全会通过的《关于加强党和人民群众联系的决定》明确提出，要制定一部《党内监督条例》。我们党经过十多年的理论和实践的探索，积累了丰富的经验，终于颁布了《中国共产党党内监督条例（试行）》（以下简称《条例》）。《条例》明确规定，党内监督的重点是各级领导机关和领导干部，特别是作为一把手的各级领导班子主要负责人。

以 2004 年为标志，我国的反腐败斗争在战略上出现了“三个转向”，即由被动防御为主转向主动进攻为主；由权力反腐为主转向制度反腐为主；由事后监督为主转向事前监督为主。（撰文：辛健）

2005 年：百万大裁军 20 周年——裁军百万　中国走上精兵路

1984 年 11 月 1 日，在国庆 35 周年阅兵一个月之后，在中央军委座谈会上，邓小平表达了一个惊人的决心：大裁军。他说，这次阅兵，国内外反应很好。要说有个缺陷，就是 80 岁的人来检阅部队，本身就是个缺陷。裁军是个得罪人的事，还是我来得罪吧，不把矛盾交给新的中央军委主席。

1985 年由邓小平领导的百万裁军，不仅使人民军队在精兵、装备、合成和效能上达到了一个新水平，而且推动了整个世界的和平进程。

更令人振奋的是，与裁军同时进行的人才战略、信息化建设、装备现代化建设等重大措施，使中国军队的战斗力没有因裁减员额而减弱，反而变得越来越强，向着具有中国特色的现代化、正规化军队的目标奋进。

裁军是个得罪人的事

1981年，77岁的邓小平出任中央军委主席，成为人民军队的最高统帅。

同年9月，在观看人民解放军在华北某地举行的军事演习后，邓小平发表重要讲话："我们一定要在国民经济不断发展的基础上，改善武器装备，加速国防现代化。"

邓小平认为，在国家经济困难的条件下，军队只能走精兵之路。通过体制改革，精简编制，实行"消肿"以节省开支用于现代化装备。

精简整编沿袭几十年的中国军队体制，谈何容易。新中国成立后，人民解放军总员额由550万整编至400万。然而，这次整编由于抗美援朝战争爆发而中断。20世纪60年代，为应付美、苏两个超级大国可能对中国发动的侵略战争，解放军逐步扩大军队规模，到70年代，总员额增加到610万左右，成为世界上最庞大的军队。

1975年，邓小平在领导军队整顿工作的过程中，就曾一针见血地指出，军队问题的解决要从"消肿"切入。从1981年到1984年，办事一向果敢利落的邓小平顶住各方面的压力，精减掉了200多万员额。但是，400万的军队规模，依然使中国不堪重负。

为什么人民军队的编制和员额几经缩减，效果却不尽如人意？其最大的障碍在于长期形成的"战争不可避免"的陈旧观念。

作为最高统帅，邓小平纵观全局、审时度势，对国际形势做出了科学分析，修正了延续多年的战争迫在眉睫的判断，果敢地提出，和平与发展是当今世界的两大主题，世界大战可以避免或延缓。

1984年11月1日，在国庆35周年阅兵一个月之后，在中央军委座谈会上，邓小平表达了一个惊人的决心：大裁军。他说，这次阅兵，国内外反应很好。要说有个缺陷，就是80岁的人来检阅部队，本身就是个缺陷。裁军是个得罪人的事，还是我来得罪吧，不把矛盾交给新的中央军委主席。

1985 年成为中国的裁军年

1985 年 6 月 4 日，邓小平在中央军委扩大会议上宣布：人民解放军裁减员额 100 万。他说："我们下这样大的决心，把中国人民解放军的员额减少 100 万，这是中国共产党、中国政府和中国人民有力量、有信心的表现。它表明，拥有 10 亿人口的中华人民共和国，愿意并且用自己的实际行动对维护世界和平做出贡献。减少 100 万，实际上并没有削弱军队的战斗力，而是增强了军队的战斗力。即使国际形势恶化，这个裁减也是必要的，而且更加必要。"

邓小平还说："大家很关心军队的建设，关心军队装备的现代化，这个问题也涉及大局。四个现代化，其中就有一个国防现代化。如果不国防现代化，那岂不是只有三个现代化了？但是，四化总得有先有后。军队装备真正现代化，只有国民经济建立了比较好的基础才有可能。所以，我们要忍耐几年。我看到 20 世纪末我们肯定会超过翻两番的目标，到那时候，我们的经济力量强了，就可以拿出比较多的钱来更新装备。可以从外国买，更要立足于自己搞科学研究，自己设计出好的飞机、好的海军装备和陆军装备。先把经济搞上去，一切都好办。现在就是要硬着头皮把经济搞上去，就这么一个大局，一切都要服从这个大局。"

于是，1985 年便成为中国的裁军年。

这一年，中央军委所属的总参谋部、总政治部、总后勤部的机关人员精减了近一半；原有的 11 个大军区精简合并成 7 个；减少军级以上单位 31 个；撤销师、团级单位 4054 个；县、市人民武装部不再归军分区管辖，改为地方建制，干部战士退出现役；军队内部管理的 76 种干部职务改由战士担任，官兵比例达到 1∶3.3。

当 1986 年"国际和平年"到来的时候，中国已经从总体上完成了裁军百万的战略性行动。到 1987 年，这一世界上少有的百万大裁军顺利地完成。

百万大裁军这一重大决策，不仅有利于促进我国的四化建设和军队的现代化建设，而且对于维护世界和平也具有十分重要的意义，它以实际行动表明了中国共产党和中国政府对和平的诚意，受到了世界舆论的普遍赞扬。

几年后，世界各国政治家在谈到中国共产党和中国政府的这一举措时，仍赞不绝口。

巴西前总统萨尔内说，我认为邓小平是一位时代的伟人，是为了世界和平奋斗的重要人物之一。人类希望世界和平稳定，中国是一个为之奋斗的国家。无论从中国的立场还是世界的立场出发，邓小平为世界和平与安全做出了贡献。

“慈不掌军”和“不握手会议”

邓小平从事过很多工作，但他却说，我不过是一个老兵而已。就我个人来说，我真正的本行是打仗。不过，我没有军衔。

在部下将领们的回忆中，战争年代的邓政委，不怒自威、治军严厉是出了名的。邓小平自己也深信“慈不掌军”这个道理。在他当年战斗过的大别山区的黄冈县，不少上了年纪的人还记得这样一件事：一次，邓小平在黄冈县的一条街上，发现一个军人刺刀上挂着一捆花布、一捆粉条，马上派人调查，果然来路不正。此人是一个副连长，立过战功。邓小平经过反复权衡，最后决定必须严肃军纪，枪毙了这个违纪的副连长。

邓小平带兵时，喜欢开“不握手会议”，哪怕是部队打了胜仗，如果出现了骄傲自满的情绪，纪律露出了松懈的苗头，他开会时绝不同手下的纵队司令员们握手。

时代变迁。战争年代里，邓小平带出的是威武之师。和平年代里，邓小平带出的是精锐之师。

近年来，随着高新技术和武器装备的发展，世界主要军事大国均走上压规模、上质量的精兵之路。裁军不仅已成为历史的必然趋势，而且关乎对新军事变革的反应。

继邓小平之后，中国继续坚持走中国特色的精兵之路。1997 年，在党的第十五次全国代表大会上，江泽民郑重宣布：“在 80 年代裁减军队员额 100 万的基础上，我国将在今后 3 年内再裁减军队员额 50 万。” 6 年之后，2003 年 9 月，江泽民再次宣布裁减军队员额 20 万。2005 年，中国人民解放军完成了裁减员额 20 万的任务。裁减员额后的中国军队总规模为 230 万人。

如今，20 多年过去了，邓小平领导的百万裁军的影响已跨越国界、跨越时空。如果中国不率先裁军，很难想象其他大国敢于迈出裁军的一大步。如果没有当年的“消肿瘦身”，就没有人民军队今天的腾飞。（撰文：刘守义）

2006 年：中国取消农业税——农村改革　继续迈出新步伐

1980 年 7 月，邓小平登上峨眉山。在下山途中，他看到一些陡峭的山坡上种了不少玉米，长得稀稀落落，就像癞痢头，便关切地说：“这会造成水土流失，人摔下来更不得了，不要种粮啦，种树吧。”

在狭窄的山路上，一位刚上山拜完菩萨的老阿婆告诉他：“托菩萨的福，今年收成还不错。”后来，老阿婆得知和她说话的人是邓小平，连忙站起来，朝着邓小平走的方向拜了三拜：“你就是活菩萨哟！”

2006 年 1 月 1 日，《中华人民共和国农业税条例》废止，中国农民告别缴纳了 2600 年的“皇粮国税”——农业税。在新中国历史上，这是继土地改革、联产承包责任制之后的“第三次革命”！

当亿万农民为此欢呼雀跃之时，人们总是又想起邓小平发人深省的话语——“中国有 80% 的人口住在农村，中国稳定不稳定首先要看这 80% 稳定不稳定。”“翻两番，很重要的是这 80% 的人口能不能达到。”

饮水思源。废止农业税，得益于邓小平引领的改革开放所带来的国力增强。

用“猫论”支持农民搞生产

1962年，正当国民经济调整时期，一些农村地区为了应对自然灾害，自发产生了包产到户、责任田等生产形式。这一切，在党内引起较大争论。邓小平认为：“哪种形式在哪个地方能够比较快地恢复和发展农业生产，就采取哪种形式；群众愿意采取哪种形式，就应该采取哪种形式，不合法的使它合法起来。”

为了更形象地表达自己的观点，邓小平引用战争年代刘伯承常说的四川农村俗语：“黄猫、黑猫，只要捉住老鼠就是好猫。”此话后被传为“白猫、黑猫，只要捉住老鼠就是好猫。”遗憾的是，体现实事求是思想的“猫论”，在当时难以发挥出作用。

1977年，邓小平第三次复出。当看到“部分县、地区，粮食产量还不如解放初期”，他一方面为中国“太穷了，太落后”而感叹，另一方面深刻意识到“四个现代化，比较起来，更加费劲的是农业现代化”。

针对人民公社体制下的平均主义，邓小平提出：“我们过去是吃大锅饭，鼓励懒汉，包括思想懒汉，管理水平、生活水平都提不高。”针对“越穷越光荣，越社会主义”，他质问道：“每个人平均六百几十斤粮食，好多人饭都不够吃，28年只搞了2300万吨钢，能叫社会主义优越性吗？干社会主义，要有具体体现，生产要真正发展起来，相应的全国人民的生活水平能够逐步提高，这才能表现社会主义制度的优越性。”

通过“讲故事”肯定包产到户

1978年末，安徽凤阳县小岗村等地农民，冒着坐牢的风险，打破“大锅饭”，实行土地承包责任制。很快，社会上对此发出了姓“社”姓“资”的质疑。

邓小平也始终关注着这场改革。1979年7月，邓小平专程来到安徽考察工作。其间，在一个座谈会上，他讲了一个“小故事”：河南有典型材料，有一个大队村边有十几亩地，鸡、猪随便糟蹋，没有收成，后来包给三个人管理，结果收成很好。就是这个大队，以前收入很低，现在二百几十元。看来，一搞责任制，群众的劲头就来了，他就千方百计地要搞好生产。

邓小平这段带有倾向性的话语，让许多农村干部群众松了一口气。后来，邓小平乘火车前往上海，当时的安徽省委负责同志陪同前行。在火车上，邓小平又听取了关于安徽部分农村地区实行包产到户的汇报。

经过一段时间调研和思考后，邓小平说话了："包产到户是社会主义制度下责任制的一种形式，没有剥削，没有违背集体所有的原则，可以调动人民的积极性，体现了按劳分配的社会主义原则，有利于发展社会主义经济，不是搞资本主义。"

对于农业，邓小平始终放在战略地位予以考虑。20 世纪 80 年代初期，在一次与外宾的谈话中，他说，中国经济发展战略重点，一是农业；二是能源和交通；三是科学教育。对于农村改革后出现的大量剩余劳动力问题，邓小平成竹在胸："发展新型的乡镇企业，这个问题就能解决。"

被老阿婆当作"活菩萨"拜

1980 年 7 月，邓小平登上四川峨眉山。在下山途中，他一边拄着一根竹杖走路，一边看着两旁的庄稼和山林。当他看到一些陡峭的山坡上种了不少玉米，长得稀稀落落，就像癞痢头，便关切地说："这会造成水土流失，人摔下来更不得了，不要种粮啦，种树吧。"看到路旁一些地种了中药材黄连，他对随行的人说："种黄连可以，不要去种那几棵玉米。种经济作物钱多。"

看到山区农民生活困难，邓小平心里很不是滋味。他对随行人员说："山区农民居住分散，生活很苦，政策要放宽，让山区尽快富裕起来。"当了解到有的农民用不上电，烧不上煤，连烧柴都困难，他特意交代随行的地方干部："要因地制宜解决农村能源问题。"

在狭窄的山路上，邓小平一行遇到了一位坐在青石上休息的老阿婆。他走上去打招呼："老人家，你好大年纪啦？"老阿婆摇着蒲扇，慢慢说道："77 岁，我属龙的。"

邓小平高兴地用四川话说："哦，那咱们是老庚（同岁）噢！今年收成怎么样？"刚刚上山拜完菩萨的老阿婆说："托菩萨的福，今年收成还不错。"

听罢老阿婆的话，邓小平没再说什么，向随行的人摆了摆手，继续向前走去。当邓小平走远后，有人告诉老阿婆刚才和她说话的人就是邓小平，老阿婆连忙站起来，朝着邓小平走的方向拜了三拜，喃喃自语："你就是活菩萨哟！"

人们以各种形式表达对邓小平的崇敬和热爱之情

邓小平之所以被称为"活菩萨"，是因为他给中国农村、农民和农业带来了巨变。1990年3月，当农村改革走过十多年的历程，取得丰硕成果和经验时，邓小平将废除人民公社，实行联产承包，肯定为中国农业发展的"第一个飞跃"，"是一个很大的前进，要长期坚持不变"。

为农业"第二个飞跃"指路

1992年7月，邓小平在审阅党的十四大报告稿后说："关于农业问题，现在还是实行家庭联产承包为主的责任制。我以前提出过，在一定的条件下，走集体化集约化的道路是必要的。但是不要勉强，不要一股风。""农业的改革和发展，从长远的观点看，要有两个飞跃……第二个飞跃，是适应科学种田和生产社会化的需要，发展适度规模经营，发展集体经济。"

基于对"大跃进"、"人民公社化运动"等经验教训的认识，邓小平特别强调，在推进实现"第二个飞跃"的进程中，要始终坚持农民的主体地位，赋予其应有的权利，尊重农民群众的意愿，充分调动他们的积极性。"如果农民现在还没有提出这个问题，就不要着急。条件成熟了，农民自愿，也不要去阻碍。"

邓小平为中国农业“第二个飞跃”指明了道路。这来自于他对国情的深入了解和对未来的高瞻远瞩——中国农户的土地经营规模在全世界是最小的，在农业生产力水平不高的情况下，这固然能发挥重要作用，但并不能适应高水平的现代农业规模经营的要求；在今后实现农业现代化的进程中，必然要实现土地不断集中和农场规模不断扩大，发展土地规模经营是中国农业发展的必然趋势。（撰文：丁军）

2007 年：恢复高考制度 30 周年——恢复高考　改变一代人命运

1977 年 8 月 4 日，邓小平主持召开科学和教育工作座谈会。8 月 6 日，清华大学的代表在会上反映说，清华现在招收的新生文化素质太差，许多人只有小学水平，还要补习中学课程。邓小平插话道：那就干脆叫“清华中学”、“清华小学”，还叫什么大学！8 月 8 日，许多代表呼吁恢复高考。邓小平问：“今年是不是来不及改了？”大家回答，今年改还来得及，最多晚一点。邓小平听后，当即决定，从当年起恢复高考。

2007 年，我国恢复高考制度 30 周年。30 年来，我国共有近 6000 万高中毕业生参加高考，1000 多万人被高校录取，其中培养出 3 万多名博士生和 30 多万名硕士生。

屈指算来，1977 年参加高考的学子，现在大多数已是四五十岁的中年人了。岁月沧桑，他们依然难忘 30 年前那个改变他们命运的伟人——邓小平。

复出前就筹划恢复高考

恢复高考，是邓小平 1977 年 7 月复出后做出的第一个重大决策。

新中国的高考制度始于 1952 年。从这一年到 1966 年“文革”前，高校招生实行全国统一命题、一次考试、分批录取的办法。招生工作的原则是阶级路线和政治与学业兼顾，生源主要是应届高中毕业生和其他具有高中文化程度的人。

“文革”开始后不久，高考制度即被取消，高校也停止招生工作。直到1972年，大多数高校又开始恢复招生，但明确规定：只“选拔具有二年以上实践经验的优秀工农兵入学”，不招收应届毕业生，取消文化考试，实行“自愿报名、群众推荐、领导批准、学校复审”的办法。这期间，“白卷英雄”被树成典型，进入大学的工农兵学员文化基础参差不齐，有的人甚至不具备基本的文化知识基础。

到1976年10月粉碎“四人帮”时，高考制度已被废除整整10年，国家出现了严重的人才断档，广大群众对当时实行推荐选拔的大学招生制度非常不满。

此时的邓小平，心情急切。虽然尚未复出，但一直在关注着科技教育界这个十年动乱中历经劫难的“重灾区”，并开始筹划改革高校招生制度和恢复高考制度。

1977年5月24日，邓小平对前来看望他的两位领导同志说，我们要实现现代化，关键是科学技术要能上去。发展科学技术，不抓教育不行。靠空讲不能实现现代化，必须有知识，有人才。要经过严格考试，把最优秀的人集中到重点中学和大学。

下令“追回”上报中央的报告

1977年7月，邓小平复出，他自告奋勇地提出抓科技和教育工作。

8月4日，邓小平在北京亲自主持召开了科学和教育工作座谈会，邀请30多位著名科学家和教育工作者参加。这是他恢复工作后主持召开的第一个会议。

8月6日，清华大学的代表在会上反映说，清华现在招收的新生文化素质太差，许多人只有小学水平，还要补习中学课程。邓小平插话道，那就干脆叫“清华中学”、“清华小学”，还叫什么大学！

8 月 8 日，邓小平继续听取与会代表发言。会上，武汉大学一位教授强烈呼吁，招生是保证大学质量的第一关，好像工厂的原材料，不合格的原材料，就不可能生产出合格的产品。在座的其他科学家也踊跃发言，一致建议国务院恢复高考制度。

当时，教育部刚开完全国高校招生工作会议，决定继续推行“文革”后期确定的招生办法，方案正在上报中央，各地也正按照会议精神，准备当年的招生工作。

邓小平问道：“今年是不是来不及改啦？”大家回答，今年改还来得及，最多晚一点。

邓小平听后，当即下令要求教育部把上报中央的报告“追回来”，并一锤定音地说：“今年就要下决心恢复从高中毕业生中直接招考学生，不要再搞群众推荐。从高中直接招生，我看可能是早出人才、早出成果的一个好办法。”

话音未落，掌声雷动，经久不息。

调用印《毛选》的纸张印试卷

座谈会结束后，教育部根据邓小平的指示，于 8 月 13 日在北京召开全国第二次高校招生工作会议。由于许多人还被“左”的思想所束缚，会议争论十分激烈，高考招生制度改革也陷入徘徊状态。

邓小平坐不住了。9 月 6 日，他写信给当时几位中央领导同志，指出：“招生问题很复杂。据调查，现在北京最好中学的高中毕业生，只有过去初中一年级的水平（特别是数学），所以至少 80% 的大学生，须在社会上招考，才能保证质量。”

9 月 19 日，邓小平在同教育部负责同志谈话时说：“1971 年全教会时，周恩来同志处境困难。1972 年，他和一位美籍中国物理学家谈话时，讲要从应届高中毕业生中直接招收大学生。在当时的情况下，提出这个问题是很勇敢的。”“为什么要直接招生呢？道理很简单，就是不能中断学习的连续性。18 岁到 20 岁正是学习的最好时期。”

邓小平的"9·19谈话"给了参加招生工作会议的同志以极大鼓舞，许多人连夜打电话、拍电报或写信，把邓小平的谈话精神传到四面八方。就在这次谈话后不久，历时38天的1977年全国第二次高校招生会议结束，恢复高考已成定局。

接下来，《红旗》杂志根据邓小平对教育工作的几次谈话，整理成评论员文章《大力发展社会主义教育事业》。9月30日，邓小平在送审稿上批示："这是一个重要问题，我建议政治局讨论一次，进行修正，然后确定是否发表。"

随后，邓小平对教育部起草的招生文件，亲自进行修改和审定。他认为文件中的政审条件太烦琐，说："政审，主要看本人的政治表现。政治历史清楚，热爱社会主义，热爱劳动，遵守纪律，决心为革命学习，有这几条，就可以了。总之，招生主要抓两条：第一是本人表现好，第二是择优录取。"……10月21日，教育部决定从1977年起，高校招生制度进行改革，恢复统一考试制度。

12月，570万考生走进考场，加上1978年夏季考生，两季考生共有1160万人。这恐怕是迄今为止，世界考试史上人数最多、规模最大的一次考试。

当时，由于资源严重匮乏，如何解决高考试卷纸张，竟然成了一个叫人头疼的大问题。问题最终反映到邓小平那里，他当机立断，决定将印刷《毛泽东选集》第五卷的计划暂时搁置，调配纸张，先行印刷高考试卷。

就这样，1977年冬天，在邓小平亲自过问和布置下，关闭十年之久的高考大门，终于重新打开。在这个涌动着春意的冬天里，中国重新迎来了尊重知识、尊重人才的春天。

如今，30年过去了，邓小平当年做出的决策，其意义早已超出高考本身。他让一代代中国人明白：教育不仅能够改变一个人的命运，还能改变一个国家的命运、一个民族的命运。教育是一个民族最根本的事业。教育是未来、是希望。

这也是邓小平留给我们的一笔宝贵、丰厚的遗产。（撰文：胡志雯）

邓小平、卓琳的 8 个家

2009 年 7 月 29 日 12 点 30 分，卓琳同志因病医治无效，在北京逝世。和邓小平一样，卓琳也留下了这样的遗愿：遗体和角膜捐献出来，骨灰撒入大海。她要在大海深处，和邓小平重逢。

70 年前那个秋天，35 岁的邓小平和 23 岁的卓琳在延安相识。这两个家庭背景不同的人的生命，开始联系在一起。在此后的 58 年间，他们辗转于全国各地，经历炮火洗礼，饱尝境遇沉浮，但始终陪伴在彼此身边。邓小平去世后，卓琳带着对丈夫的眷恋，又独自生活了 12 年。她离去时，和丈夫一样也是 93 岁。

1939 年，邓小平与卓琳、孔原与许明两对夫妇在延安结婚时留影

陕北窑洞

1939年9月初的一个傍晚，延安杨家岭，毛泽东的黄土窑洞前，时任八路军一二九师政委的邓小平，结束6年的单身生活，和北京大学物理系学生卓琳结婚。

在此之前，卓琳曾两次拒绝邓小平的求婚。她生前曾回忆说："他（邓小平）是从前方回来的，和邓发住在一个窑洞里头。我是在公安部工作，他们经常到公安部来……他大概在那个时候就对我有意了，我不知道。他就找跟我一块儿到延安的女朋友，让一个女朋友来跟我谈，说他想跟我结婚，问我同不同意。那个女朋友和我谈了两次，我不愿意。"

当时去延安的男性多是工农干部，卓琳不敢同这些人谈情说爱。"我不是看不起他们，而是怕他们没有知识，跟他们说不到一块儿。"后来，邓小平两次主动找上门来。卓琳听了他的有关情况和理想后，觉得他还不错，是个知识分子。"我想，反正早晚都得结婚，那个时候自己已经23岁了。我说算了吧，凑合吧。"

不久，战友们为邓小平和卓琳举行了一个简朴的婚礼。婚礼虽然简单，规格却相当高。当时，在延安的中共中央最高层领导人——毛泽东、刘少奇、张闻天、博古、李富春等全部到场。事实上，这也是中国共产党历史上最早的一次集体婚礼。邓小平的好友、时任中央社会部副部长的孔原与许明，也同场举行了婚礼。

窑洞前，用木板搭成的餐桌上，摆放着当时延安特有的食品——金黄色的小米饭、红烧肉熬白菜。席间，这些革命老战友童心大发，像普通老百姓一样捉弄新郎官儿。孔原被灌醉了，新婚之夜就挨了新娘许明的数落。邓小平虽是有敬就饮，竟然未醉。事后，张闻天的夫人刘英说："小平的酒量真大呀！"张闻天笑道："里面有假！"原来，李富春和邓发看在老友的情分上，弄了一瓶白水充酒，才使邓小平免于一醉。

太行山沟坎

婚后不久，卓琳就跟随邓小平一同赶回抗日前线太行山。邓小平马上回到设在辽县西河头村的一二九师师部。卓琳则留在麻田八路军总部，担任妇女训练班队长。那段时间，只有邓小平到八路军总部开会时，夫妻俩才能见上一面。卓琳非常想念丈夫。一次，她问邓小平："你回去以后可以给我写信吗？"邓小平反问："写什么呀？"卓琳说："就写写你每天都干了什么，还有写写……"卓琳的话还没说完，小平就痛快地答道："要的！我让秘书写个底稿，印上十几份，每月寄给你一份。"听到邓小平这样回答，卓琳只好说："那还是算了吧。"

婚后一年，组织上终于批准了卓琳的请求，同意她到一二九师师部秘书科工作。同麻田相比，西河头村的条件更为危险和艰苦。但为了能和丈夫在一起，卓琳并不怕苦。

两人在一起生活后，快言快语的卓琳慢慢适应了邓小平的沉默寡言，也想出了协调两人性格差异的好办法。卓琳意识到，让邓小平这样一个老干部说家长里短的亲热话，肯定不行，他也说不出什么。一天，她对邓小平说："你的性格是不爱说话，我的性格是爱说话。现在我又不能随便跟别人说话。说错了，影响不好。所以我只有跟你说了。我把我的想法说出来，你一定要听下去。我说错了，你可以批评，我来改。但不能不让我说话。"邓小平的回答还是非常简单："要的！"

夫妇二人转战于太行山沟坎山梁的日子，正是八年抗战中最艰苦、最困难的时期。在这种艰苦的斗争环境中，邓小平在军事、政治、经济、群众工作等方面积累了丰富的经验，在政治和思想理论方面更加成熟。与此同时，卓琳也从一个任性娇惯的富家小姐，转变为一位彻底的革命者。

武安山区

1945年10月，邓小平和刘伯承指挥部队，取得上党战役、平汉战役的胜利。之后，太行、太岳、冀南、冀鲁豫4个解放区的主力部队，合编为晋冀鲁豫野战军，刘伯承任司令员，邓小平任政治委员。人们把这支部队称为“刘邓大军”。

在武安期间，邓小平、卓琳夫妇与长女邓林、长子邓朴方的合影

1945年12月，邓小平和刘伯承率部离开驻扎了5年的太行山，把司令部迁至河北省山区武安县。

在武安县暂时安顿下来后，邓小平和卓琳把3个孩子接到了身边。这是自1939年这个家庭建立、有了3个孩子以来，全家五口人第一次团聚。

看到3个孩子，邓小平非常高兴。虽然忙得没时间管孩子，但他对孩子们的爱是全心全意的。不过，当时的情况对卓琳来说却是巨大的考验。原来，刚从延安回来的大女儿邓林，由于严重营养不良，不说话，不张口吃饭，手里拿着苹果都不会吃；老二邓朴方拉肚子，晚上睡觉也不得安生；老三邓楠才一岁半，嗷嗷待哺。多年征战的卓琳，身体很差，没奶水，给孩子喂小米粥又喂不进去……

但不管怎样，生活总得继续下去。经过一番努力，邓小平和卓琳在武安的这个家，还是渐渐安顿下来。3个孩子开始欢欢喜喜地在一块儿玩耍，慢慢地长高长胖，围着爸爸妈妈团团转。

不过，接下来的 3 年解放战争期间，邓小平极少再有机会和家人团聚。当他和刘伯承指挥晋冀鲁豫野战军，在陇海路南北先后 9 次与国民党军较量，九战九捷，打出“刘邓大军”的赫赫威名之时，卓琳和其他高级干部的家属们，随着战线的推进，不断搬家。每天早上天未亮，大人们就要把孩子们叫起来，趁着他们迷迷糊糊、还没睁开眼，就给他们穿上衣服，然后一边收拾东西，一边随便给孩子们塞几口饭。一群妇孺就这样从河北走到南京，最后到了上海。

山城重庆

1949 年 10 月，出席开国大典后，邓小平和刘伯承再次率部出征，踏上了解放大西南的征程。

邓小平进军大西南之前，卓琳就提出了要求：“你们老是把我们‘丢’下不管，不行！这次我一定要跟着你去。我是共产党员，你砍我的头我都得跟你去。”

鉴于当时的军情没有以往那样危急，邓小平同意了卓琳的要求，让她带着孩子们，跟他一同进军大西南。

在位于大西南的山城重庆，邓小平担任中共中央西南局第一书记、西南军政委员会副主席、西南军区政治委员。他雄心勃勃，一心要建设好大西南。他领导西南人民，开展了土地改革、镇压反革命、“三反”“五反”、民主建政、恢复和发展工农业生产等一系列斗争和建设，迅速改变了那里的混乱局面，开创了西南地区稳定、发展的新局面。

此时的卓琳也没闲着。看到部队一面打仗，一面还要进行经济建设，领导干部们无暇照顾自己的孩子，她主动申请创办了重庆曾家岩人民子弟小学，并亲自担任校长。她不仅安排设计课程，师资不够时还兼课，教高年级的语文、数学和音乐课。

中南海小屋

1952年，邓小平迎来了政治生涯中的一个重要转折：他被任命为中央人民政府政务院副总理。7月1日，邓小平一家离开四川，赶赴北京。

进入中央工作的邓小平，对卓琳提出了这样的要求："不要到外面工作，言行要谨慎。"这一要求同卓琳当时的想法不谋而合。她本来就怕出去工作会给邓小平和安全部门添麻烦。于是，卓琳成了邓小平的秘书。

这项看起来简单、实际很复杂的工作，卓琳干得认真负责。她在家里专门找了一间小屋子，把所有邓小平看过的文件一一摆开，一件一件地登记，然后整理成册。40多年过后，卓琳上交的邓小平批阅过的文件，大多还保留在有关档案部门。

邓小平主持中央书记处工作的10年，是他一生中最忙碌的10年。10年间，他实际上只有两个秘书——王瑞林和卓琳。

1966年，"文革"爆发，邓小平被取消了出席中央政治局会议的资格，并被称为"党内另一个最大的走资本主义道路的当权派"，受到造反派的揪斗、围攻。造反派还抄了他的家，将他的子女赶出了中南海。

1978年，邓小平和卓琳及其外孙女羊羊在一起

卓琳不是什么政治人物，但是，在政治的大是大非面前，她是清醒的。和丈夫共同生活、战斗几十年，她深知丈夫的为人。危难时刻，她给予丈夫的是关心、理解和支持。

邓小平的继母夏伯根，看到

一些家庭、一些夫妻，在“文革”中彼此或划清界限，或离婚，或互相揭发批判对方，感到非常担心。她叮嘱卓琳：“卓琳啊，你可要清醒哦！你们夫妻这么多年，你应该是了解他的，你可别犯糊涂哦！”卓琳非常坚定地说：“妈妈，我是了解他的。你放心吧！不会的。”

在那段非常时期，夜深人静的时候，卓琳常把儿女们叫到身边，用被子蒙上头，给他们讲邓小平的历史，讲“文革”爆发前邓小平在中央的工作，讲邓小平与彭真、罗瑞卿的关系……她要告诉儿女们，他们的父亲是清白的。

江西阁楼

1969 年 10 月，邓小平被下放到江西劳动，卓琳随他而去。和他们同行的还有邓小平的继母夏伯根。10 月 26 日，在江西省新建县的一幢两层阁楼里，3 位老人开始了谪居生活。

每天上午，邓小平和卓琳一起步行半小时，到新建县拖拉机修造厂劳动。邓小平的工作是钳工，是他 50 年前在法国勤工俭学时干过的老行当。重操旧业，他驾轻就熟，干得有板有眼。卓琳身体不好，厂里就安排她和女工们一起洗线圈。

从 1969 年 10 月起，邓小平夫妇在江西新建县的这座小楼里度过了 3 年多的谪居生活

中午，夫妻俩回家吃饭；下午，一起看书、学习；每晚8点，准时收听中央人民广播电台的新闻广播。

在家中，3位老人根据各自的身体情况进行分工。邓小平虽已65岁，却是家里唯一的壮劳力，重活全由他做，如拖地板、劈木柴、砸煤块等。卓琳年龄最“小”，“只有”53岁，但患有严重的高血压和心脏病，只能干一些轻活，如扫地、擦桌子、洗衣服、缝纫等。夏伯根年近70，但身体不错，厨房里的事全由她负责。3位老人互相帮扶，互相照顾，把下放生活过得很充实。

邓小平与卓琳（右），以及继母夏伯根在江西留影

1月的江西，天气最冷，穿上厚厚的棉衣才能保暖。卓琳有时下了楼就上不去。吃过晚饭、收拾停当后，卓琳站在楼梯口喊道：“拉我一把，老兄！”邓小平随后一手拉着妻子，一手拉着楼梯扶手，两人一步一步地往上爬。卓琳洗大床单、被里儿时，邓小平就帮着用清水漂洗，然后一起拧，一起晾晒。

就是靠这种弥足珍贵的温情，靠着妻子的精神扶助，邓小平乐观地走过了政治生涯中的那段险恶时光。

东交民巷

1973年3月，经周恩来推动、毛泽东同意，邓小平“复出”，开始全

1983年8月13日，邓小平和卓琳在长白山天池

面参与党和国家的重大决策。然而，1976年，他又一次陷入政治困境。在“四人帮”的蛊惑下，中央政治局决定，撤销邓小平党内外一切职务，保留党籍，以观后效。此后，卓琳陪着邓小平一同搬进了北京东交民巷17号。在与家人、子女音讯隔绝的状态下，两位老人相依为命，开始了又一次禁锢生活。

没过多久，卓琳因眼病复发，住进了北京三〇一医院。在医院里，卓琳时刻惦记着邓小平。一天，一位医生悄悄告诉她：毛泽东病危。听到这个消息，卓琳十分着急。她知道，邓小平一个人住在东交民巷，肯定什么也不知道，一定要想办法把这个消息告诉他。正好在此时，一个警卫人员来看她。她立即写了一张字条，请警卫人员转交：“千万不要离开你现在住的地方，不管什么人让你出去都不要离开，我争取尽快出院。”她知道，邓小平看了字条，虽然不知道究竟发生了什么，但一定会提高警惕。

50天后，卓琳的眼病基本好转。她一分钟也不能再在医院住下去了，急切地回到东交民巷。看到邓小平一切照旧，她那一颗悬着的心才放了下来。

米粮库胡同

1977年，邓小平一家搬进景山后街米粮库胡同的一个普通院子。院子里有两棵松树，枝叶交织，难分彼此。儿女们认为，这两棵树象征着邓小平和卓琳相依相伴。又因两人同属龙，儿女们便为两棵树取名“双龙树”。

直到今天，米粮库胡同的那个院子里，邓小平办公室仍保留着原貌——书柜里放着他生前爱看的书籍，写字台上摆着孙辈们送给他的礼物，台历则定格在 1997 年 2 月 19 日（邓小平逝世之日）。每逢邓小平忌日这一天，卓琳和儿女们都会在院子里撒满花瓣，寄托无限的思念。

邓小平去世后，卓琳在很长一段时间里都沉浸在绵绵的哀思之中。除了少许重要活动，她很少离开她和邓小平共同生活了 20 年的位于米粮库胡同的这个院子。

晚年的卓琳，对待生和死的问题非常坦然。她多次嘱咐子女们在办理后事时一定要从简。她逝世后，儿孙们在她住过的屋里，设起小小的灵堂——这是他们唯一一次违背她的意愿。灵堂内，照片上的卓琳，精神依旧饱满，笑容依旧爽朗——人们并未觉得她已经追随丈夫而去了！（撰文：武市红　余玮）

邓小平眼中的接班人

邓小平留下了什么?

邓小平留下的思想遗产和精神财富，远比丰饶的物质成果更恒久。其中，他所倡导的废除领导职务终身制，实现干部队伍的年轻化和领导权力的顺利交接，以及他对接班人的选择，深刻影响着今日以及未来之中国。

接班人问题，是国际共产主义运动中一个重要的战略问题，即使在今天，也值得深入研究。在这方面，苏联解决得不好，我国改革开放之前的30年也没有解决好。

邓小平16岁即赴法勤工俭学，6年后又离法赴苏，了解资本主义国家的情况，也熟悉国际共产主义运动的历史。1927年春他回国后，即投身革命洪流。新中国成立后，他是第一代中央领导集体的重要成员，第二代中央领导集体的核心。他心里很清楚，在党内民主不健全的情况下，如果一个人长期掌握党的主要领导权力，很容易使决策权脱离领袖集团的集体领导，成为事实上不受限制的个人权力，中外概莫能外。“文化大革命”的悲剧就是有力的证明。

那么，怎样才能避免这种悲剧，实现权力顺利交接呢？邓小平很早就有所思考。“1975 年我就想到过这个问题，那个时候毛主席要我来主持中央工作，王洪文就跑到上海去跟人说，10 年后再看。当时我跟李先念同志谈过这个事情，10 年后我们这些人变成什么样子了？从年龄来说，我们斗不过他们哪，在座的同志也斗不过他们。如果坚持‘四人帮’思想体系的人将来掌权，你们也斗不过他们，你们能活多久啊？即使生命还在，脑袋也不管用了，这是自然规律。”

可惜，1975 年的邓小平来不及介入代际传承的工作，就被“四人帮”打倒了。直到十一届三中全会后，他成为第二代中央领导集体的核心，才有条件着手解决这个问题。

可以毫不夸张地说，从第二代领导集体建立的那一天开始，邓小平就在考虑安排接班。1979 年 11 月 2 日，他谈道：“我自己就有这个想法，如果党允许我今天退休，我马上就退休。这是真话。从整个事业来看，我现在还不可能退休，我想大家也不会赞成。但是，就我个人的心情来说，确实感到这个问题太重要了。我们要向前看，我们这个事业是千秋万代的事业啊！”

为了让中青年人走上领导岗位，邓小平决意废除领导职务终身制。1987 年，在党的十三大召开之前，邓小平带头提出退休。最终，中央决定同意他辞去中共中央政治局常委、中央政治局委员、中央顾问委员会主任的职务；决定他留任党和国家军委主席的职务。

邓小平要选择什么样的人？

按照当时的历史条件，以邓小平为核心的第二代中央领导集体曾选拔和培养了两个接班人，这在当时是最好的选择。但是“两个人都失败了，而且不是在经济上出问题，都是在反对资产阶级自由化的问题上栽跟头”。

1981年，时年77岁的邓小平观看华北大演习。他特意穿上了平时很少穿的绿军装，更显得神采奕奕

于是，在1989年的初夏，邓小平以极大的政治勇气，以罕见的气魄和胆识，经过反复比较，最终推动和确定了以江泽民为核心的党的第三代中央领导集体的形成，并由此开启了中共领导层新老交接的制度化进程。

这一年的5月31日，邓小平找李鹏、姚依林进行了一次谈话，其核心内容就是选什么样的人进中央领导班子。邓小平提出了六条标准。此次谈话后以“组成一个实行改革的有希望的领导集体”为题，收入到《邓小平文选》第三卷中。

这是邓小平在其晚年，倾其一生政治智慧和治国理政的体会，对即将走入中国政治舞台的党的第三代中央领导集体立下的明确标准。在谈话的最后，邓小平明确讲道：“我请你们把我的话带给将要在新的领导机构里面工作的每一个同志。这就算是我的政治交代。”

今天，我们站在新的历史节点上，重温邓小平选择接班人的标准，不得不感叹：这是他留给中国的最重要的遗产之一。从此，中国走出了五千年历史上“一朝天子一朝政”的怪圈，也打破了其他一些社会主义国家领导人“人去政息”的魔咒，改革开放得以稳定延续，民族复兴有了制度基础。（撰文：石文忠）

“我们将帮助你克服困难”

邓小平曾称江泽民是“够格的知识分子”，能向外部世界展示新的接班人形象

1989 年 11 月 6 日至 9 日，党的十三届五中全会在北京召开，邓小平和江泽民亲切握手

1989 年春夏之交，时任上海市委书记的江泽民接到中央书记处的紧急通知，要他立即赶赴北京。江泽民匆忙赶到机场，发现等待他的是一架专机。当飞机抵达北京南苑机场后，接他的却是一辆普通的大众桑塔纳汽车。这辆汽车载着江泽民直接开往北京西山，在那里，邓小平安静地等待着他。

两人见面后，邓小平告诉江泽民，中央准备提名由他担任党的总书记。江泽民十分惊讶。他首先表达了对邓小平的感谢，以及对党的事业的忠诚，然后谦虚地表示，由于自己没有在中央工作的经验，恐怕担当不起党赋予的伟大使命。对此，邓小平鼓励道：“我们都支持你。我们将帮助你克服任何困难，你不必担心。”

对江泽民而言，此时接班可谓受命于危难——当时，极少数反共反社会主义分子借群众悼念胡耀邦逝世之机，大肆散布谣言，煽动一些不明真相的人占据天安门广场，冲击党政要害部门，制造政治风波。在关系党和国家生死存亡的关键时刻，中央政治局在邓小平和其他老一辈革命家支持

下，依靠人民，旗帜鲜明地反对动乱，并采取果断措施，在6月4日一举平息政治风波，捍卫了社会主义国家政权。

此前，5月31日，邓小平在同中央政治局常委李鹏、姚依林谈话时提出，“要真正建立一个新的第三代领导。这个领导要取信于民，使党内信得过，人民信得过”。6月16日，他在同中央几位负责人谈话时再次提出，我们中国共产党现在要建立起第三代领导集体。

“够格的知识分子”

江泽民之所以能进入邓小平的视野，同他在上海期间表现出来的政治立场、工作能力密不可分。

邓小平一再强调，第三代领导集体的成员，眼界要非常宽阔，胸襟要非常宽阔，这是最根本的要求。在邓小平看来，进入中央领导集体的成员责任重大，要管大事，要有长远眼光、大局意识和责任意识。

1988年2月16日，邓小平在上海出席春节联欢晚会，江泽民和上海市的老领导陈丕显（左一）陪同

早在 1986 年，全国爆发学潮。12 月 18 日，作为上海市市长的江泽民出现在大批学生面前。一开始，学生们根本不把他放在眼里，他一开口讲话就有学生发出质问。面对质问，江泽民说："我一进校园就看到同学们贴的大字报，写着建立'民有、民享、民治'政府。"有学生打断他："你知道这是谁的话吗？"江泽民镇定地说："这是美国第十六任总统林肯 1863 年 11 月 19 日在《葛底斯堡演说》中的话。"他随即反问道："你们在场的同学谁能背诵林肯这篇讲话的全文？"会场上没有一个人回答。但江泽民背出来了，他抑扬顿挫地背完了英文全文，把在场的学生惊得目瞪口呆，尖锐紧张的气氛一下子就缓和了。

1988 年春节期间，上海正在闹甲肝，很多人都不愿意到上海去，邓小平却不为所动，坚持从杭州转道到了上海，出席上海各界的春节联欢晚会。引人注目的是，江泽民始终站在他的身边，这向外界表明了邓小平对江泽民的信任。1989 年 2 月，邓小平第二次与江泽民一起庆祝春节。

如果不是这一年的政治风波，江泽民本可以在上海更好地实践邓小平的改革设想。但风波来了，江泽民也在这场风波中体现出"着眼于大局"的能力。当时，上海一家报纸《世界经济导报》（下文称《导报》）对游行示威的报道态度激进，还要求政府负责人承认错误。江泽民知道了该报纪念胡耀邦的专版报道计划，在两度劝阻总编辑钦本立无效后，果断宣布解除其总编辑职务，并对《导报》进行整顿。"我们在《导报》事件上是严格遵守党的原则的，"江泽民后来谈道，"我们从大局出发，严格区分了党员和普通群众。钦本立假装服从，企图欺骗党。他违反了党最基本的纪律，理应受到处分。"这种在关键问题上表现出来的寸步不让的原则性，正是当时的接班人所需要的。

1989 年 5 月，在外滩举行的绝食抗议进入第三天后，许多人开始昏倒。凌晨，江泽民手拿扩音器走到了人群中间。"你们的爱国热情值得赞扬，"他通过扩音器对学生们说道，"而且你们反对腐败、深化改革、推动民主的合理愿望与党和政府的目标也是一致的。我们正在努力实现这些目标。现在的首要任务是保护绝食学生的健康。你们是我们国家的未来和希望，你们必须身体健康才能学习好，才能为建设社会主义出力。”江泽民向学生们保证，他和其他领导会继续同学生们进行讨论，但“这样的对话只能在冷静和理性的气氛中进行”。很快，学生们停止了绝食。

政治风波平息之后，应该选什么样的人进入新的领导机构？邓小平认为，新的领导班子要取信于民，除了旗帜鲜明反腐败外，最关键的是要真正坚持改革开放，这样人民才会放心。“要选人民公认是坚持改革开放路线并有政绩的人，大胆地将他们放进新的领导机构里，要使人民感到我们真心诚意要搞改革开放。”显然，江泽民一直支持邓小平对中国的改革设想。并且，他有技术专业知识、政治经验以及外交才能，能比较透彻地了解改革中的问题。此外，他具有广博的文化知识，掌握外语技能，并受过科学训练。邓小平曾称江泽民是一个“够格的知识分子”，能够向外部世界展示出一个新的接班人形象。

从邓小平在西山同江泽民谈话，到党的十三届四中全会选举江泽民为中共中央总书记，只有几个星期的时间。这段时间里，邓小平为平稳移交权力，有条不紊地做着安排。江泽民也努力学习如何做好总书记。1989年5月31日，邓小平在同李鹏、姚依林的谈话中强调：“希望大家能够很好地以江泽民同志为核心，很好地团结。只要这个领导集体是团结的，坚持改革开放的，即使是平平稳稳地发展几十年，中国也会发生根本的变化。”

“我们这些人的影响消失了好”

1989年11月9日晚7点，中央电视台《新闻联播》节目开始播放，邓小平坐在电视机前。对他来说，这天的《新闻联播》与自己的一项重大决定有关。

播音员那抑扬顿挫的声音从电视机中传了出来：“11月6日至9日，中国共产党第十三届中央委员会第五次会议在北京召开。全会讨论通过了《中国共产党十三届五中全会关于同意邓小平同志辞去中共中央军事委员会主席职务的决定》。”

其实，早在几个月前，以江泽民为核心的新的中央领导集体开始工作，国内政局逐渐平稳后，邓小平就决定：要为自己的接班人做一件非常重要的事——安排自己退休，并且是完全退下来。他以这种高风亮节的方式，表示对接班人的全力支持。

时年 85 岁的邓小平，经历了多场政治风波，深知领导职务终身制的弊端。几年前，1984 年 10 月 22 日，他就发表讲话说："请年纪大一些的同志腾出位子来不容易呀，但是这件事我们必须办，这条路我们必须走。两年前我就说过，我希望带头退休。"

1989 年 9 月 4 日，邓小平在同江泽民、李鹏、乔石等中央政治局常委谈起他的退休问题时说："现在看来，对新的领导班子这一段活动，国际国内反应至少是很平静的，感到是稳妥的，说明我们这个新的领导班子能够取得人民的信任和国际上的信任，如果再加上我们退出去，人家再看上 2 至 3 个月，或半年，我们的局面真正是稳妥稳定的，是一个安定团结的政治局面，中国还在继续发展，继续执行原有的路线方针政策。到那时，我们这些人的影响就慢慢消失了，消失了好！"

同一天，邓小平致信中共中央政治局，信中写道："党的十三届四中全会选出以江泽民同志为首的领导核心，现已卓有成效地开展工作。经过慎重考虑，我想趁自己身体还健康的时候辞去现任职务，实现夙愿。这对党、国家和军队的事业是有益的。恳切希望中央批准我的请求。我也向全国人民代表大会提出辞去国家军委主席的请求。"

党的十三届五中全会同意了邓小平的请求。同时，会议根据邓小平的提议，决定江泽民任中共中央军委主席。全会结束 3 天后，邓小平来到京西宾馆，看望参加军委扩大会议的同志们，并发表讲话。他说："军委领导更换了人。我认为，确定以江泽民同志为核心的党中央，是我们全党做出的正确的选择，江泽民同志是合格的军委主席，因为他是合格的党的总书记。希望大家在以江泽民同志为核心的党中央的领导下，在以他为主席的中央军委领导下，把我们的军队建设得更好，为捍卫我们国家的独立和主权，捍卫我们国家的社会主义事业，捍卫我们党的十一届三中全会以来制定的一系列路线、方针、政策，做出更多更大的贡献。”

“我退休以后，江泽民他们搞得不错”

退休后的邓小平，仍然关注第三代中央领导集体的成长。1990年12月，他在同中央几位负责人谈话时说：“对一年半以来中央的工作，我满意，这一年多的成绩不可低估。”他再次强调，最关紧要的是有一个团结的领导核心，这样保持50年、60年，社会主义中国将是不可战胜的。

1992年10月12日，党的十四大在北京召开，江泽民做了题为“加快改革开放和现代化建设步伐，夺取有中国特色社会主义事业的更大胜利”的政治报告。报告提出，我国经济体制改革的目标是建立社会主义市场经济体制。

邓小平并没有到会场，而是坐在家里的电视机前，看着他的接班人读完了最后一句。他说，“讲得不错，我要为这个报告鼓掌”，便独自拍起手来。

1992年以后，我国的社会主义市场经济快速发展起来，改革开放事业迈出了新的步伐。1993年9月16日，在同弟弟邓垦的谈话中，邓小平说：“现在证明，我退休以后，江泽民他们搞得不错。”“现在我比较放心，我看我们的事业有希望，我们国家大有希望，我们民族大有希望。”（撰文：石文忠）

“这我就放心了”

“我和你父亲很熟”

由于烈士子女的身份，李鹏比其他人更早进入邓小平的视野。多年来，邓小平对待李鹏有一种对“革命后辈”的关爱之情，在信任支持之外更多了一层勉励。

邓小平第一次见到李鹏是在1945年，那时邓小平从前线回到延安，参加党的七届一中全会，见到了从四川、重庆辗转来到延安读书的李鹏。当时李鹏只有 17 岁。刚见面，邓小平就满怀深情地对少年李鹏说，我和你父亲很熟，在上海一起做地下工作，后来他在海南岛牺牲了，很可惜。

20 世纪八九十年代，邓小平依然非常怀念英年早逝的战友——李鹏五舅赵世炎和李鹏父亲李硕勋，多次为他们的故居和文集题词。图为邓小平题词的赵世炎烈士像

邓小平对李鹏父亲李硕勋、李鹏五舅赵世炎的感情十分深厚。邓小平和赵世炎都是四川人，年少时先后加入吴玉章倡导主办的重庆留法预备学校和北京法文专修馆学习。1920 年 10 月，邓小平乘坐的邮轮经过 39 天的海上颠簸终于抵达法国。在巴黎，邓小平受到了比他早 4 个月赴法的赵世炎的热烈欢迎。旅法学生中，邓小平年龄最小，才 16 岁，年长他 4 岁的赵世炎如同兄长一般，一起勤工俭学，开展斗争，并引导邓小平走上革命道路。1923 年 3 月，赵世炎赴苏学习，邓小平在巴黎给他送行，没想到这一别竟是永别。赵世炎从苏联回到中国后，于 1927 年被捕遇难。这段法兰西岁月中结下的革命情谊，从此深深留在邓小平的心里。

1929 年，回国后的邓小平发动百色起义，建立红七军并担任政委，当他奉命进行新的革命工作时，接替他红七军政委一职的正是赵世炎的妹夫、李鹏的父亲李硕勋。不幸的是，李硕勋在 1931 年遇难了。

此后，邓小平非常怀念赵世炎、李硕勋。在延安，这种怀念之情转变为“老吾老以及人之老，幼吾幼以及人之幼”，邓小平和其他革命领导人对李鹏这批烈士子弟的成长倾注了很大心血。后来，李鹏赴苏留学、参加工作都离不开邓小平等人的关心。

“要学习周总理那种泱泱大国总理的风范”

1955年，李鹏学成回国，进入电力部门工作。1958年9月，邓小平等几位中央负责同志到吉林丰满水电厂视察，李鹏是该厂主持生产建设的副厂长。当时，丰满水电厂处于一个尴尬时期。由于前一年松花江流域暴发大洪水，水库实行了放流。但1958年，松花江上游出现大旱，加之“大跃进”导致各方面用电量激增，丰满发电厂增加了发电量，水库的水位降得很快，发电库容几乎没有了。在大坝上，邓小平指着消落过度的水库对李鹏说，今后你们要学会按经济规律办事。他同时又鼓励李鹏好好干：“现在有人攻击丰满发电厂，说去年放流不当，发生洪水，今年又把水用干了。你不要听这些话，用棉花把两个耳朵塞住，照样工作。”

1983年，李鹏被任命为副总理后，邓小平经常问李鹏电力工业和三峡工程的情况。邓小平在1985年的一次谈话中问道：“电的问题，我主要关心后十年电是怎么安排的。到20世纪末电要搞到多少，才能保证经济翻两番的需要？”李鹏回答：“至少要与国民经济同步发展，搞到2亿千瓦以上，办法就是大家办电，不是一家办电……只要政策对头，把电搞上去还是很有希望的。”邓小平高兴地说：“这我就放心了。”“看来电有希望，翻两番有希望。”

在李鹏熟悉的电力领域，邓小平的态度是信任与鼓励；在李鹏不熟悉的其他工作领域，邓小平的态度则是积极帮助他。1988年，李鹏出任国务院总理，同时担任中央外事工作领导小组组长，他“深感自己责任重大，能力和资历都难当此重任”，于当年5月带着一堆关于外交工作的疑问，走进了邓小平的家门。邓小平看出他的畏难情绪，温和地叮嘱他：“我就担心你不敢大胆工作，要努力学习，在工作中锻炼自己，使自己成熟起来。周恩来总理是世界公认的外交家，你们在对外交往中，要学习他那种泱泱大国总理的风范。”邓小平还在这次谈话中概括了自己对外交问题的主要看法。他告诉李鹏，和平与发展是当今世界两大主题，世界大战一时还打不起来，要抓住这个有利的机遇，争取取得更大的成绩。

“你是总理，浦东开发这件事，你要管”

担任中国这个10多亿人口的国家的总理，肩上的担子堪比千斤万斤。这么多人的吃喝拉撒，总理都要管，可是工作千头万绪，该如何提纲挈领地抓起来呢？对此，邓小平讲了一句精辟的话：“总理的屁股要坐在改革上。”

20世纪90年代，邓小平与李鹏亲切握手

李鹏当总理时，我国经济社会改革与发展正处于关键时期。1988年元旦，还是国务院代总理的李鹏在全国政协茶话会上提出，当年首先要认真抓好的三件大事中，第一件就是稳定经济和深化改革。随后的几个月中，国务院不断推进价格改革工作。但是由于各方面条件的制约，再加上没有经验，这一年的“价格闯关”没有成功。物价飞涨，人们生活受到影响，积累了大量的矛盾。1988年9月，中央把经济工作的重点转移到“治理经济环境、整顿经济秩序”上。1989年的政治风波平息后，我国开始系统地总结经验，寻求改革的突破。

1990年，邓小平把注意力转向了上海。2月17日，邓小平对李鹏说：“你是总理，浦东开发这件事，你要管。”3月3日，邓小平又把江泽民和李鹏约到他家里，分析了上海在技术、工业、金融和人才方面的优势。邓小平说，上海是最有发展前途的地方，开发浦东的事你们要认真抓。李鹏立即进行了具体安排，他派副总理姚依林去上海，解决了上海长期上缴中央财政比例过大的负担，为开发浦东创造了财政条件。4月中旬，李鹏又率领国务院有关部委的负责人到上海，进行调查研究。4月18

日，李鹏在上海正式宣布，党中央和国务院同意在浦东实行经济特区的政策。

浦东开发推动了我国经济社会的快速发展，其后邓小平的南方谈话又提出了新的思想理论。实践与理论两方面都准备好了。1992 年，党的十四大确立了社会主义市场经济体制的改革目标。作为总理，李鹏和第三代中央领导集体的其他成员一起，推动了社会主义市场经济体制的初步建立。（撰文：范小舟）

“好干部就在眼前”

有人反对朱镕基进政治局常委会，邓小平托人带话，做说服工作

2011 年，中共中央政治局原常委、中纪委原书记吴官正在读完《朱镕基讲话实录》后，有过这样一句评价：“伟大的邓小平与伟大的江泽民选择了伟大的朱镕基。”这句话是对邓小平选人用人水平的一个精彩注释。

邓小平对朱镕基的考察，可以追溯到 20 世纪 80 年代末期。从 1988 年到 1994 年，邓小平每年都带家人到上海过春节，一共在上海过了 7 个春节。朱镕基接待过 4 次（1988 年到 1991 年）。邓小平在这 4 个春节里，亲眼看到上海的发展变化，亲自听到朱镕基对经济改革的看法，也更深地了解了朱镕基。

鼓励朱镕基“不用怕”

1990 年 1 月 20 日，邓小平离开北京前往上海。这是进入 20 世纪 90 年代后他的首次外出视察。大年初一的上午，时任中共上海市委书记、市长的朱镕基来给邓小平拜年。两人的话题很快落到了浦东的开发建设上。自从改革开放以来，深圳的经济改革如火如荼，上海却一直举步不前。朱镕基等市委主要领导认为，上海目前的选择只有一个，就是搞深圳的

经济特区。但此前，由于种种原因，上海一直不敢跟中央提像深圳一样搞改革开放。这一次，朱镕基也是委婉地跟邓小平说，浦东开发建设的报告不理想，不敢报。邓小平的回答是，应该赶快给中央报，“不用怕，报嘛”。

过完春节后，朱镕基再一次得到邓小平的鼓励：“我一贯主张胆子要放大，这十年以来，我就是一直在那里鼓吹要开放，要胆子大一点，没什么可怕的，没什么了不起。因此，我是赞成你们浦东开发的。”邓小平又说：“你们要多向江泽民同志吹风。”当时，江泽民已由上海市委书记升任中共中央总书记，朱镕基接棒成为上海市委书记兼市长，不过，也正因为这层关系，让上海向中央要政策不太好意思，怕兄弟省份有意见。

邓小平决定亲自去做工作。1990 年 2 月 17 日，他回到北京后，对政治局的领导说：“我已经退下来了，但还有一件事要说一下，那就是上海的浦东开发，你们要多关心。”“江泽民同志是从上海来的，他不好说话。我本来是不管事的，我现在要说话，上海要开放。”

当天下午，国务院总理李鹏就让国务院副秘书长何椿霖给朱镕基打了电话，讲了一些浦东改革开放要注意的问题，建议出一个书面报告。朱镕基回答说，上海的报告已经讨论了两三个月，总是不太满意，要催的话，今天晚上他就加班弄好。

朱镕基果然当晚就改好了报告，第二天就送给何椿霖。此后，朱镕基向中央领导不断游说：“我们现在希望增强中央下决心的力量，批准我们这个报告。”他还代表上海保证，会为全局做贡献，“让上海真正在全国一盘棋中做出他应有的贡献，我们有这个决心。”

1990 年 3 月 3 日，邓小平再次找到江泽民、李鹏等中央负责同志：“要用宏观战略的眼光分析问题，拿出具体措施。机会要抓住，决定要及时。”“比如抓上海，就算一个大措施。上海是我们的王牌，把上海搞起来是一条捷径。”

一个月后，4 月 10 日，中共中央召开政治局会议，通过了浦东开发开放的决策。6 月，中共中央、国务院正式发出《关于开发和开放浦东问题的批复》。由此，上海焕发出新的活力。

“上海开发晚了，要努力干啊！”

1990 年到 1991 年，国际上发生了苏东剧变，社会主义发展道路出现了严重曲折；国内则刚刚发生了政治风波，加上经济体制中一些深层次矛盾的暴露，中国的改革和发展遇到了一些困难。

在这个关键时候，邓小平一语定军心。1990 年 12 月 24 日，邓小平在同几位中央负责同志谈话时说道，我们必须从理论上搞懂，资本主义与社会主义的区分不在于是计划还是市场这样的问题。社会主义也有市场经济，资本主义也有计划控制。资本主义就没有控制、就那么自由？最惠国待遇也是控制嘛！不要以为搞点市场经济就是走资本主义道路，没有那么回事。计划和市场都得要。不搞市场，连世界上的信息都不知道，是自甘落后。不要怕冒一点风险。我们已经有了一种能力，承担风险的能力。为什么这

1991 年 2 月 6 日，朱镕基陪同邓小平在上海考察。前排左二为邓小平夫人卓琳，前排右二为邓小平女儿邓榕

次治理通货膨胀能够见效这么快，而且市场没有受多大影响，货币也没有受多大影响？原因就是有这十一二年改革开放的基础。改革开放越前进，我们承担和抵抗风险的能力就越强。

这次谈话后一个月，1991 年 1 月 28 日，邓小平又去了上海。他一到就立即听取朱镕基汇报，再次谈到浦东的开发。邓小平说：“那一年确定 4 个经济特区，主要是从地理条件考虑的……没有考虑到上海在人才方面的优势。上海人聪明，素质好，如果当时就确定在上海也设经济特区，现在就不是这个样子……开发浦东，这个影响就大了，不只是浦东的问题，是关系上海发展的问题，是利用上海这个基地发展长江三角洲和长江流域的问题。”不过，邓小平用他一贯的自信和乐观做了总结：这是件坏事，但也是好事，你们可以借鉴经验，可以搞得好一点，后来居上。

1991 年 2 月 18 日，农历大年初四的上午，邓小平兴致勃勃地登上了新锦江大酒店 41 层的旋转餐厅，一边透过宽敞明亮的玻璃窗眺望上海中心城区的面貌，一边嘱咐身旁的朱镕基：“我们说上海开发晚了，要努力干啊！”朱镕基向邓小平汇报了浦东开发开放中“金融先行”的一些打算和做法。邓小平听完后说：“金融很重要，是现代经济的核心。金融搞好了，一着棋活，全盘皆活。上海过去是金融中心，是货币自由兑换的地方，今后也要这样搞。中国在金融方面取得国际地位，首先要靠上海。那要好多年以后，但现在就要做起。”“要克服一个怕字，要有勇气。”“什么事情总要有人试第一个，才能开拓新路。试第一个就要准备失败，失败也不要紧。希望上海人民思想更解放一点，胆子更大一点，步子更快一点。”

这“三个一点”的期望大大鼓舞了朱镕基。朱镕基在全市干部会议上传达了邓小平的讲话精神。在谈到未来上海的改革和发展时，朱镕基说，第一是开发开放浦东，第二就是要推进各项改革，并称 1991 年是个“改革年”，还借用曹操的话说：“何以解忧，唯有改革。”为此，朱镕基被某些人暗喻为“中国的戈尔巴乔夫”、“走资本主义道路的改革派”。

上海市委承受住了这种压力。1991 年 2 月 15 日，上海市委机关报《解放日报》以社论的形式非正式地传达了邓小平的思想观点，连续发表 4 篇

1991 年 2 月 14 日，邓小平和国家主席杨尚昆向上海党、政、军负责人祝贺新年，上海市委书记、市长朱镕基陪同

“皇甫平”文章。在第四篇《改革开放需要大批德才兼备的干部》中，更是引用古人的话论述道：“有的同志兼资文武此全才，既能雄辩滔滔，又能冲锋陷阵，那更是人才难得，求之不得。”时任《解放日报》党委书记、副总编辑的周瑞金后来承认，这里写的就是朱镕基。

第二年，88 岁的邓小平不辞辛苦，发表了著名的南方谈话，向全国明确提出“三个一点”，打破了姓“资”姓“社”套在人们头脑中的枷锁。因此，围绕朱镕基产生的这场争论及“皇甫平”系列文章被视为邓小平南方谈话的先声。

力排众议扶“黑马”

20 世纪 90 年代初，中国政治格局发生了很大变化。由上海调往北京的朱镕基被国内外媒体誉为中国政坛的“黑马”，而“伯乐”正是邓小平。1991 年春节后，邓小平就有了调朱镕基进京的打算。1992 年 5 月，邓小平视察首都钢铁公司时说："我不懂经济，但是我能听懂。我们选干部，还要懂经济。朱镕基就懂经济。"

1992 年 10 月 19 日，朱镕基在中共十四届一中全会上连跳几级，由中央候补委员跃升为政治局常委，成为排在江泽民、李鹏、乔石、李瑞环之后的"第五号人物"。

当然，对于朱镕基进入政治局常委，党内外是有一些不同意见和声音的。有人写信表示反对。有人说："多考察，注重实绩。"还有人说："要多听意见，上来了，再下去就被动。"

但是，邓小平爱才用才的态度十分坚决而明确。他意味深长地讲道："我们党现在和将来都需要一批党性强、懂经济、思想开放、富于创新、任劳任怨的领导干部，这样的同志现在还不多，朱镕基就是这样一位同志。他从地方到中央做出了不少成绩，党和人民都见到的。一些同志应当把偏见收起来，一大批新的能献身于党的事业的好干部就在眼前。"江泽民传达了邓小平的意见。在十四届一中全会上，朱镕基顺利当选为中央政治局常委。翌年 3 月，在八届全国人大一次会议上，他被任命为国务院副总理。

沧海横流，方显英雄本色。朱镕基在出任国务院副总理 3 个月后兼任中国人民银行行长。那时，中国经济出现了投资膨胀、货币发行量过大、物价猛涨、股票集资热等金融秩序混乱的情况，在江泽民、李鹏的支持下，被称为"救火队长"的朱镕基果断决策，加强宏观调控，整顿金融秩序，为治理通胀、平抑物价奠定了基础。朱镕基坚持不搞全面紧缩，只对低水平重复建设和"泡沫经济"的部分从严管理；而对交通、能源、农业及有利于培育新的经济增长点的部分积极扶持。这样避免了大起大落，实现了经济的"软着陆"。此次经济的宏观调控，是中国宣布建立社会主义市场经济体制改革目标后首次经济战役，这次胜利使朱镕基赢得了国内外的广泛赞誉。

1993 年 11 月，中共十四届三中全会通过《中共中央关于建立社会主义市场经济体制若干问题的决定》，明确要求进行财税体制改革。邓小平和陈云两位元老赞成适当集权，增加中央财政的财力。江泽民也说，要适当地集权，因为中央财政太困难。为此，江泽民先后多次分片主持召开各省市自治区的书记、省长座谈会，宣讲政策，听取意见，消除误会。随后，朱镕基带领60多人的大队人马，在两个多月的时间里南征北战，先后走了十几个省，与地方官员面对面地掰着指头算账。分税制改革是一次广泛而深刻的经济体制改革，从此中国的财税体制进入了长期稳定的轨道。作为20世纪90年代中国宏观经济体制改革的一部分，它为市场经济体系建设奠定了坚实基础。

面对朱镕基通过一系列艰苦努力取得的成绩，邓小平欣慰地说："朱镕基在地方工作有突出表现，到中央工作后，思路广，敢挑担，敢碰硬，可以胜任。"评价他是一个"有观点，有主张，有干劲，有魄力又懂经济的难得的干才"。在邓小平去世一年后，1998年，朱镕基被任命为国务院总理。（撰文：余亦青）

"你的人缘还不错"

历届政协主席都德高望重，但邓小平认为当时不满60岁的李瑞环适合搞统战工作

"老实讲，我一直不太愿意到上边来。以前中央曾有两次要调我进京，我都想方设法地婉拒了……但小平同志强调，动乱之后不准再讨价还价，我这才接了工作。"

1989年6月，党的十三届四中全会结束后，新当选的政治局常委李瑞环对李鹏、杨尚昆说了这样一段话。他说，自己还是愿意在天津工作。

同江泽民一样，李瑞环也是临危受命，从地方调入中央。他在十三届四中全会上当选政治局常委、中央书记处书记，成为第三代领导集体的成员。4年后，在1993年的全国"两会"上，李瑞环出任全国政协主席，同样得到邓小平的信任和推荐。

“你在天津的呼声不错呀”

邓小平对李瑞环的认可，始于李瑞环在天津工作时期。1986 年 8 月 19 日晚，邓小平来到天津考察，他在天津东站一下火车，就对迎候他的市长李瑞环说：“天津开发区很好嘛，已经创出了牌子。投资环境有所改善，外国人到这里投资就比较放心了。”

天津经济技术开发区成立于 1984 年 12 月，是首批国家级开发区之一。1986 年 8 月 21 日，对开发区考察一番后，邓小平说：“你们在港口和市区之间有这么多荒地，这是个很大的优势，我看你们潜力很大。可以胆子大点，发展快点。”他还挥毫题词：“开发区大有希望。”

邓小平在此时考察天津，与天津连续几年的快速发展不无关系。李瑞环是 1982 年接替胡启立担任天津市长的。天津 1981 年至 1985 年经济快速增长，作为市长的李瑞环自然功不可没，但对他的评价，人们却有不同看法。1987 年 11 月 29 日，李瑞环在推荐天津市委、市政府领导班子人选会议上回忆起他与邓小平的一段对话：

“你在天津的呼声不错呀！”邓小平说。

“有说我好的，也有说我不好的；有说我优点突出的，也有说我缺点突出的。”李瑞环说。

1986 年 8 月 21 日，邓小平在考察天津经济技术开发区时写下“开发区大有希望”

“主要指什么？”

“比如有人就说我这个人有点主见，有人说我这个人太主观，我就在主见与主观这个问题上，捣鼓来捣鼓去，越捣鼓越糊涂。”

“那糊涂什么？拥护你的人就说你有主见，反对你的人就说你太主观。很多事情就是这样，是伴生的……只讲人人有优点、人人有缺点还不行，重要的是要看哪个是主要的。”

在邓小平看来，李瑞环身上最主要的特质是坚持改革开放、旗帜鲜明、善于协商。因此，危急关头，邓小平选择让李瑞环进入第三代领导集体。

“处理学生闹事是一件大事”

1986年12月18日和22日，时任天津市委副书记、天津市长的李瑞环分别在天津部分高等院校团委书记、学生会干部座谈会及天津市各部门、各高等院校主要负责人会议上讲话，面对面回答了学生提出的问题和要求。李瑞环说：“从国内来讲，折腾会影响四化的进程，折腾不符合人民的意愿。从国际来讲，支持我们的人，希望中国富强，担心我们再折腾；敌视我们的人，害怕中国发展，希望我们再折腾。”事后看来，李瑞环在1986年的讲话与1989年政治风波平息之后邓小平的表态不谋而合，两人的说话风格也十分相似。

李瑞环因为这次讲话受到了邓小平的表扬。1986年12月，邓小平在同几位中央负责同志谈话时说：“处理学生闹事是一件大事，领导要旗帜鲜明，群众才能擦亮眼睛。《人民日报》三篇文章写得不错，《北京日报》社论《大字报不受法律保护》写得也不错，李瑞环在天津的讲话也不错。正因为态度鲜明了，给积极分子鼓了气，中间群众才能站起来。领导态度坚决了，就闹不起来了。”

还有一次，李瑞环应邀去天津大学与学生对话。起先，会议组织者担心大学生会让市长下不了台。李瑞环却很坦然，让他们尽管请些思想活跃的学生来。对话中，李瑞环与大学生开诚布公，该检查的检查，该批评的批评。结果，与会学生反倒对市长报以阵阵掌声。

跟群众打交道正是李瑞环的一大强项："我多次说过，我这个人……喜欢在下边跑跑、在人群里跑跑，愿意干点看得见、摸得着的活。"在与学生的对话中，李瑞环的经验是："群众是通情达理的。你越说实话，群众越信任你。"邓小平欣赏的，就是他这种解决矛盾、疏导危机的能力。

"邓小平同志让人带信给我说，政协很重要"

在第三代中央领导集体成员中，李瑞环起初分管意识形态领域。1993年3月，当不满60岁的李瑞环当选为新一届政协主席时，外界议论纷纷。不仅是旁观者不解，李瑞环自己也觉得不合适。

直到1997年的全国地方政协主席座谈会，李瑞环才披露了当时的心事："早在十四大召开之前，中央提议我做统战、政协工作时，我觉得不合适，一是历届政协主席都是德高望重的老同志，二是对政协工作我不熟悉。后来邓小平同志让人带信给我说，政协很重要，有许多工作可做，你的人缘还不错，搞统战工作这点很要紧。我就是在这种背景和心情下接手政协工作的。"

说李瑞环"人缘还不错"，不是邓小平的笑谈或者臆断，而是同李瑞

1986年8月20日，邓小平在李瑞环陪同下，视察天津新建的中环线八里台立交桥

环的成长发展经历密切相关的。李瑞环出生在天津农村，小时候拉过犁，种过地，赶过车，织过布，许多农活都干过。17 岁时，到北京第三建筑公司做小工。一次偶然的机会，在去给木工班扫刨花时被一个木工工长收为学徒。李瑞环当工人 15 年，做过班组长、施工队长、突击队长。他就这样从一个普通的木匠开始，一步步成长为党和国家的领导干部。在这种成长路径下，李瑞环称得上是一位精明能干、善于团结不同群体的领导人。

不过，当时很多人认为政协在国家治理与发展中起到的作用有限。官场中还流行一段顺口溜："党委点戏，政府演戏，人大评戏，政协看戏。"李瑞环接任政协工作后，没有受这些传言的影响，反而干得有声有色。4 年后，他以自己的亲身体验告诉人们，那种"歪歪斜斜进政协，进了政协矮半截"的说法是错误的。他在全国政协会议上说："邓小平同志深刻指出，中国的社会主义现代化建设事业，继续需要政协就有关国家的大政方针、政治生活和四个现代化建设中的各项社会经济问题，进行协商、讨论。"

在全国政协主席的任上，李瑞环用他的"好人缘"团结了不少港澳台人士。他在香港的一些讲话，平实机智，颇受欢迎。比如 2000 年，李瑞环考察香港时，呼吁香港市民加强团结，唯有团结才能发展繁荣。现场记者问道："您在讲话中强调了团结的重要，是不是指责香港不够团结？"李瑞环笑着反问道："如果我祝你们健康，是不是指你们的身体就不健康呢？"

十四大提出建立社会主义市场经济体制后，我国的经济体制、社会结构、利益格局和思想观念都发生了深刻变化，统战工作的范围扩大了，任务加重了。1993 年至 2003 年，李瑞环在政协的 10 年里，没有辜负邓小平的嘱托，无论是发展协商民主、促进祖国统一这些宏观的大目标，还是考察城市规划、振兴京剧这些具体的小议题，李瑞环带领的全国政协都发挥了重要作用。（撰文：范小舟）

“出现三四十岁的政治家就好了”

在中共十四大会议上，49岁的胡锦涛成为政治局常委

“下届中央委员会，是不是可以选50个50岁以下的人？大会代表是否应该有相当数量50岁以下的人？这是我们的事业能否兴旺发达的一个重要标志。做不到这两点，代表大会就不是成功的大会。”这是1980年2月邓小平在党的十一届五中全会上说的一段话。两年后的1982年9月，十二大召开，选举产生的348位中央委员和中央候补委员中，不仅出现了50岁以下的人，还有一位40岁以下的候补委员——时年39岁的甘肃省建委副主任胡锦涛（1985年增选为中央委员）。

大会闭幕第二天，邓小平、陈云等中央领导同志专门接见了39位新当选的年轻中央委员和中央候补委员，并同他们一一握手。新华社在报道中这样描写这次意味深长的握手：“这是我们党新老合作和交替的握手，是老一辈无产阶级革命家传革命火炬的握手，是党对中青年干部寄予无限希望的握手。”3个月后，胡锦涛从甘肃进京，出任共青团中央书记处书记，后担任第一书记。

“受到锻炼，提上来别人也会服气”

39岁的胡锦涛之所以能当选为中央候补委员，其一是离不开邓小平、陈云等大力倡导和推行的干部“革命化、年轻化、知识化、专业化”政策，其二是因为其自身的素质和能力过硬。1959年9月，16岁的胡锦涛考入清华大学水利工程系，1964年毕业后留校工作。1968年，他来到甘肃工作，先在水电部刘家峡工程局劳动，继而在水电部第四工程局做技术员、秘书、机关党总支副书记。1974年，胡锦涛进入甘肃省建委工作，担任秘书、副处长等职。胡锦涛业务素质过硬，为人稳重谦虚，处事低调，群众基础好，

在举才荐才的过程中，受到了当时中共甘肃省委及第一书记宋平的肯定和鼓励。1980 年，胡锦涛任甘肃省建委副主任。1982 年，出任共青团甘肃省委书记。

从 1982 年底开始，胡锦涛在团中央历练了 3 年。1985 年下半年，邓小平在会见外宾时，再次强调了干部年轻化的事：“我们现在的两个主要任务是经济改革和干部年轻化，两者都很重要，但最重要的还是干部年轻化，有了大批年轻的精力充沛和具有专业知识的人才，才能促进经济发展。这样，通过改革使经济持续稳定地发展，通过干部年轻化确保政策的连续性，使局势更加稳定。”邓小平还以自己的经历为鉴：“我二十几岁就做大官了，其实也不比现在年轻人懂得多，不是照样干吗？”他对已经崭露头角的年轻干部自有一套培养思路：“不能只靠人家扶着。他们受到了锻炼，提上来别人也会服气。”

于是，1985 年，胡锦涛离开团中央第一书记的位置，接受锻炼，到大西南比较贫困的贵州省担任省委书记。这时的胡锦涛才 42 岁，是当时年轻的省委书记。经过长期调研，胡锦涛选择毕节地区作为改革的突破口。1988 年 5 月 26 日，贵州省人民政府向国务院递交《关于建立毕节地区开发扶贫、生态建设试验区的请示》报告。仅仅 14 天后，报告即获批准，“毕节地区开发扶贫、生态建设试验区”正式成立。这是新中国在贫困地区建立的比较有影响的以消除贫困、坚持可持续发展为突出特点的农村改革试验区，也是胡锦涛“开发扶贫”的试验田。

1987 年、1988 年，西藏部分喇嘛和教徒，在国外“藏独”分子的煽动下，游行示威，两次制造骚乱。这对中央政府和西藏自治区政府是极大的考验。根据《他改变了中国：江泽民传》一书的非官方记载，1988 年 12 月，邓小平和党中央为了控制骚乱，决定向西藏派一名新的党委书记——胡锦涛。这是一次临危受命，也是对年轻干部的一次严峻考验。

关键时刻，46 岁的胡锦涛处乱不惊，稳住了西藏局势。在 1989 年 1 月的省部级干部见面会上，胡锦涛以三句话稳定了军心：“西藏局势要稳定”，“西藏的领导班子要团结要稳定”，“党对西藏的政策要稳定不变”。

尤其是第二句话“稳定领导班子”收到了立竿见影的效果。当时的西藏自治区政协主席热地后来回忆说，胡锦涛初到西藏时，“多换思想，少换人”这个迥异于以往的提法，令他大为感慨：这对“统一当时的干部思想、稳定干部队伍、实现西藏社会由乱到治起到了关键性作用”。胡锦涛还与不同的干部谈话，逐一落实中央的有关政策：发展经济，扩大汉语教育，加强外部联系，和西藏人民展开合作，保持对分裂主义活动的严密控制。

在这一工作思路的引导下，西藏工作出现了新的拐点。进入 20 世纪 90 年代后，援藏干部的定期轮换制、援藏建设的“对口支援，分片包干”政策相继出台，使得援藏方式日渐清晰、成熟。中央对西藏的治理，开创了一个新局面。

贵州和西藏是中国西部两个贫穷省、区，在这样的地方担任一把手，在如此贫困复杂的地区历练，成就了胡锦涛“让人服气”的政治经历。

“年轻一点，精力充沛的人进常委会更好”

1990 年 12 月 24 日，邓小平同江泽民、杨尚昆、李鹏谈话时说：“后年党代会（党的十四大）要选一些年轻一点的精力充沛的人进政治局，

1992 年 10 月，邓小平与胡锦涛亲切握手

进常委会更好。”1991年夏天的北戴河会议开始酝酿十四大中央决策层人选。

1992年，邓小平在南方谈话中进一步明确了选拔年轻干部的标准：“要按照‘革命化、年轻化、知识化、专业化’的标准推进，选拔德才兼备的人进班子。”显然，这里的“班子”包括了十四大的领导班子。邓小平认为，实现领导干部的“四化”，某种程度比实现农业、工业、科技、国防现代化还要难。但无论如何也要坚定不移地朝这方面走，否则，实现国家四个现代化目标就是一句空话。邓小平满怀希望地说：“哪一天中国出现一批三四十岁的政治家、经济管理家、科学家、文学家，这个‘家’那个‘家’就好了。”

几个月后召开的十四大实现了邓小平的愿望，49岁的胡锦涛被选进政治局常委会，负责党的组织和人事工作。1992年10月19日，新当选的政治局常委与中外记者见面。通过电视镜头，中共中央总书记江泽民把政治局常委一位一位介绍给大家，当介绍到最后一位常委时，江泽民特意说：“这是一位年轻人，50岁不到，今年49岁的胡锦涛。”并且，胡锦涛比其他6位常委的平均年龄小16岁。当天，美联社驻北京记者就发出电讯，称胡锦涛被选举为党的最高机构成员，是一位“出人意料的人物”。然而，只要人们认真了解邓小平的用人观，就会明白，这绝非“出人意料”，而是必然选择。在起用年轻人时，邓小平从来都是胆识过人，气魄惊人。

陪卓琳播撒邓小平骨灰

十四大是邓小平在世时召开的最后一次党的全国代表大会。1997年2月19日，邓小平逝世。根据邓小平的遗愿，他的骨灰被撒入大海。摄影师拍下了邓小平的遗孀卓琳和家人悲痛不已的镜头。在她身边，是负责护送邓小平骨灰走完最后一程的胡锦涛——1997年3月2日，胡锦涛和卓琳一起将邓小平的骨灰撒向黄海。

在6个月后召开的十五大上，胡锦涛连任政治局常委，排名从第七名

1997年3月2日，胡锦涛（右一）和邓小平夫人卓琳及子女，将邓小平的骨灰和花瓣一起撒向大海

前移至第五名。2002年，在十六届一中全会上，胡锦涛被选为党的总书记，宣告了第三代领导集体向新一届领导集体交接班。2003年，在邓小平逝世6年后，由胡锦涛主持的十六届三中全会秉承邓小平“社会主义也可以搞市场经济”的思想，通过了《中共中央关于完善社会主义市场经济体制若干问题的决定》。邓小平开创的改革开放国策，由后来的继任者一届一届稳定地传承至今。（撰文：余亦青）

结束语

2012年11月15日，党的十八届一中全会选举产生了新一届中央政治局，这标志着以胡锦涛同志为总书记的领导集体，把党的最高权力平稳移交给以习近平同志为核心的新一届领导集体。

20多天后，新当选的中共中央总书记、中央军委主席习近平来到深圳莲花山公园，向邓小平塑像敬献花篮。习近平说：“之所以到广东来，就是要到在我国改革开放中得风气之先的地方，现场回顾我国改革开放的历史进程，宣示将改革开放继续推向前进的坚定决心。”习近平步入政坛后曾多次

引用邓小平的话。担任福州市委书记时，习近平在1992年出版的《摆脱贫困》一书中写道："邓小平同志还说，改革开放胆子要大一些，敢于试验，不能像小脚女人一样。"2003年，他在担任浙江省委书记时写道："要学习邓小平同志的情怀感。'我是中国人民的儿子，我深情地爱着我的祖国和人民。'"

2013年11月，党的十八届三中全会通过了《中共中央关于全面深化改革若干重大问题的决定》，对在新的历史起点上全面深化改革做出战略部署。中国沿着十一届三中全会以来的正确航道再次扬帆起航。

从以江泽民同志为核心的党的第三代中央领导集体，到以胡锦涛同志为总书记的党中央，再到以习近平同志为核心的新一届中央领导集体，中国共产党的历届领袖们都行进在邓小平确定的改革开放的道路上。尽管邓小平已经离去，但他的思想与精神依然一脉相承。（撰文：石文忠）

专访傅高义：邓小平给中国留下了什么

“请大家落座。”主持人说了两遍，还是没人愿意坐下。人们都踮着脚，想要透过里三层外三层的人群，多看几眼主席台中间的那位老者。2013年1月18日，《邓小平时代》新书发布会在北京三联韬奋书店举行，所有来宾热切关注的正是这本书的作者——美国著名学者、哈佛大学费正清东亚研究中心前主任傅高义教授，他也是当今美国乃至世界最知名的中国问题研究者之一。值得一提的是，这一天，也是邓小平启程南巡21周年的纪念日。

新书发布后的第二天一早，在与三联书店一条马路之隔的华侨大厦，傅高义教授接受了笔者的专访。连日奔波，让这位老学者看起来略显疲惫。他的话音有几分沙哑，桌上还放着一盒喉片，但倾10年之力写就的《邓小平时代》，终于回到了故事的发生地，和亿万中国读者见面，这让他很兴奋。近两个小时的采访中，傅高义的脸上一直挂着热情、和善的笑。一口流利的中文，更是让记者有一种在与一位中国学者畅谈的错觉。

“了解中国最重要的是了解邓小平”

2011年，《邓小平时代》英文版一问世，就为舆论广泛关注，入选众

傅高义

多图书奖项，《经济学家》《华尔街日报》《华盛顿邮报》《金融时报》等国际权威媒体把它评为 2011 年最佳图书。《纽约时报》两次发表书评，认为这是一部“迄今为止对中国惊人而坎坷的经济改革之路最全面的记录”。2012 年，这本书获得了加拿大多伦多大学莱昂内尔·盖尔伯奖，该奖专门授予以英语写作、关于外国事务的非虚构类著作，基辛格的《论中国》也一同入围，但最终被《邓小平时代》击败。

笔者：是什么原因使您决定写一本关于邓小平的书？

傅高义：2000 年，我 70 岁，从哈佛大学退休。这时我决定写一本能向美国人介绍亚洲发展的书。我在韩国度假时，遇到了老朋友、《华盛顿邮报》亚洲事务资深记者唐·奥伯多弗。他对我说：“你应该写写邓小平。”而我也认为，研究今天的中国，没有什么比研究邓小平更重要了。当时也到了研究邓小平的最佳时间，他的很多基本的年谱材料已整理发表，很多回忆录已经出版，另外，我还有许多历史学家无法拥有的机会：能跟邓小平的家人、同事以及很多和邓小平接触过的人交谈。

笔者：您说过，“了解亚洲的关键是了解中国，而了解中国最重要的是了解邓小平”，这是因为什么？

傅高义：中国是世界上经济潜力最大、人口最多的国家，经济总量已经超过日本。外国人想了解亚洲，必然先从中国开始。而在提高民众的生活水平上，20 世纪还有其他国家领导人比邓小平做得更多吗？我尽力客观对待邓小平的言行，但也没有掩饰我对他的钦佩。当时，中国正承受着“大跃进”和“文革”的后果，他改变了这个国家的前进方向。今天，这个国家和 1978 年相比，变化让人难以想象。中国的变化改变着世界，我相信，没有一个领导人，对世界的发展有过如此的影响。我希望中国读者认可这本书，因为它是理解中国改革开放时代的一次严肃的尝试。

笔者：中国人把邓小平称为改革开放的“总设计师”，您为什么称他为“总经理”？

傅高义：我觉得设计工作，需要事先有一个蓝图，规划好应该怎么走，但邓小平是“摸着石头过河”，一边试试看，一边走。我认为这不是一个“设计”的做法。他那时候又是一个国家的总领导，所以我说是“总经理”。

笔者：您在书中强调，个性对邓小平成为一代伟人具有重要意义，比如坚定、有条理、强势，等等。您眼中邓小平最突出的个人品质是什么？

傅高义：直率、大胆。最主要是直率，比如说，周恩来会说外交辞令，但邓小平不会，他很真实。

笔者：您在书中用不少篇幅写到了和邓小平同时代的中国领导人。您怎么看毛泽东、周恩来等人与邓小平之间的关系？

傅高义：邓小平在革命初期很佩服毛泽东。邓小平比毛泽东年轻，他看着毛泽东怎么指挥军队打仗，怎么进行战略部署，他认为毛泽东很了不起。在很长时间里，毛泽东说什么，邓小平就做什么。但邓小平对毛泽东并不是一味地崇拜。1959 年以后，邓小平看到“大跃进”和毛泽东的错误，逐渐开始同毛泽东保持距离。我想，毛泽东后来也认识到自己的错误，做了妥协，让邓小平做了一些实际的工作。

邓小平也很佩服周恩来，两个人在法国留学时就认识了，邓小平向周恩来学了很多东西。周恩来去世，是邓小平念悼词，一向感情不外露的邓小平在追悼会上一度哽咽。看得出来，他的确对周恩来很有感情。

笔者：书中还写到了和邓小平同时代的经济工作领导人陈云。有人认为，以前对陈云的研究不够充分，对他工作的评价也过低了。您这本书对陈云做了恰当评价。您如何评价这对在工作上关系密切的战友？

傅高义：两个人的性格不同，大体上讲，邓小平走得快，陈云走得小心。陈云和邓小平都是摸着石头过河，但陈云在落脚之前，要搞清楚每一块石头是否牢靠。如果把中国比作一家企业，陈云要负责看人才够不够、钱够不够。1978年以后，邓小平挂帅，他想前进，陈云的工作是要考虑实际情况是否允许这么做。他们考虑的事情有些不同，这是陈云和邓小平基本的关系。对中国来说，两人都重要，都需要。

笔者：您在写作过程中遇到的最大的困难是什么？

傅高义：邓小平没有留下什么私人档案，很多重要决策也从没有公开。早在20世纪20年代，在巴黎和上海从事地下工作时，他就具有了一个特殊本领——完全依靠记忆力。此外，邓小平严守党纪，从来不跟家人谈论党内高层的事，也很少在公开场合回忆过去的经历，人们都知道他不爱说话，出言谨慎。而且，遗憾的是，我从来无缘和邓小平本人交谈。我与他最接近的一次，是1979年在华盛顿美国国家美术馆的招待会上，我离他只有几步之遥，却没有交谈。因此，我要了解邓小平，就像一个历史学家要去了解自己的研究主题一样。

笔者：在写作这本书的10年里，您像个记者一样去了太行山区、邓小平的老家广安，以及江西瑞金；还访问了很多与邓小平接触过的政要、中国学者和领导人后代。他们给您讲述的邓小平会有不同吗？

傅高义：我跟你们记者还是有所不同的。我不用每天、每个星期都写东西，时间比较充裕（笑）。有一批人，跟他们见面的确不容易。我会事先做好准备，尽可能多了解。要是问题太尖锐，他会反感，不会跟我讲，我也理解。所以，我会考虑受访者能谈什么事，我就问他什么。有时候，我只是想让他解释为什么邓小平那样做，而不是评价事情的好坏，因为人们对邓小平的评价不一致。但即使有人对邓小平提出批评，我也可以从他们那里了解到为什么批评。

笔者：听说您打算再写一本关于朱镕基的书？

傅高义：你们的消息很灵通啊（笑）。如果可能的话，我是想写朱镕基。但是，我恐怕没有精力去做了。我认为朱镕基不仅仅能搞经济，也能搞政治，是很聪明的一个人。我见过他几次，非常佩服他。

"要大胆地继续改革开放"

出版方曾向笔者透露，《邓小平时代》首批50万册已经被预订一空，现在正准备加印30万册。正如有评论者所说："傅高义十年磨一剑，用十年时间写一本书，这种锲而不舍的精神，现在能够坚持做到的人不多。有的学者不是十年磨一剑，而是一年磨十剑，学术心态非常浮躁。这更显得傅高义坚持精神的难能可贵。"

笔者：有评论认为，在十八大之后推出《邓小平时代》，会使很多人把它跟中国未来的改革联系在一起。您想过这本书会在中国引起热销和热议吗？

傅高义：我以前没有想过，后来和出版商探讨，觉得应该会热起来。习近平等人组成的新一届中央领导集体表明了继续深入改革的决心，他还重走了邓小平的"南巡"之路，我应该表示感谢，他们给了我一个好时机。另外，我想我这本书的确不错，对于邓小平的全面把握和理解，没有更好的书了（笑）。

笔者：出版这么一本题材重大而略带敏感的作品，有压力吗？

傅高义：我不觉得有压力。我已经老了，写这本书不会影响我的工作。我的书本来是为美国人写的，现在对中国的改革开放也能发挥作用，我觉得是好事。

笔者： 邓小平留下了哪些宝贵的执政经验？

傅高义： 第一，跟外国搞好关系，不要学苏联。邓小平说，苏联的一个大错是敌人太多了，他们不得不把钱用在军备上，而不是国内生产上。所以，最好跟别的国家搞好关系，特别是大国。第二，要大胆地继续改革开放。邓小平认为，改革开放不是一个时期就能做完的，而是不断继续，所以有新的问题出来，就要大胆地改变。我认为这两点是最重要的。

笔者： 在全书的最后一章，您罗列出了邓小平时代留给中国的一些问题。那么，您认为当前中国面临的亟须解决的问题是什么？

傅高义： 首先，中国应该更重视法律，对待腐败问题应该更严厉，法律要取得更高的地位。其次，是全民的医疗和福利，我听很多中国朋友说，还有很多人得不到好的医疗条件。

笔者： 现在很多中国人喜欢提"中国模式"，并引以为傲。

傅高义： 我不太喜欢"中国模式"这个提法。因为各个国家情况都不一样，中国人口这么多，之前还有过战争、"大跃进"和"文革"。我认为邓小平看得对，应该去了解全世界的情况，再根据自己的历史情况、自己的条件，把能用的拿过来用。"模式"这个说法，不能适用所有国家。

笔者： 您对亚洲的研究是从日本开始的，30 多年前，您写的《日本第一：对美国的启示》畅销全球。最近 20 年，日本经济陷入停滞。在您看来，日本的教训能给中国带来什么警示？

傅高义： 我个人对日本经济停滞的看法和很多人不一样。很多人认为日本这 20 年很倒霉，我认为日本的社会基本还是健康、安定的。尽管他们也有社会问题，但并不是那么严重。

日本从高速发展到低速发展，他们确实有些问题。在美国，如果一个公司出现亏损，老板炒员工的"鱿鱼"是家常便饭，但在日本不能这样做。由于实行终身雇佣制，企业很难迅速降低劳动成本，导致竞争力下降。所以，如果从经济方面来看，日本“泡沫经济”破灭，公司收入下降，股票价格下跌，市场表现不好，这遭到了许多经济学家的批评。但很多人并不真正了解日本。应该说，“泡沫经济”破灭后，日本政府还在照顾工人和普通百姓，终身雇佣制在稳定社会方面发挥了一定作用。

相比较而言，现在中国的发展还在继续，这比日本强。但当前中国经济进入转型期，社会稳定问题相当突出。中国有很多暴发户，而日本基本没有暴发户，日本人的最高工资和最低工资差距不是很大，他们的生活也比较舒服，老百姓对生活基本满意。但很多中国人还没有达到满意的生活水平。所以，中国应该把农村问题、医疗问题、腐败问题、贫富分化问题等影响社会稳定的突出问题解决得好一点，为进一步发展创造条件。

不像斯诺那样，只说中国好

在美国政界和学界，傅高义有一个广为人知的称号——“中国先生”。1973 年，费正清从哈佛大学东亚研究中心退休，傅高义接替他，成为这个中心的第二任主任。他曾半开玩笑地解释过自己和这位前辈的不同：“费正清是历史学家，而我是研究社会学的；费正清是哈佛出身，用中国的说法，在美国他算得上是‘高干子弟’，而我是小镇上长大的青年。”

1930 年 7 月，傅高义出生于美国中东部俄亥俄州一个小镇上的犹太人家庭。1950 年毕业于俄亥俄州韦斯利大学，1958 年获哈佛大学社会学博士学位。

20 世纪 50 年代后期，美国的一些大学开始重视培养中国问题的人才，都想扩大对中国的研究，纷纷招收和选拔年轻学者。1961 年，31 岁的傅高义被费正清选中，来到哈佛大学东亚研究中心学习中文、中国历史、社会和政治。为他上中文课的是“汉语言学之父”赵元任的大女儿赵如兰，“她在语音上要求很严格，所以我们这批学生比别人教出来的水平应该更高一点。”傅高义笑着回忆说。

年轻的傅高义很快为自己取了个地道的中文名字。“我的英文名是Ezra Vogel，Vogel是个德国姓，在德语里这个发音很像中国的‘fugao’。因为英文名字的第一个字母是E，取其谐音，又选了‘义’字。”他曾对记者解释说，“我知道在中文里，‘义’也意味着有很高的道德标准，这正是我想追求的。”那时的傅高义，已下定决心将中国作为他的研究对象，此后50多年里，他对中国的观察从未中断。

傅高义对中国的观察是从中国“南大门”广东开始的。1963年，他在香港用一年时间做广东研究。那时，东西方“冷战”正酣，唯一可以近距离研究中国的地方是香港。在香港，他能读到《南方日报》《羊城晚报》《广州日报》，还有一些政府工作报告，也能接触到偷渡到香港的广东人——那些人给他提供了另一个角度的事实。

傅高义请了一名刚从广东到香港的年轻人做他的助手。“我们一起看《南方日报》等报纸，我看了1949年到1963年几乎全部的《南方日报》。我看的时候他也跟着看，我有不明白的就问他。比如我看报纸说‘反对×××’，我就问他是什么意思，背景是什么，他就会很详细地告诉我，特别是有关‘土改’的经验，比如最开始的政策是什么，几个月后政策又变成了什么。从中我可以了解报纸和现实矛盾的地方。”

1969年，傅高义完成了他第一部关于中国的作品《共产主义下的广州》。这本书描述了在共产党领导下，一个省份所经历的一系列深刻的政治运动，从土改、社会主义改造、反右、人民公社化、“大跃进”一直到“文革”开始。作品抛弃了西方学者的偏见，描绘中国的本来面貌，在美国学术界产生了广泛的影响。“本书将成为社会学家们从外部世界研究共产主义中国的杰出范例。”费正清如此评价。

20世纪80年代，广东省与马萨诸塞州建立友好关系，广东省政府邀请傅高义继续到广东做研究。接待傅高义的是广东省经济委员会，当时的经委主任正是新任中共中央政治局常委张高丽。“广东省的领导认为，自己宣传的东西外国人不一定相信，要是名牌大学的教授到中国做研究、写文章，外国人就会打消疑虑。”傅高义回忆说。但傅高义最关心的是能否以科学的标准从事研究并写出成果。他说，自己不可能像埃德加·斯诺那样“只报道中国积极的一面”，必须自由地报道他所看到的。最终，傅高义决定自费采访，以保证独立性。广东省的领导也同意不审查原稿。

从 1987 年 6 月到 12 月，傅高义在广东实地调查了 70 多个县。1988 年夏季，傅高义又调查了 3 周，1989 年写就《先行一步：改革中的广东》，这是外国学者研究、报道中国改革的第一部书。这部书和《共产主义下的广州》相隔 20 年，共同构成了广东的一部当代史。

1987 年的广东之行，妻子艾秀慈也陪伴在傅高义左右。艾秀慈任教于美国凯斯西储大学，是一位人类学研究者，会讲广东话。傅高义十分珍惜这份感情，在《邓小平时代》一书的扉页上第一行就写道：“献给我的妻子艾秀慈”，以表达他对妻子的感激之情。时至今日，两人仍彼此支持。“今年 4 月她会和我一起来中国。”傅高义很开心地告诉记者。

与中国高层的亲密接触

如果仅仅将傅高义称为“汉学家”肯定有失偏颇，他被认为是美国唯一一位对中日两国事务都精通的学者。事实上，他的日语说得比汉语还好。

傅高义关于日本的两部著作《日本的新兴中产阶级》（写于 20 世纪 60 年代）和《日本第一：对美国的启示》（写于 1979 年）都引起了强烈反响。《日本第一：对美国的启示》出版后，美国许多企业家纷纷邀请傅高义去做报告，以增加对日本的了解。傅高义后来才知道，在中国也有不少人读过这本书。有一年，时任上海市市长的朱镕基率代表团访问美国，在哈佛大学的一次演讲中，下面有人向朱镕基提问：“你认为中国要向日本学习什么？”朱镕基回答：“这样的问题不应该问我，而应该问傅高义啊！”没想到，底下一阵大笑。朱镕基问大家为什么笑，有人回答：“提问的人就是傅高义！”

有这样的研究背景及影响力，不难理解傅高义的另一个身份：受到政府重视并信任的亚洲问题专家。1958 年以来，傅高义每年都要访问亚洲，而他联系的都是最高层次的人物，比如新加坡总理李光耀等。

在推动中美关系上，傅高义多年来更是投入了极大热情。20 世纪 60 年代，美国创建过一个组织——“美中关系全国委员会”，在“冷战”期间，它对推动中美双方的交流发挥了积极的作用，著名的“乒乓外交”就是由它推动的，而傅高义就是这个委员会的成员。1968 年，尼克松当选美国总统，费正清与傅高义等十几位研究中国的著名学者给尼克松写信称，“现在是跟中国接触的好机会”。不仅如此，傅高义还与费正清等 8 位学者去华盛顿，找国务卿基辛格谈话，就中国问题提出一些很具体的建议。

1993 年，傅高义应好朋友约瑟夫·奈（哈佛大学教授、提出“软实力”一词的著名政治学者）的邀请，出任国家情报委员会东亚情报官一职。傅高义说：“这段经历对我后来做研究的帮助很大，当时的驻华大使芮效俭的报告我也能看到，我经常与在政府工作的那些人交换看法。”

在执掌哈佛东亚研究中心期间，傅高义将这里变成了一个各国首脑和美国民间互动的平台。那段时间，对傅高义来说最重要的一件事，莫过于 1997 年中国国家主席江泽民的哈佛之行。“我以前在北京见过江泽民，那是 1996 年带领一个团访华，我代表大家向他提问，讨论了一些问题……当时知道他要访美，我就向中国方面表示，如果江泽民想来哈佛，我可以帮助安排。中国大使馆有几位是我的好朋友，他们后来就和我商议具体事项。”1997 年 11 月 1 日，江泽民如期在哈佛大学进行了演讲。此后，傅高义又在北京见到江泽民，每次江泽民都会提起：“哈佛那次，组织得很好！”

2000 年，70 岁的傅高义退休了。但因为研究邓小平，他不仅没有停止对中国的观察，反而在用一种更宏观、更深刻的视角研究中国。他以一种犀利的笔调写道：中国改革有陷入“乱象丛生的社会”的危险，在法制建设、社会管理等方面，当前和未来都面临巨大挑战。正如三联书店总编辑李昕所说：“傅高义告诉了西方读者，也包括中国读者，中国的发展道路从哪里来，到何处去，他帮助读者理解了我们所亲历的中国改革时代的昨天和今天。”（撰文：张勉　田亮）

邓小平、陈云，历史选择了这对搭档

“十一届三中全会开启了中国改革开放历史新时期”——在中国共产党许多重要而经典的文献中，都能看到这句话。但是，从某种意义上说，只开了5天的十一届三中全会，其实是一场学习会，是对此前开了一个多月、3天前才结束的中央工作会议的精神进行讨论和学习。或者说，也是一个仪式，一个向党内外、国内外宣布中央工作会议所做决策的仪式。所以，回顾十一届三中全会这个激动人心的改革起点，要从1978年的中央工作会议讲起。

讲这次中央工作会议，就不得不提两个人：邓小平和陈云。他们两人扭转了中央工作会议的气氛和进程。会前，邓小平在党内的排名只能算第三位，但十一届三中全会后，他已经成为实际上的领导核心；陈云在中央工作会议之前连政治局委员都不是，十一届三中全会上，一跃成为政治局常委、中纪委第一书记。追寻这两位关键人物在1978年秋冬时节的故事，是观察中央工作会议和十一届三中全会的绝佳视角。

陈云的发言扭转会议方向

1978年11月10日，212名高级干部走进京西宾馆的会议室，他们是

1978年，邓小平（右）和陈云在十一届三中全会上

各省、市、自治区和各大军区的主要负责人，以及中央党政军各部门和群众团体的主要负责人。全会一开幕，中共中央主席华国锋就宣布了 3 个议题：一、如何尽快把农业生产搞上去，讨论两个农业文件；二、商定 1979 年、1980 年的国民经济计划；三、讨论李先念在国务院务虚工作会上的讲话。而且，华国锋还提出，在讨论这 3 个议题前，先讨论一个关系全局的问题——从第二年 1 月起把全党工作重点转移到社会主义现代化建设上来。

工作重点转移，会场上大部分人都是拥护的。但是，许多大是大非的问题没有厘清，成千上万的冤案尚未平反，“两个凡是”还压在大家心头，这些政治上的阴影不扫除，思想上的枷锁不清理，就要把精力转移到经济工作中去，谈何容易？

第二天，一进入分组讨论阶段，华国锋定下的议题就被突破了。影响最大的，是 11 月 12 日陈云在东北组的发言《坚持有错必改的方针》。他一针见血地提出，“如果一些政治问题不能首先得到解决，很难使干部满腔热情地支持经济计划”，必须先解决一大批遗留的重大问题和一些重要领导人的功过是非问题。比如，要肯定纪念周恩来的“天安门事件”，要把彭德怀的骨灰放到八宝山去，要为“薄一波叛徒集团案”平反，要批判康生的错误，等等。

虽然陈云当时只是中央委员、全国人大常委会副委员长，但他在党内威望很高，早在 1934 年 1 月在中共六届五中全会上，他便是中央政治局常委。而且，他曾负责党的组织工作，对党内的情况比较熟悉。所以，他一发言，立即在 200 多人中引起强烈共鸣，会议方向为之一变。

在这股潮流的推动下，11 月 25 日，华国锋代表中央政治局宣布了包括为“天安门事件”平反的八项决定。随着活泼、民主的会议气氛逐渐升温，平反冤假错案、肯定真理标准问题讨论、批判“两个凡是”等会议共识应运而生。

邓小平罕见地动笔写提纲

此时，会议上的另一个灵魂人物、国务院副总理邓小平，刚刚结束对泰国、马来西亚和新加坡的访问，回到北京。他没有赶上会议开幕，原本准备在闭幕时发表讲话，主要谈工作重心的转移问题。没想到，回国后短短几天，会议形势大变，他找来了中央组织部部长胡耀邦和国务院研究室的于光远，决定重新起草讲话稿。

12 月 2 日，胡耀邦和于光远一起到了邓小平家里，邓小平说：“想了一下，不准备长稿子。”一向很少写提纲的邓小平拿出一沓 16 开的纸，用铅笔写了一份提纲，8 条要点，1600 字，写了 3 页，交给于光远。

提纲中的第一条是对会议的评价。邓小平的意思是：“这次会议了不起，五七年（1957 年）以后没有，五七年以前有，延安（时期）有。这个风气要传下去，（这是）很好的党的生活、党的作风，既有利于安定团结，（又有利于）防止思想僵化，实在可喜。”

第二条是“解放思想，开动机器”。据于光远生前回忆：“他告诉我们写这个问题时要‘讲点理论的重要’。这个（真理标准问题的）争论很好，越看越好，越看越是政治问题，是国家前途命运问题。”

第三条是发扬民主、加强法制。邓小平说：“集中那么多年，现在是民主不够，大家不敢讲，心有余悸。发展经济，（要实行）民主选举，民主管理，民主监督。工厂工人监督，农村社员监督。”“（自主权与国家计划的）矛盾只能靠价值法则及供求关系来调整。否则不能自主。要靠质量，质量好会销全国。不要怕乱，市场不会乱，承认市场的一定调节。”

第四条是向前看。“这个会议向后看，解决（了）一些问题，目的是为了向前看。解决遗留问题，要快，干净利落，时间不要长。完全满意不可能。”

第五条是克服官僚主义。“好的企业必须用先进的办法管理。党委领导好不好，看企业管得好不好，看利润，看工人收入。城市如此，农村也如此，各行各业也如此。”

第六条是允许一部分企业、地区、社员先好起来。“这是一个大政策。允许一部分先富起来，农村 5%（的人先富起来），到 10%，再到 20%，城市 20%。干得好的，就影响左邻右舍。”

第七条是加强责任制。“（要）搞几‘定’：1. 什么项目；2. 从哪里引进；3. 定在什么地方；4. 定哪个人从谈判到管理。可能六七‘定’，开单子。并头进行，不耽误时间。现在打屁股打计委，有什么用？要打，打个人。国内企业也要专人负责，专门机构搞几‘定’，请些专家，譬如荣毅仁就可以当专家。”

第八条是新措施新问题。邓小平提出要搞人员核算标准。

从邓小平家里回来，胡耀邦和于光远找了国务院研究室的林涧青等人，赶紧起草，两三天就写好了，送给邓小平审阅。邓小平重申稿子不能长篇大论，语言要少些，干净一些反倒明确。最终，8 条改为 4 条，全文不到 8000 字，邓小平自己想好了标题，“解放思想，实事求是，团结一致向前看”。

12 月 13 日，邓小平在中央工作会议闭幕式上宣读了这篇讲话。这个讲话并没有提出新政策，邓小平也承认：“在经济问题上，我是个外行，也讲了一些话，都是从政治角度讲的。比如说，中国的经济开放政策，这是我提出来的，但是如何搞开放，一些细节，一些需要考虑的具体问题，我就懂得不多了。”但他首创性地提出了“以经济建设为中心”，颠覆了当时还很流行的“以阶级斗争为纲”的观念体系，整个党、整个国家毅然决然地翻开了新篇章，他也由此成为“改革开放的总设计师”。《邓小平时代》的作者傅高义说：“这也许是邓小平一生中最重要的一次讲话。”于光远则认为：“十一届三中全会吹响的改革号角，就集中体现在这篇讲话中。”

陈云推动邓小平复出

闭幕式后，又开了两天分组会，12 月 15 日，中央工作会议才结束。这天是星期五，很多代表留在京西宾馆，没有马上回去。经过 36 天的讨论，大家已有共识：要实现工作重心转移，必须进行人事变动和机构设置，这就得召开全会才能完成必需的程序。中央考虑，三中全会本来也要开了，趁主要代表都在北京，正好一气呵成，下周一接着开十一届三中全会。

12 月 18 日，十一届三中全会开幕，提出三项任务：讨论工作重点转移问题，审议通过农业、农村问题的两个文件，讨论人事问题和选举产生新的中纪委。代表们用 2 天时间看文件，3 天时间分组讨论。此时，虽然全会仍由华国锋主持，但与会者的注意力都集中到那两个相邻而坐的人身上：邓小平和陈云。实际上，邓小平能在十一届三中全会召开前复出主持工作，陈云功不可没。

1976 年清明节，北京群众聚集在天安门广场，纪念周恩来、反对“四人帮”。邓小平被指控为“天安门事件”的“幕后黑手”，第三次被打倒。

1976 年 10 月，“四人帮”被粉碎之后，叶剑英、胡耀邦等人以各种方式向华国锋提出让邓小平出来工作。12 月 14 日，中央通过决议，允许邓小平阅读中央文件。

1977 年 3 月 13 日，陈云在中央工作会议上谈道：“邓小平同志与‘天安门事件’是无关的。为了中国革命和中国共产党的需要，听说中央有些同志提出让邓小平同志重新参加党中央的领导工作，是完全正确、完全必要的，我完全拥护。”

在中共中央办公厅主任汪东兴的指示下，工作人员找到陈云，要求他按照中央的讲话口径修改发言稿，然后再下发简报。陈云说："要发简报，就照我讲的，一个字不改地发。"最终，会议简报没有刊发陈云的发言稿，但他的讲话早已流传开，得到广泛赞同。1977年7月，中央决定恢复邓小平中央政治局常委、中共中央副主席、中共中央军委副主席、国务院副总理、解放军总参谋长等职务。十一届三中全会召开后，邓小平成为实际上的领导核心。

当时，在经济问题上，陈云是党内的权威。就在全会召开前不久，7月至9月间，国务院召开了一次务虚会，研究加快四个现代化速度的问题。陈云跟国务院副总理李先念说："要在计划经济的前提下，搞点市场经济作补充；计划经济和市场经济相结合，以计划经济为主；市场经济是补充，不是小补充，而是大补充。"

但在务虚会上，"洋跃进"成了流行的观点。有人提出要放手利用外资，大量引进国外先进技术设备，组织国民经济新的"大跃进"。陈云提出了不同意见，认为对一些重大项目，需要深入广泛的讨论和科学的论证，再付诸实施。但他的反对意见也难以被接受。

随后，在中央工作会议上，很多领导干部还沉浸在"洋跃进"的热潮中。陈云坚决认为，四个现代化建设必须"既积极又稳妥"，"今后三五年内，每年应进口2000万吨粮食，先把农民这一头稳定下来，7亿多人口稳定了，天下就太平了；我们的工业基础和技术力量落后，不能同韩国以及台湾比，我们是要建设现代化的工业体系，他们主要是搞加工工业，而且有美国扶植，因此工业引进项目要循序而进"。

陈云的经济观念和基本思想最终被中央工作会议所接受。会上普遍认为，如果要把经济工作摆在第一位，必须对经济专家陈云委以重任，很多人提议陈云担任党中央副主席。果然，十一届三中全会上，陈云当选为中共中央副主席、中纪委第一书记。他在对外贸易、经济体制改革、选拔和培养中青年干部等方面，都给今天的中国留下了宝贵遗产。

1978年12月22日，十一届三中全会闭幕，原则通过了关于农业、农村问题的两个文件和1979年、1980年两年的国民经济计划安排，通过了《中国共产党第十一届中央委员会第三次全体会议公报》。主席台上，邓小平和陈云并肩而坐。历史选择了这一对搭档：邓小平有高瞻远瞩的政治眼光，而陈云是党内的经济专家。从此，几十年来思想上、经济上“左”的错误得以纠正，天翻地覆的变化即将到来。（撰文：范小舟）

陈云反腐风暴

2015年6月12日，也就是陈云诞辰的前一天，中共中央在人民大会堂举行纪念陈云同志诞辰110周年座谈会。习近平在近4500字的讲话中，引用了陈云20多句原话，涉及党建、经济、纪律、学习等多个方面。这恰是陈云的一大特点——他是“跨界”的，在多个领域建立功勋，而且正如习近平所言，“党和人民将永远铭记”。

在抗战时期，陈云担任中央组织部部长，党员数量由3万发展到121万。在新中国成立初期，陈云和毛泽东、刘少奇、周恩来、朱德并称“五大书记”，他主持领导全国财政经济工作，迅速实现了全国财政经济的统一，稳定了金融物价，还主持了第一个五年计划的编制和执行。在党的十一届三中全会后，他带头平反了刘少奇案等一大批冤假错案，又培养了一批德才兼备的青年干部，同时，还担任了9年的中央纪委书记，被称为“新时期党的纪律检查工作的开创者和奠基人”。

1982年1月5日，新年刚过，很多人还沉浸在辞旧迎新的喜悦中。这时，中央纪委向中央政治局、书记处递交了一份《信访简报》，反映广东一些地方走私活动猖獗，少数领导干部带头走私。如广州电信局党委书记王维经，自1978年以来，利用职权之便，从港商、港澳同胞及亲属那里套购外汇，购买彩色电视机、收录音机等高档商品，让其爱人先后两次到山东烟台地区倒卖，牟取暴利1.78万余元……

陈云时任中共中央副主席、中央政治局常委、中央纪委第一书记，他的秘书朱佳木告诉笔者："陈云同志一向冷静，但他看完简报后一改常态，十分气愤。他把我叫去，我看到他脸憋得通红，情绪很激动。他指着简报对我说：'这样搞下去，过不了几年我们就要亡党！告诉王鹤寿同志（时任中央纪委副书记）要严办，杀几个可以挽救一大批。'说话的时候还拍了桌子。过了一会儿，他又说：'索性我来批几句。'"随即，陈云在当期《信访简报》第一页的右侧空白处批示："我主张要严办几个，杀几个，判刑几个，并且登报，否则党风无法整顿。"简报在当时的中央政治局常委胡耀邦、邓小平、赵紫阳、李先念中转阅后，他们对陈云的批示都表示同意，邓小平还在陈云的批语旁加写了"雷厉风行，抓住不放"8个字。6天后，中央书记处召开会议，决定派习仲勋（时任中共中央书记处书记、全国人大常委会副委员长）、王鹤寿等人立即去广东、福建、浙江、云南等省传达中央领导批示，并采取紧急应对措施。

陈云与党的纪检工作有着不解之缘。早在1934年1月，党的六届五中全会选举产生的以李维汉为书记的党务委员会（主管纪律工作）中，陈云就是重要成员。1937年至1944年，他担任中央组织部部长，这期间，中央党务委员会由中央组织部代管。陈云经常直接过问和处理党的纪律检查工作。新中国成立后，陈云主管全国的经济工作，但仍关心党的纪律检查工作。1978年12月，十一届三中全会决定重建中央纪委，选举产生了以陈云为第一书记、邓颖超为第二书记、胡耀邦为第三书记的100名中央纪委委员。"陈云为人正派，作风民主，原则性强，敢负责任，这些都是党内公认的。在粉碎'四人帮'后的重大历史转折点上，又起了极为重要的作用。他担任恢复重建后的中央纪委第一书记，可以说是众望所归。"中央文献研究室第三编研部副研究员张曙告诉笔者。

改革开放初期的腐败活动具有时代特征，陈云多年主持全国财经工作，深知党的事业所取得的成就来之不易，不能轻易被葬送。在他的领导下，"改革开放反腐第一案"主犯——广东省海丰县委书记王仲被枪决，其他重大腐败案件也陆续被查处，打开了新时期党的纪检工作的新局面。中共中央书记处原书记、中央纪委原副书记何勇称他为“新时期党的纪律检查工作的开创者和奠基人”。

走私猖獗，坚决予以打击

改革开放初期经济领域中的违法乱纪行为，特别是走私贩私活动的严重情况，是新中国成立以来从未有过的，令人触目惊心。在走私活动猖獗的汕尾市海丰县，出现了工人不做工，农民不种田，学生不上课，一窝蜂地在公路沿线、街头巷尾兜售走私货的现象，造成极为混乱的局面。“当时很多干部群众反映说，包公看不见了，只见到包私、包庇；海瑞不见了，只剩下海盗。某些领导干部纵容包庇，使一些集体或国营企事业单位，甚至有的国家机关、执法部门也不同程度地参与了走私贩私活动。”张曙说。

1979 年秋，海丰县一个广播员给县委书记王仲送了台 17 英寸黑白电视机，因此他赴港探亲的报告提早获批；不久，海丰县一名教师送给王仲一台彩电和一台收录机，其一家 5 口去港的要求也顺利获批。当时，被海关等查缴的走私货在汕尾镇堆积如山。王仲经常跑到汕尾镇，借“视察”名义把大量缉私物资据为己有，累计拿走 263 只手表、17 部收录机、1 台电视机、2 台电风扇等。尝到甜头后，他的胆子越来越大，开始大量收受、索取港商的电视机、收录机、电冰箱等，然后转手卖出。经法院认定，王仲利用职权侵吞缉私物资、受贿索贿总额达 6.9 万余元。这个数字相当于当时一个普通干部 100 年的工资收入。他还纵容唆使妻子、子女参与犯罪活动，将贪污受贿所得在私货市场出售。在他的纵容和影响下，海丰县一些干部和管理人员乱拿私分缉私物资成风，全县走私贩私一度泛滥成灾，成为远近有名的私货市场，被讥讽为“远东的国际市场”。

“据有关同志回忆，陈云多次听取案情汇报，并派王鹤寿亲赴海丰督察。”张曙说。当时有人认为，王仲是个老同志，1947 年参加解放军并入党，为党做过一些贡献，应该从轻处理。但当时分管公检法工作的陈云认为，在我国改革开放的关键时刻，在一个地区出现如此严重的情况，王仲确实起了非常坏的作用，如果不依照党纪国法进行惩处，对我们打击经济领域严重犯罪的斗争，对我们的改革开放都很不利。

1983 年 1 月 17 日，王仲被判处死刑，成为改革开放后第一个被枪毙的县委书记。时任中央纪委第五检查室主任的张岷回忆说："当时的反响应该说震动全国，简报一发，报纸一发，全国人民都说这是动真格的了。"同年 9 月 18 日，海丰县委副书记叶妈坎也因犯巨额走私罪被判处死刑。"8 个月的时间，一个县的正副书记相继被处决，这表明了党中央和陈云本人反腐败斗争的坚定决心。"张曙说。

此外，广州电信局党委书记王维经于 1982 年 2 月 1 日被逮捕，后被开除党籍，撤销党内职务。原潮阳县县委常委周勤增，直接参加走私和贪污分赃，被开除党籍。经过持续的努力，大规模走私活动初步被制止，公开贩卖走私物品的市场被取缔，东南沿海走私猖獗的局面被初步扭转。1983 年 10 月，陈云在党的十二届二中全会上指出："我们绝大多数党员是不谋私利的，但因谋私利而犯法、犯错误的党员也不是一个很小的数量。从打击经济犯罪以来，被开除党籍和受党纪处分的人，比 1927 年四一二反革命政变以后全国党员总数还要多一倍多。对于利用职权谋私利的人，如果不给予严厉的打击，对这股歪风如果不加制止，或制止不力，就会败坏党的风气，使党丧失民心。"

不能当"老太婆纪委"，要做"铁纪委"

1982 年 7 月 1 日，新华社在简报上刊载香港《快报》一篇题为"反腐败斗争停滞不前"的文章，给中央的反腐工作泼了一盆冷水。文章评论说，中共只打了几只苍蝇，一只老虎也没有打着，似有搞不下去之势。7 月 5 日，陈云在文章中尖锐的语句下面画了线，将这份材料批给黄克诚（时任中央纪委常务书记）、王鹤寿，指出，对于经济犯罪案件必须严办，阻力再大也必须办。7 月中旬，中央纪委派出百余名司局级以上干部分赴各地，充实、加强办案力量，直接参与大案要案的处理工作。

引起陈云重视的另一案件是化工部副部长杨义邦案。杨在未弄清香港某皮包公司实力的情况下，就贸然同该公司负责人柯某签订了 6 亿美元的贷款备忘录，并给柯某以北京燕山石化公司顾问的名义，使柯某得以用我国一个大企业代理人的身份在国际上招摇撞骗，给我国的国际信誉造成了很大的损害。他还违反国家保密规定，委托柯某递送我内部信件。指定由北京某公司低于市场价出售塑料原料给柯某的香港公司，使柯某从中获利 75 万美元。柯某还一再以低于我华润公司和外贸公司的价格将这批塑料原料在香港、新加坡和菲律宾等地抛售，扰乱我国出口贸易秩序。

欧洲的一些银行对中国政府的一个副部长不经过中国使馆和银行，而通过一个不知名的港商前往洽谈巨款难以置信，感到这是不可理解的怪事。朱佳木回忆说："中央纪委的工作人员查办这个副部长的案件时遇到不小的阻力，陈云同志不得不亲自出面找有关领导谈话。一天晚上，我去陈云同志办公室汇报工作，当时已经很晚了，他却拿起电话，请总机要通了一位中央负责同志，说这个案子一定要办，否则党风搞不好，无法向几百万烈士和几千万牺牲的同志交代。他说，开放政策是对的，但越是在开放的地方越是要加强政治思想工作，干部越是要'金刚钻'的。"

1982 年 2 月 1 日，中央纪委给予杨义邦党内严重警告处分。2 月 22 日，时任中央统战部顾问的刘澜涛专门就此事致信邓小平、陈云、胡耀邦，认为处理太轻。2 月 24 日，陈云在看到刘澜涛来信后当即批示："这件案子书记处讨论了两次，不做决定，我是退无可退，才由纪委做出决定的。一部分参加书记处（讨论）的同志顾虑重重，我看没有必要怕那些负责同志躺倒不干。要讲党性。不怕他躺倒。谁要躺倒，就让他躺吧。"陈云的批示推动了对杨义邦的重新处理，经过进一步核实材料，7 月 22 日，中央纪委报经中央书记处同意，给予杨义邦留党察看两年和撤销党内一切职务的处分，并建议撤销他在党外的各种职务。8 月 11 日，国务院决定撤销杨义邦化工部副部长职务。这是改革开放后因经济问题被撤职的最高级别官员，也可以说是改革开放后受到查处的第一只省部级“老虎”。

1982 年 9 月，党的十二大召开，陈云再次当选为中央纪委第一书记。“党的十二大之后，陈云同志对我说，十二大上有人提意见，认为中央纪委在处理历史遗留问题上很果断，但在处理现实的案子时还是有些软弱。要告诉黄克诚、王鹤寿同志，对涉及领导干部的案子要大胆地搞，纪委不能当‘老太婆纪委’，要做‘铁纪委’。”朱佳木说。

1982 年春，陈云在杭州灵隐寺

随着改革开放的推进，不少人认为应该“让党政机关干部也尽快富起来”。有些党员干部和党政机关，搞权钱交易，流行“不吃不喝，经济不活”“经济要搞活，纪律要松绑”等歪风邪气。1984 年 10 月 17 日，陈云在中央纪委常委会提出的《关于加强纪律检查工作，保证改革顺利进行》的报告上批示：“党性原则和党的纪律不存在‘松绑’的问题。没有好的党风，改革是搞不好的。共产党不论在地下党时期或执政时期，任何时候都必须坚持党的纪律。”

1985 年，50 岁的倪献策当上了江西省省长。一次偶然的机会，他认识了一个名叫郭晓红的女人，两人很快勾搭在一起。后来，郭晓红的弟弟郭勇走私价值 60 万美元的 2000 台录像机，被深圳海关查处，并被罚款 150 万元。郭晓红找到倪献策，要求他帮忙“疏通”。在多方走关系受阻后，倪献策竟然要求中国银行南昌分行给郭勇在香港的走私合作方汇去 60 万美元。中央纪委得到消息后，迅速派出以中央纪委常委刘丽英为首的调查组。刘丽英被陈云称为中央纪委里的“穆桂英”，当时 50 岁出头，在中央纪委成员当中属于少壮派，参加过林彪、江青两个反革命集团案件的审理。

调查组在江西走访了500多名干部、群众，找到确凿证据，摸清了倪献策的犯罪经过。中央纪委最终决定开除倪献策党籍。倪献策因徇私舞弊罪被判处有期徒刑二年。

1985年，安徽省委常委、省委秘书长洪清源收受一名港商2.4万元贿赂，为该港商的4名亲属办理了通过安徽省去香港定居的单程通行证，被中央纪委查处，后以受贿罪判处有期徒刑十年；1986年11月，中央纪委发出通报，胡亦民在任中共大连市委第一书记期间，不严格要求自己和家人，利用职权搞特殊化，侵占财物，决定予以严重警告处分……在陈云的主持下，一大批经济上有问题的干部被揪了出来。

那段时间，中央纪委办案人员遭到打击报复的现象时有发生，陈云特意让朱佳木给中央纪委的年轻人捎话，让他们平时注意安全，但坚决不能妥协。“对于这场斗争的艰巨性，他做了充分的思想准备。他说：‘抓这件事是我的责任，我不管谁管？我准备让人打黑枪，损子折孙。’他要我转告他的子女，出门时要注意安全，还交代我也要小心。当我转身走到门口时，他又把我叫回来补了一句：‘让你的爱人也要注意。’”朱佳木回忆说。

干部子女不准经商

20世纪80年代，一些领导干部的子女出国留学，名为“自费”，实为外商赞助。朱佳木回忆说：“中央纪委把有关反映送给陈云看，他总是亲自出面，给这些领导同志写信，指出这样做不好，因为我们‘自费’不起，劝他们不要让孩子‘自费’出国，出去的要叫回来。”

1983年2月13日，陈云邀请瞿秋白、蔡和森等革命烈士的子女瞿独伊、蔡妮等，到自己住所举行春节座谈会。他深情地说：“你们的父亲就是我们党的亲人，是我们民族的亲人。新中国是他们和千千万万先烈用生命换来的。”他在谈话中勉励大家要像父辈那样处处从党的利益出发，爱护党和国家出现的好形势。然而，他的谆谆教诲并不是所有人都能听得进去。

一些经商的干部子女同违法分子、不法商人互相勾结，互相利用。1985 年 3 月，王鹤寿致信陈云，建议明确规定，凡地师、司局级以上干部的子女及其配偶，一律不准经商、办企业，已经参加的必须全部退出。4 月 3 日，陈云批示："这件事，应由中央像严禁党政机关和党政干部经商、办企业的问题那样，做出明确的决定方能制止。不然的话，发展下去，党的肌体、党群关系必将受到损害，有所好转的党风也会受到影响，改革也难以顺利进行。应退出干部子女的范围，是否再扩大一点。"同日，邓小平对陈云的批示表示："赞成，要早出决定。"5 月 23 日，中共中央、国务院颁布《关于禁止领导干部的子女、配偶经商的决定》，规定：凡县、团级以上领导干部的子女、配偶，除在国营、集体、中外合资企业，以及在为解决职工子女就业而兴办的劳动服务性行业工作者外，一律不准经商。

1981 年至 1984 年间，胡晓阳、陈小蒙等高干子弟经常纠合在一起，以跳舞、帮助调动工作等名义，结伙或单独进行强奸、猥亵等犯罪活动，共轮奸、强奸妇女数十名。这伙罪犯罪行特别严重，犯罪情节特别恶劣，对社会危害极大。

中央对此案件态度非常明确："不管是什么人，依法处理，杀一儆百。"胡耀邦批示："罪大恶极，不杀不足以平民愤。"1986 年 1 月 17 日的中央政治局常委会上，邓小平谈到对严重的经济罪犯、刑事罪犯要依法杀一些，现在总的表现是手软。陈云插话说："杀一儆百。杀一些可以挽救一大批干部。"1986 年 2 月 1 日，胡晓阳、陈小蒙等 3 人被判处死刑，剥夺政治权利终身。

"党风问题有关党的生死存亡"

陈云在执掌中央纪委期间做了大量卓有成效的工作，这个阶段被中国纪检监察学院原副院长李永忠称为"我国反腐历程中的黄金时期"。

1979 年 1 月 4 日，中央纪委召开第一次全体会议。中央文献研究室第五编研部主任杨明伟告诉笔者：“中央纪委的第一次全会一共开了 18 天。之所以开这么长时间，是因为要拟定并讨论两份重要文件，一份是中央纪委的文件，即《中共中央纪律检查委员会关于工作任务、职权范围、机构设置的规定》；另一份是全党的文件，即《关于党内政治生活的若干准则》（以下简称《准则》）。”陈云提出了中央纪委的基本任务：“维护党规党法，整顿党风。”

“会上涉及的《准则》，是一份有关党的建设的长远性和战略性的文件，所以在组织拟定和讨论过程中慎之又慎。在《准则》起草过程中遇到的重要问题，陈云都亲自把关，多次对起草工作给予指示。”杨明伟说，“起草《准则》的主要依据是党在长期革命斗争和建设实践中形成的一整套党内政治生活准则。比如，党的各级组织要实行集体领导，反对一言堂；每一个党员要讲真话，不许讲假话；要发扬党内民主，坚持言者无罪，闻者足戒的原则；等等。将这些准则形成党内法律，是搞好党风的依据。”陈云曾对子女说：“毛主席在延安的时候，提出问题以后，经常听取反面意见，有的时候毛主席自己听不到反面意见很着急，就站在自己的对立面批驳自己的观点。”

杨明伟说：“1980 年 11 月，就在中央纪委召开的第三次贯彻《准则》座谈会期间，陈云提出了一个令党内外震撼的命题：执政党的党风问题是有关党的生死存亡的问题。这一命题一经提出，立即成为全党的座右铭。”李永忠在接受笔者采访时说：“这一论断的提出，是陈云最大的理论贡献，中央领导至今仍在提。陈云主张全党抓党风，而不只是纪委抓，这与习近平总书记提倡的党委要承担党风廉政建设主体责任有异曲同工之处。”

陈云还对纪委领导体制进行了改革。重建中央纪委后，沿用了过去“在同级党委领导下进行工作”的模式，但很快就发现其弊端：一些地方要求纪委把当地干部的违纪问题压住不调查、不上报。1980 年，陈云建议，纪委“受同级党委和上级纪委双重领导，以同级党委领导为主”，地方各级纪委人员的任免要征求上级纪委的意见。建议很快得到中央批准，纪委的工作很快进入良性轨道。

1982年9月，陈云在中央纪委全体会议上强调："要继续建立和健全党的纪律检查部门，县以上单位的党委，过去凡是没有建立纪律检查机构的，要尽快建立；已经建立的，有些还要加强力量。一般说来，凡是没有纪律检查委员会或纪律检查组的地方，都应当有专职的纪律检查干部。"在陈云的领导下，仅用5年时间，全国县级以上地区和单位的纪检机构基本建立。1987年底，纪检机构总数达9万多个。

"一个愿意献身共产主义事业的共产党员，不仅应该为党在各个时期的具体任务而奋斗，而且应该确定为共产主义的实现而奋斗到底的革命的人生观。"这是1939年，时任中央组织部部长的陈云在《怎样做一个共产党员》的报告中的话。朱佳木对笔者解释了什么叫"奋斗到底"："据听过陈云报告的老同志们回忆，他当时用自己的家乡话打比方，说这个'底'就是'翘辫子'，就是'见棺材板'，就是到生命终止的时候。"（撰文：田亮）

附录："国难思良将"

陈云的家乡是位于上海市西南隅的青浦区练塘镇。小镇风光秀丽，陈云的童年却是灰暗的。他生于1905年6月13日，两岁时，父亲就去世了。不到4岁，母亲也被病魔夺走了生命。他和姐姐被外祖母领到舅父家，同他们一起生活。两年后外祖母去世，他过继给舅父，由舅父抚养长大。

2015年6月3日，位于练塘镇、装饰一新的陈云纪念馆重新开馆，纪念馆党总支书记兼副馆长马继奋向笔者讲述了陈云的传奇一生。

"小学生"领导工会罢工

陈云的舅父是个裁缝，舅母开了个小酒馆。陈云就成了店里的小帮手，干些劈柴、洗菜之类的杂事。由于舅父家境不宽裕，陈云小学没念多久就失学了。所幸，小酒馆有个常客，是镇上颜安国民小学的校长，他看陈云聪明勤快，不上学太可惜，就让他免费入学。

1919年，陈云小学毕业，但没有钱继续上中学。所以，以后每逢填表，他总是在“文化程度”一栏里写上“小学”。他曾经说：“我永远是小学生。”

陈云的一位小学老师很喜欢他，就把他介绍到上海商务印书馆当学徒。这里的藏书让陈云的知识水平大幅提升。1925年，陈云入党。同年，上海爆发五卅惨案，数十名游行的工人、学生被英国巡捕房开枪射杀，举国震惊。此后，上海的工人运动风起云涌，商务印书馆在6月成立了工会，陈云作为代表在成立大会上讲了话。

工会刚成立，陈云便开始酝酿罢工。当年8月，商务印书馆打算裁员，陈云马上提出“薪金太薄”、“工作时间太长”、“男女工人待遇不平”等问题，随即得到商务印书馆各部门的支持。8月22日，罢工开始。罢工期间，职工全部离开工厂。总经理和工人代表反复谈判，双方终于在8月27日签订复工协议。陈云第一次领导工人运动，就取得了成功。

1931年，26岁时，他成为中共中央委员；27岁时，他担任中共临时中央常委，兼中华全国总工会党团书记；29岁时，他当选中共中央政治局常委。他的命运很早就与党和国家的命运紧紧结合在一起。

“红色掌柜”治天下

陈云被称为“党内理财能手”、“红色掌柜”，是党内的经济专家。他本来不懂经济，完全是靠一本一本地看书，自己钻研经济理论。1933年在江西中央苏区时，他就发表了《关于苏区工人的经济斗争》《怎样订立劳动合同》等文章，开始思考经济问题。

1944年是陈云经济工作的真正起点，那年他调任西北财经办事处副主任兼政治部主任，主持陕甘宁边区的财政经济工作。当时，国民党和日伪军加紧了对陕甘宁边区的封锁，边区的财政经济空前困难，而陈云在陕北的生产自救、自力更生运动中颇有成绩，便被毛泽东看中，调来主管财经。

陈云要求人人都做“掌柜”。他说：“我们是掌柜态度呢，还是出纳态度？每一个同志，局长、科长、科员，都要有‘掌柜’态度，当家的态度，应该把责任心提高到这个程度。这不是一个小问题，而是主动或被动的问题。”

新中国成立后，陈云被任命为政务院副总理，兼任政务院财政经济委员会（中财委）主任，开始主持全国的财经工作。经过多年战争，全国经济陷于混乱之中。陈云形容那时自己犹如挑着一担“炸药”，这一头是物价，另一头是粮食。不论哪个问题处理不好，都会像炸药一样爆炸，引起全国性的大动乱。

当时，陈云工作的重心在上海。上海 1949 年 5 月解放，不法资本家趁乱囤积居奇，导致物价飞涨。陈云 7 月奔赴上海，他的目标是“两白一黑”——大米、棉纱和煤炭。稳住了它们，就稳住了上海。三者中又以粮食为重。

7 月底正值江苏的早稻成熟，价格也比上海低，陈云就派人到江苏大量购进大米，又从东北、华中、四川等地急运粮食到上海。到了 1950 年上半年，上海国家粮仓储存的粮食达到 17 亿斤。开始，不法资本家们见了粮食就抢购，抢了一批又一批。可是，面对源源不断的粮食，他们毫无机会出手。最后只得低价抛出。上海的粮价就此平稳。由上海及全国，连续 10 多年的恶性通货膨胀终于在 1950 年初被遏制住。毛泽东评价道：“这一胜利的意义不亚于淮海战役。”

1953 年，全国的粮食贩子有几十万之多。陈云提出对粮食实行“统购统销”，即农民把粮食卖给国家，全社会所需要的粮食都由国家供应。城镇家庭每家一个粮本，凭粮本供应粮食，农民自己食用的粮食也得经国家批准才能留下。粮食自由买卖被禁止。这一方法一直实行到 1992 年底。

新中国成立初期，陈云的工作非常繁忙，“睡觉太少，一天 4 个小时都保证不了”。当时，他不仅在解决物价、粮食问题，还参与了国家“一五”计划的制订。1951 年初，毛泽东提出“三年准备，十年计划经济建设”的思想。周总理提议成立 5 人小组，编制“一五”计划，由陈云具体负责。这项工作十分艰巨，5 年内要建设哪些工厂，农业与工业、轻工业与重工业的比例，发展速度、投资规模是多少，种种问题都要考虑。这一计划反复修改，编制了 5 次。1955 年，“一五”计划最终得以通过。中国的工业化进程由此开启。

1958年2月，陈云由于反对“大跃进”，在政治局扩大会议上受到毛泽东的批评并做了检讨。毛泽东后来认识到“大跃进”、“大炼钢铁”的错误，并说：“国难思良将，家贫思贤妻。陈云同志对经济工作是比较有研究的，让陈云同志来主管计划工作、财经工作比较好。”

平反老人，提拔新人

陈云在组织工作上的贡献也不小，而且他接触组织工作比经济工作的时间还要早。1937年到1944年间，他在延安出任中共中央组织部部长。那时几乎每个干部调动都由他去谈话。他只要跟这个人谈3分钟，就大概知道他是哪种类型的人，适合搞什么工作。他提出12字的干部政策——了解人、气量大、用得好、爱护人。当时，大批革命青年和知识分子涌向延安。陈云对他们很关心。科学家高士其在延安生了病，他不仅去探望，还想方设法通过各种途径到国民党统治区买来药为他治病。

陈云在延安担任组织部长的7年间，记住了将近3000名干部的名字，他还调阅大量的干部档案，对党内干部情况非常熟悉。以至于1978年党的十一届三中全会之后，需要起用许多干部时，中组部经常征询他的意见，称他是“活字典”。

“文革”结束后，沉默了10多年的陈云发出了复出后的声音。在1978年11月10日召开的历时36天的中央工作会议上，他提出要平反“六十一人叛徒集团”，平反陶铸、王鹤寿、彭德怀，平反“天安门事件”，并提出了康生的错误。他的话被称为“爆炸性的发言”，引起了极大震动，最终会议接受了他的全部意见。

在此之前，陈云已经在一件事上表达了自己的观点，那就是支持邓小平复出。1977年3月，他在中央工作会议上做了书面发言，态度鲜明，他说：“听说中央有些同志提出让邓小平同志重新参加党中央的领导工作，是完全正确、完全必要的，我完全拥护。”

陈云做的另一件大事是大量提拔中青年干部。早在1979年，他就提到要培养“后排议员”。20世纪80年代初的中共有“十二老”之说，指包括陈云在内的12位中共元老。陈云说："因积劳成疾而死亡的人越来越多，开追悼会的消息几乎每天都有。"他意识到提拔中青年干部是当务之急。在他眼里，才干是锻炼出来的，并不是天生的，中青年干部在实际工作岗位上，锻炼三五年，就能成材。

他举过一个例子："我在《参考要闻》上看到，美国卡特政府一个什么办公室主任，只有32岁；里根政府也是一个什么办公室主任，40岁。外国人一定比我们聪明，我们中国人一定要笨一点吗？并不是这样。"

他再三说，必须"成千上万，几千，一万，两万"地提拔中青年干部。在1982年党的十二大上，陈云着重谈新老干部交替问题。此后他协助邓小平完成了从第二代领导集体向第三代领导集体的过渡。十四大之后，他过上了离休生活。1995年4月10日，陈云病逝于北京医院，享年90岁。（口述：马继奋　整理：朱东君）

附录：陈云家风

陈云与妻子于若木共育有5名子女，笔者与他们的二女儿陈伟华有过多次交流。她今年68岁，仍满头黑发，步伐矫健。今年各种关于陈云的纪念活动中，总能看到她的身影。在她的点滴回忆之中，陈云的另一面呈现出来——作为父亲，他是如何严于治家的。

婚礼只花一块钱

1938年初，父亲和母亲于若木结婚了。婚礼在中央组织部的一间平房里举行，而婚礼的所有花费只有一块钱。父亲用这一块钱买了花生、瓜子和糖果。事后，消息传开，有些同志见到他，就说你得请客啊，父亲当时手上虽然有点钱，但是他不愿意摆场面，所以就没有请。

后来父亲一直是粗茶淡饭，中午两菜一汤，菜谱每周一轮，都是一些家常菜，晚饭常年是青菜豆腐，甚至过春节时也是如此。他每餐必吃光喝

20世纪60年代陈云全家福。后排左起：陈元、陈云、于若木、陈伟力。前排左起：陈伟兰、陈伟华、陈方

净，不剩一粒米一口汤。有一次他去外地，接待的宾馆不知道他的规矩，第一顿饭为他摆了一桌子菜。他一看就不高兴，无论如何不肯入座。人家没办法，只好重新做了两菜一汤。

新中国成立初期，父亲已经是党中央的五大书记之一，但他始终要求有关部门不能把他在待遇上、宣传上和毛主席、少奇同志、周总理、朱老总并列。苏联政府赠送汽车，给五大书记一人一辆，父亲坚持把自己的那辆退回。实行工资制，五大书记都被定为一级，他主动把自己改成二级。

20世纪50年代末，他参加郑州会议后，当地负责接待的人员给他那节车厢上装了几只鸡。等火车到下一站停下来加煤加水，他就让人把这几只鸡拿下去，让省里领导收回。为了这件事，他整整发了一个星期的脾气，觉得这是腐败作风。

无论大事小情，父亲都不自恃。父亲读小学时，学校对面有两家书场。做完功课，忙完小酒馆的活儿，父亲最大的乐趣就是去那里听评弹。这个爱好陪伴了他一辈子。有一年，上海评弹团在进京演出前，通过父亲秘书请示他可不可以到我们家里演出一次。他说："见见他们可以，但不必演出。我每天听录音不是很好吗？在这种事（指设专场）上，还是要严肃一些。"

父亲八十大寿时，有人提议召集一些老同志和他在一起吃顿便饭，庆祝一下。他知道后，坚决不同意。于是母亲和我们同他协商，决定全家人照张合影，就用这种方式为他过了80岁的生日。

“千万不可以革命功臣的子弟自居”

父亲不仅对自己要求严格，他也是这样要求家人和身边工作人员的。

解放初期，父亲担任中财委主任，母亲也在中财委机关工作。两个人虽然都在同一个单位，但母亲总是自己骑车上班，从没有搭过父亲的专车。后来，母亲调到中国科学院植物研究所工作，地点在香山。平时住单位，周六晚上要骑一个半小时的车才能到家。有记者就这件事采访过她，她说：“我们的家风有一个特点，就是以普通的劳动者自居，以普通的机关干部标准严格要求自己，不搞特殊化。”

1959 年，父亲去杭州、苏州休息。母亲陪了他一年多。他就跟母亲说，你陪我休息期间不能拿工资。所以母亲就没有领工资。不过母亲的单位还是帮她把工资存了起来。她回到单位后，领到了 2200 多元工资。但母亲按照父亲的要求，把这笔钱全部退给了单位。

到了 1962 年或 1963 年的时候，为了回笼货币，国家在市场上销售一些高级点心、高级糖和其他高价商品。那年夏天母亲买了一床毛巾被，就是高价商品，买完后还挺高兴。结果第二天，就看到报纸上说，因为我国经济已经恢复到一定水平，可以取消高价商品了，从那天起，所有商品都变为平价。母亲就有点抱怨父亲，事先怎么不透露一声。父亲说：“我是主管经济的，这是国家的经济机密，我怎么可以在自己家里随便讲？我要带头遵守党的纪律。”

上海刚解放时，父亲就给家乡一位老战友的孩子写信，叮嘱他“千万不可以革命功臣的子弟自居，切不要在家乡人面前有什么架子或者有越轨违法行为”。“我与你父亲既不是功臣，你们更不是功臣子弟。”“你们必须安分守己，束身自爱，丝毫不得有违法行为。我第一次与你们通信，就写了这一大篇，似乎不客气，但我深觉有责任告诫你们。”

父亲的一名警卫员，跟了他很多年，新中国成立初期才离开。离开前，父亲叮嘱他说，无论你到哪里工作，都要记住一条，公家的钱一分都不能动，国家今天不查，明天不查，早晚都要查的。记住这一条，你就不会犯错误。

还有一次，一个老干部的孩子出了问题，卷入一些案件，那个老干部就转着弯找到父亲，想说情。父亲说，老干部的功劳是老干部的，子女做错的事情要自己负责。他没为这个事讲任何一句话。

子女都不是“特殊人物”

对于自己的子女，父亲更是严格要求，决不让我们 5 个兄弟姐妹因为他“沾光”。

大姐伟力上小学前，父亲很严肃地把她叫到办公室，把她当成大人一样跟她谈话。他说，你马上就要上学了，学校跟家里不一样，那是个集体，有很多同学，这些同学来自不同的家庭，出身都不一样，有的孩子甚至可能很穷苦。你到这个环境以后，绝对不许提父亲是谁，更不能觉得自己比别人优越，你没有什么可以骄傲的本钱，你是你，我是我。

大哥陈元的婚礼则像是父亲婚礼的翻版。那是 1972 年春节，当时父亲正在江西“蹲点”，大哥带着新娘去探望父亲并举行婚礼。父亲就从住所腾出一间房做新房，还借了几床军用被子、褥子，新房唯一的装饰就是墙上贴的红双喜字。结婚那天，由于事前没有声张，大家一点都不知道。参加婚礼的客人只有 6 位，其中多数还是父亲身边的工作人员。说是婚礼，其实就是一次简单的聚会。父亲说：“今天，我儿子结婚，他们新事新办，没有酒席，我只是买点烟、水果糖，大家一起玩玩。大家不会有意见吧？来，一起吃糖、抽烟、喝茶。”

妹妹伟兰 1968 年被分配到西藏，当时她只有 18 岁。有人给她出主意，说你可以让你父亲跟领导同志讲一讲，留在成都，别去西藏了。她回家就跟父亲说了。父亲说，我不能给你讲这个情，别人能去，你也应该能去。等到她离开时，父亲站在门口，让家里人都去送她。父亲心里非常难过，但还是对伟兰说，再大的困难你也不要怕，别人能干，你也能干。

对于小弟陈方，父亲也是谆谆教诲。20 世纪 80 年代中期的一天，父亲正在洗手准备吃饭，看到小弟下班回来，就把他叫进办公室，对他说，现在社会上经济犯罪、刑事犯罪很多，一些高干子弟也参与了，影响很不好。这方面你得注意，绝对不能跟他们一起去做这种事情，你一定要自己管好自己。记住了没有？小弟说记住了，父亲才让他回去。

我1966年从北师大女附中高中毕业，“文革”中被分配到北京郊区的怀柔当小学教师，我们分配的地方有靠近县城的，也有在半山区、深山区的。我跟父亲说了，他就说你要准备到最艰苦的地区去。后来，我被分配到了长城脚下的一个公社。

我第一次离家这么远，非常想家。有一次工作日，我也没有向学校请假，就走了几十里山路，冒雨赶回家。没想到父亲看到我，并没有显出高兴的样子，在知道我没有请假后，还严厉地批评了我，让我立即回去，说孩子们的功课缺不得，让我安心教好书，育好人。第二天一大早，我就赶回了学校。

1977年恢复高考后，我考入北京师范大学历史系，毕业后被分配到国家人事部工作。20世纪80年代中期，父亲从报纸上了解到师范学校招生难，就让秘书朱佳木同志转告有关领导，应该提高教师的社会地位，使教师真正成为社会上最受人尊敬、最值得羡慕的职业之一。在那次谈话中，他还提到了我，说我过去当教师，后来上了师范大学，但毕业后分配到国家机关，对此他是不赞成的，今后应当“归队”。朱佳木同志向我转达了父亲的意思，而我也正有此意，父亲的话让我下定决心。不久，我就回到北师大附属实验中学当了一名中学教师，直到退休。

父亲曾说：“希望所有党的高级领导人员，在教育好子女的问题上，给全党带好头。决不允许他们倚仗亲属关系，谋权谋利，成为特殊人物。”父亲是这样说的，也是这样做的。回顾父亲的一生，他可以说是问心无愧。

（口述：陈伟华　整理：朱东君）

叶剑英：坐镇指挥粉碎“四人帮”

1959 年，彭德怀遭到错误的批判，被免去国防部长一职，由觊觎此位置已久的林彪接任。1971 年 9 月，林彪及家人乘飞机出逃时，在蒙古温都尔汗地区坠机身亡。随后，叶剑英主持中央军委的日常工作。自此到 1975 年 1 月，我国一直未任命“国防部长”，由叶剑英全盘负责国防事务。

西沙一战不眠夜

1974 年 1 月 11 日，南越当局（当时的越南分裂为南越和北越两个政权）公布地图，将我国西沙群岛全部划入其版图，并于当年 1 月 15 日公然出动军舰，侵我领海，撞我渔船，突袭我永乐群岛。

1 月 17 日，叶剑英指示总参谋部，组织班子，准备打仗。他命令海军部队立即派出舰艇，开进永乐群岛海区，并派武装民兵进驻琛航、广金、晋卿三岛。1 月 19 日凌晨，叶剑英接到报告：南越当局突然派兵强行登上琛航、广金两岛，首先向中国民兵开炮。他立即就这一情况请示周恩来总理。周恩来说：“立即组织领导六人小组，由你负责，到总参谋部指挥作战！”

周恩来所说的“六人小组”，是 1 月 18 日在中央政治局会议上成立的，由叶剑英牵头，成员有王洪文、张春桥、邓小平、陈锡联、苏振华，共 6 人。

其任务就是处理中央军委的大事及紧急作战事项。

几个小时后，叶剑英来到总参谋部的作战指挥室。他一进屋就问：“前边怎么样啦？告诉前方，提高警惕，一旦敌人动手，就迅速还击！”

“报告叶帅，10点22分，敌人4舰向我271、274号猎潜艇和396、389号扫雷艇攻击，我舰队已给予还击。”

叶剑英知道，我军参战的舰艇装备不如敌方。但他相信我军勇敢、不怕死的精神，于是对参谋人员说：“要参战舰艇狠狠地打，坚决消灭敌人！”

1小时37分钟后，捷报传来：我军民击沉、击伤4艘敌舰。这时，一直没有休息的叶剑英，才在人们的劝说下，去作战室旁边的一间办公室里休息。没想到刚过中午，战场上的形势发生了新的变化：支持南越的美国政府，派出一支舰艇编队，向南海方向驶去。叶剑英立刻将这一情报汇报给了中央，不久又根据中央的指示，向前线发出了新的命令：“坚决收复甘泉、珊瑚、金银三岛！”

20日9点35分，我陆军在海军舰艇和渔轮的掩护下，向甘泉、珊瑚、金银三岛的敌人发起了反攻，全歼敌军，收复了西沙群岛中的永乐群岛，取得西沙海域自卫反击作战的重大胜利。

拒绝江青的邀请

1975年1月13日，第四届全国人大第一次会议召开。会议任命叶剑英为国防部长，继续主持中央军委的日常工作，并协助邓小平对军队进行整顿。

正式就任国防部长后，叶剑英在紧抓国防建设的同时，还不得不同妄图插手军队事务的“四人帮”进行周旋。

1975年6月24日至7月15日，中央军委扩大会议在北京召开，叶剑英主持会议。他在会上论述了整顿军队、加强战备的重要性，提出军队要抵制资产阶级思想作风的影响和腐蚀。

会议间歇，叶剑英与各军区各兵种的高级干部逐一谈话，把毛泽东批评

"四人帮"的事（指 1975 年 5 月 3 日，毛泽东在政治局会议上批评江青，警告她"不要搞四人帮"）透露给他们，并要求大家谨慎从事，坚定立场，稳住部队。

在小组讨论会上，叶剑英提醒说："有个别中央领导人，不通过组织，自己发指示搞运动，这是不正常的……今后不论谁，凡不经过军委直接向部队发指示、送材料，你们都有权力抵制，都可以不执行。我们一定要听毛主席的话！"

会议结束时，叶剑英显得很兴奋。可没过多久，他的心情又沉重起来，一是因为周恩来总理的病情更重了，二是因为出现了矛头指向周恩来等人的"评《水浒》"、"批投降派"运动。这使得军委扩大会议的精神根本无法得到贯彻。

那段时间，叶剑英常常独坐沉思。一天，他正在与孩子们打乒乓球，警卫参谋走过来说："首长，江青同志来电话，请您到北海公园用餐，说特意准备了宫廷糕点。"

江青这次又要搞什么名堂？叶剑英皱了皱眉头，对警卫参谋说："你告诉她，我的身体不适，不能去了。"警卫参谋走后，他挥了一下球拍："继续打球！"

怀仁堂力挽狂澜

1976 年 1 月 8 日，周恩来逝世。2 月 2 日，中共中央发出 1976 年"一号文件"，任命华国锋为国务院代总理。这份文件还有一项引人注目的内容："在叶剑英同志生病期间，由陈锡联同志负责主持中央军委的工作。"

这只是风云突变的开始。同年 4 月 7 日，中央人民广播电台播出了中共中央的两份文件，一个是《关于华国锋任中国共产党中央委员会第一副主席、中华人民共和国总理的通知》，另一个是《关于撤销邓小平党内外一切职务的决议》。9 月 9 日，毛泽东逝世。9 月底，叶剑英敏锐地预感到，"四人帮"就要行动了，必须立刻采取措施。他在西山住处，一遍又一遍地思考解决"四人帮"问题的方法。

此时，被宣布“生病”的叶剑英，其中共中央副主席、军委副主席的职务没有被免去，并没有完全丧失对军队的指挥权。

考虑成熟后，叶剑英找到华国锋，商讨处理“四人帮”的办法。他提议以召开会议的方式，“请”他们到会，然后宣布对他们实行“隔离审查”。华国锋对此表示赞同。

10月6日，叶剑英像往常一样，起床，用餐，散步，看报，读书。下午3点30分，他接到了电话通知：晚上8点，政治局在怀仁堂开常委会，审议《毛选》第五卷的清样，研究毛主席纪念堂的建设和中南海毛主席故居的安置方案，要求提前1小时到。

7点整，叶剑英乘坐的黑色红旗轿车，准时在怀仁堂门前停下。他走下车，对随员说：“你们不要随意走动，听指挥！”华国锋几乎同时到达。中央警卫局局长兼中共中央办公厅主任汪东兴，则带着警卫隐蔽在屏风后，以防任何突然变故。

7点55分，王洪文刚走进怀仁堂的大门，几名警卫就向他走来。王洪文一看不妙，立刻说：“我是来开会的，你们要干什么？”但话音未落，他就被制服，带进了正厅。华国锋当场宣布了他的罪状和对他实施隔离审查的决定。随后，张春桥、姚文元、江青等人也一一被制服。

当晚9点，叶剑英和华国锋召见耿飚，让他带一个营去接管被“四人帮”控制的中央人民广播电台、新华社等新闻机构。晚上10点至第二天凌晨4点，中共中央在玉泉山叶剑英的住处召开政治局会议。会议结束时，天色已是微明。新的一天开始了！（撰文：邢婷，本文部分内容参考《叶剑英元帅》）

凌孜：父亲叶剑英

一身朴素的黑色中式服装、小礼帽、黑布鞋，叶剑英的女儿凌孜步履轻盈地走出“两会”代表驻地。距离我们采访的地点，还有将近一公里的路程，凌孜说：“现在都提倡低碳生活，要减少碳排放。”她没有叫司机开车，坚持步行前往。

3月6日，北京正是乍暖还寒的季节，六级的强风吹起尘土，打在脸上，沙沙地疼。凌孜一面护着怀里为我们采访准备的厚厚的资料，一面招呼我们快速通过马路。来到采访地点，她首先掏出一本中央党校任登第教授所著的《大家都学弟子规》，作为礼物送给记者，而不是父亲叶剑英的传记或自己的著作。“现在很多国家都在学孔孟之道，尊崇儒家思想，这是我们中华传统文化的命脉。这个思想如果我们自己丢了，那是我们的责任！”凌孜说，《弟子规》应该成为每位中国人的生活规范。

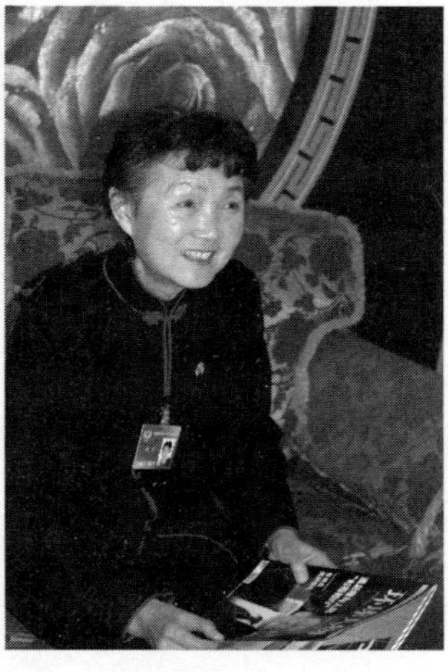

叶剑英女儿凌孜

凌孜原名叶向真，第十一届全国政协委员，著名导演，现任国际儒学联合会副主任，中华孔子学会副会长。她的一生经历了诸多风雨：“文革”中坐牢4年，是家中入狱时间最长的；出狱后转行做过7年的医生；后转业归队成为电影导演。1981年，改编并执导了曹禺先生的《原野》，轰动影坛；还曾在香港尝试过短暂的经商……丰富的阅历，让凌孜进入晚年后，越发觉得“根”的重要，而这个“根”就是中国传统的儒家文化思想。

谈起父亲叶剑英——这位十大元帅中政治生涯最长，被毛泽东评价为“诸葛一生唯谨慎，吕端大事不糊涂”，每每在关键历史时刻都能发挥重要作用的人物，凌孜说，在她看来，父亲具有三大特点：有儒家风范，有文化气息，有人情味。

黄埔军校副教育长

“这次两会上，全国政协主席贾庆林提出要发扬、延续黄埔的精神，它是两岸和平统一的纽带。这一点我的印象很深。因为黄埔对于父亲，也有着重要的意义。”凌孜告诉记者，父亲叶剑英曾是黄埔的副教育长，“直到晚年，他还一直致力于军事学校的教育工作。从黄埔军校始，到红军时期及新中国成立后的各军事院校，即军事科学院、国防大学，所有的军队教育以及军队的建制，他都做了不少的工作。”

谈起这段历史，凌孜说：“很多人不知道，父亲是马来西亚华侨，也是共产党里唯一的一个华侨领导人。”她说：“毛主席曾在接待西哈努克亲王时说：‘我们党内也有华侨。’指的就是父亲。”

1897年，叶剑英出生在广东省梅县一个小商人家庭，原名叶宜伟。梅县是华侨之乡，叶剑英的4个伯父都在南洋谋生。1916年，依照侨乡的习惯，19岁的叶剑英辗转到了马来西亚。“谋生的日子还可以，但是他报国的志向无法实现。正当父亲苦闷时，得知云南都督唐继尧在南洋招收华侨学生，于是他毅然于1917年回国，入了云南讲武堂。”

凌孜说，父亲毕业后，谢绝了学校派他去南洋招生的工作，回到广东参加粤军。1920年加入国民党，走上了追随孙中山先生革命的道路。“父亲从小受中国传统文化教育，那时的知识分子就是一心‘为国为民’，父亲就是要追随孙中山，把中国从苦难中解脱出来。”

为培养一批领军人才，孙中山创办了黄埔军校。凌孜说：“黄埔军校其实是以云南讲武堂为蓝本，复制了全套教材，教学宗旨和人才培养方法也都是从云南讲武堂移来的。”毕业于讲武堂的叶剑英担任了黄埔军校的副教育长，“相当于咱们现在的副教务主任，负责安排所有科目的教学内容和课程。父亲安排好课程后，便东征打军阀去了。黄埔开学时，他并未在现场。国共分裂后，黄埔军校成了国民党的传统学校，不能提它的副教育长是共产党人，所以很少有人知道这段历史”。

军阀陈炯明叛变，在广州攻打总统府，当时，是叶剑英守护孙中山在白鹅潭“永丰舰”上成功脱险。这一切都让黄埔校长蒋介石看在眼里，他对叶剑英的忠厚、尽职、多谋、多智大加赞赏。凌孜说：“父亲当时甚至成为唯一可以佩剑进入蒋介石卧室的人。”

1927年蒋介石叛变革命，在上海大肆屠杀工人，使叶剑英看清了蒋的真面目。“父亲后来曾讲过，他们那时的生活极其优越：行军时有马骑，累了还可以坐轿子。途中战士挑着外国进口的曲奇饼干、炼奶、咖啡、白兰地酒。然而，他却毅然放弃了高官厚禄，脱掉皮鞋穿上草鞋，奋起通电反蒋。”

在大革命失败，共产党处于最低谷的时候，叶剑英加入了中国共产党。“在井冈山根据地，他们连吃的一点盐都找不到，只好天天拿白水煮竹笋。以至于几十年后，父亲都怕看见笋，多少年都不吃。”凌孜说，1954年她得到一张祖母的照片，才明白了父亲的选择。“照片下面父亲题了几个字，写的是‘为人民的中国而欢心，为人民的儿子而微笑’。我想这就是父亲当时的人生定位，永远把自己定位在‘为人民’上。”

一位有传统美德的文人

著名美籍华人作家、记者赵浩生先生写过一篇回忆叶帅的文章，抗日战争时期，他在重庆的一个舞会上同叶帅相识。当叶帅知道赵先生的舞伴正在大学念英国文学、读雪莱作品的时候，叶帅兴致勃勃，以铿锵的语调朗诵出一段雪莱的诗句。这位作家写道："这时候我才知道，这位叱咤风云的将军，也是一位学贯中西的诗人。当我告诉我的舞伴这位熟记雪莱作品的人就是叶剑英将军时，她吃惊之余，对她所受的十几年的反共教育都发生了疑惑。她怎么也没想到被称为'共匪'的将军，竟是一位如此博学多才、温文儒雅的人物。"

说起父亲"儒"的气质，凌孜认为这也是父亲在"吕端大事"面前不糊涂的原因，而这种气质也表现在工作生活的各个方面：

"父亲很讲求礼节，不管是谁，即使是下级到他这里来汇报工作，他也要把人家送到大门口，送到台阶下面，哪怕身体不好，也坚持拄着拐棍送客，年纪大了，就是推着轮椅，也要送到门口，而且要求子女也这样做。"凌孜对童年生活，记忆最深刻的一幕，就是因为送客。"有一天，家里来了客人，我正和几个小朋友在沙发上玩，没有注意客人走了，仍旧在那里玩，头也没抬。父亲回头大喊一声，'站起来！'我从没见过父亲发火，巨大的声响，吓得我们所有孩子都一个猛子蹿了起来，傻住了。父亲说，一定要懂礼貌，送客人的时候小孩也要站起来，这个小小的细节，我至今都记得。"

古人讲，见微知著。现在说，细节决定成败。与人相处最难的事情，就是能长期保持一种善意的尊重。叶剑英就做到了这一点。凌孜记得，1962年，她结婚当晚，父亲大发雷霆。"那天来了很多客人，大家忙里忙外，等送走最后一位客人，已经晚上9点多了。我筋疲力尽地走回屋，还没坐下，父亲突然问'有没有给工作人员送喜糖？'我说还没有，已经很晚了，怕大家都睡下了。父亲的脸立刻沉下来了，生气地喊'大家都凑钱给你买了礼物，镜子、暖壶，都是他们一点点攒的钱……你怎么可以这样不懂人情，没有礼貌！'我吓坏了，立刻拿了托盘，装了糖果，挨家挨户去送。"

凌孜说："父亲常教育我们'爱人者，人恒爱之；敬人者，人恒敬之'。父亲就是这样，要叶家的人懂得一个'礼'。"

凌孜做导演时，很多人问她，为什么不给父亲拍一部专题片。她说："我在他身边那么长时间，却找不到他的典型特点。他是一个非常谦卑的

1949 年 3 月 25 日，叶剑英（右）陪同毛泽东在西苑机场检阅中国人民解放军部队

人，在很多大的场合不出声，没有什么特别的手势，没有什么特别的习惯用语，也没有什么特别的举动。就是一个很低调、很和蔼、很慈祥的人。人家称他‘儒帅’，他身上有很典型的儒家气质。”

在女儿凌孜眼里，父亲是一位保有中国传统美德的文人。叶剑英喜欢南宋词人辛弃疾的诗，那本《稼轩词》他始终不离手。毛泽东晚年时，有一次在政治局讲话中引用辛弃疾的诗词，刚开了头就突然停下来，让叶剑英接着说，叶帅站起来把全诗流利地背诵下来。

“父亲一直坚持给身边的工作人员创造学习机会，几十年里，身边的工作人员中被送到护校、军医大、国防大学学习的有 20 多人。‘文革’中，江青告状说叶帅喜欢走后门，从后门送人上学，一时传得沸沸扬扬。为此，父亲向毛主席写了一封‘检讨’说明情况。没想到，此事却得来了毛主席一个批示：‘前门进来的不一定是好人，后门进来的不一定是坏人。’江青当时气坏了。”

叶剑英在为人处世上讲究“礼”，做事细致，处理大事更是如此。凌孜曾从汪东兴那里知道了粉碎“四人帮”事件中，父亲的周密部署。“毛主席逝世后，华国锋和汪东兴天天处于被人监视的状态，根本不能随便行动。父亲想出办法，借着钓鱼的名义开车到中南海，分头与汪东兴、华国锋谈话，三个人经过多次精心缜密的策划安排，商定好了如何实施解决‘四人帮’问题的具体计划。这个计划周密到了父亲的秘书、司机、警卫参谋一概不知他在做些什么。这种单线的接头行动，危险程度丝毫不亚于我们今天在电视剧《潜伏》里看到的地下工作。前几年我去看望华国锋同志，他见到我非常感慨，说的第一句话就是‘叶帅是我的好领导、好老师，我从他身上学到太多的东西了’。”

父亲看着我心酸流泪

在凌孜的记忆中，父亲在教育上很“民主”，身教胜于言教。“父亲 70 多岁还在学习英文，以求看懂英文原文的报纸评论、信息。他经常请教身边的陈秘书，把自己不认识的单词都注上中文意思。还时不时组织身边的工作人员一起学习，闹出了许多诸如广东英语、四川英语之类的笑话。”凌孜说，父亲很少赞扬和批评身边的子女，不论好坏，他都喜欢用一句口头禅“狗屎”。“这句话在父亲这里绝对不是贬义。我问他你看我的文章写得怎样？即便他心里满意，嘴上也只是敷衍一句‘狗屎’。得了‘三好生’，他也是说‘狗屎’。父亲操着客家话，说得抑扬顿挫，很有意蕴。”

1949 年，叶剑英和女儿叶向真（凌孜）在北京中南海留影

叶帅喜欢爬山、钓鱼、下棋、打球、研究气功，喜欢和小孩子们一起玩闹，在女儿眼中是个大“孩子王”。与战场上的叱咤风云不同，在家中他是一位慈祥、幽默的父亲。他知识渊博，酷爱读书，喜欢音乐、戏曲，自己会拉二胡、打洋琴，喜欢昆曲和苏州评弹。他不像一般父亲那样独断专行，即使是不喜欢子女的选择，也从来没有直接表示过任何反对。

1966年“文革”开始后，正在中央戏剧学院念书的凌孜，当上了红卫兵头头。然而不久，风向突变，1967年，凌孜成为阶下囚。接着，叶家长子叶选平、次子叶选宁、长女叶楚梅、长婿邹家华，连同一个带孩子的阿姨，都被关入功德林监狱。

“说起抓我哥哥姐姐的事，到现在我都觉得内疚，要不是我在‘文革’中太过折腾，江青也不会那么盯着我。江青的目的很清楚，我微不足道，我的兄弟姐妹也微不足道，只要能把叶剑英弄下去就行。”

凌孜被关押在9平方米的单人牢房里，与外界隔绝，在牢里，凌孜钻研起了中医，试验针灸。“我趁提审时，在桌子上捡了根大头针，又从扫帚上截下一小段小铁丝，在水泥地上磨了磨，往自己大腿的穴位里扎。后来，狱医给犯人看病，无意间遗落下两根针。我从此用这两根正牌武器练习针灸，为出狱后当医生打了基础。”

凌孜在狱中一待就是4年，她说：“刚开始的时候觉得没什么，后来，甚至想干脆死了算了……关了快两年了，看样子也出不去了，活着没意思。”

1970年年底，在周恩来的帮助下，29岁的凌孜重获自由。“因为被关在单人牢房，出来以后我就不会说话了。还特别害怕听到声音，一听大马路上嘈杂的声音就刺激得受不了。”

一向喜怒不形于色的叶剑英，看着原本活泼开朗的女儿被折磨成这样，默默地流下眼泪。“父亲心里很难过，他觉得这个女儿关在里面给弄得傻掉了。”

1972年，身体恢复正常的凌孜，进入北京医学院，毕业后分在解放军三〇一医院工作，做了7年的医生。但凌孜一直割舍不下自己的导演梦，1980年，她调入中国新闻社电影部拍摄纪录片，后又转到北京电影制片厂编导室工作。

1981年，凌孜把曹禺著名的话剧《原野》搬上了银幕，并引起轩然大波。《原野》在当年的威尼斯电影节中，成为在那里参展的第一部中国电影。然而在国内，这部片子却一度遭到禁映。“要知道在当时的政治环境里，拍摄这样一部曾受批评的作品，要冒很大的风险。”直到1988年，电影《原野》才终获中国电影百花奖。“只可惜那时，父亲已经没有机会看到女儿成功的笑脸……”凌孜感到惋惜。

兄弟姐妹其乐融融

叶家这个在外人看起来似乎有些复杂的大家庭，对于叶家成员来说，却觉得关系非常简单。“叶家后人现在有 50 多口，每年在广州都会有一次家族大聚会，其乐融融。”谈起这一点，凌孜微笑着说：“父亲在世时，我们各忙各的，不怎么聚；父亲离开之后，我们反倒要聚在一起。”

叶剑英的子女中，涌现出很多优秀的人才，他们的身上，都或多或少表现出其父的“儒家气质”。

1974 年，叶剑英和子女在北京小翔凤住地。从左至右依次为：叶选廉、叶选平、叶向真（凌孜）、叶剑英、叶选宁、叶楚梅、叶文珊

长子叶选平，1924 年出生于广州，先后在延安自然科学院、清华大学学习机械专业，并到苏联留学。曾任全国政协副主席、国际儒联学会会长。凌孜说：“大哥稳重周到，对每个人都很好，和父亲的性格极像。”女儿叶楚梅，1928 年出生于香港，曾到苏联留学，曾任机械工业部机床局副局长。

她的丈夫邹家华，曾任国务院副总理。次子叶选宁，1938 年生于香港。曾任解放军总政联络部部长，少将。

凌孜说：“虽然我们现在所处的时代不同，但子女与父亲在性格上类似，父亲想要为国家做些事情的责任感，在我们兄弟姐妹的身上同样能看到。”凌孜说她第二天要去新华网做视频访谈，内容是“要把民族精神基因传下去”。“中华民族危机的时候，并不是日本打我们的时候，因为人民的长城是打不垮的。但是今天，如果丧失了自己民族文化传承的基因，我们就会被别的国家和民族瓦解。重拾我们民族共同的精神家园，我们都不使劲还能指望谁呢？既然如此，我们大家就一起努力，让我们的文明古国、礼仪之邦再现她的光辉！”（撰文：刘畅　朱墨轩）

父亲李先念：家事　家教　家风

2009年6月23日，中共中央总书记、国家主席、中央军委主席胡锦涛在人民大会堂举行的纪念李先念同志100周年诞辰座谈会上强调，今年是中华人民共和国成立60周年。回首过去，展望未来，我们更加缅怀毛泽东、周恩来、刘少奇、朱德、任弼时和邓小平、陈云、叶剑英、李先念同志等老一辈革命家为新中国诞生和发展建立的丰功伟绩。

在这个特殊的日子，一向低调的李先念儿女开始走进公众视线，通过各种纪念活动缅怀他们的父亲。李先念共有四个子女，三女一男，长女李劲是和前妻尚小平所生。1949年，李先念和林佳楣结婚后，育有三个孩子，分别是二女儿李紫阳、儿子李平和小女儿李小林。四兄妹全是共产党员。

笔者有幸走访了李先念的三个孩子，听他们讲述父亲在他们心中留下的人生印记。

李紫阳：父亲耿耿于怀的两件事

在解放军三〇五医院狭小的办公室里，记者见到了李紫阳。李紫阳现任中国女医师协会副会长。李大姐热情、爽朗，长相酷似父亲。她为我们讲述了许多关于李先念鲜为人知的经历。

1909年6月23日，农历端午节，李先念出生在湖北省大别山区黄安（今红安）一个贫苦农民家里。他是家里最小的儿子，由于母亲没有奶水，李先念是和自己的外甥一起吃大姐的奶水活下来的。

李紫阳说："由于贫穷，李家一年大约只有三个月有点粮食吃，其余月份就要以挖野菜来糊口。就是在这样艰苦的日子里，很有见识的祖父李成元硬是要全家人勒紧裤带，供父亲读了两年私塾。"在私塾里，李先念读书很刻苦，算盘也打得最快。1921年辍学后，年仅12岁的李先念开始拜师学木匠。3年后，他独自一人来到汉口当学徒。

"汉口的球场街有一家棺材铺，父亲就是在那里做活，接触到了生活在社会底层的劳动人民，深切体会到了他们的疾苦。"李紫阳说。

1926年10月，国民革命军攻入武昌城。17岁的李先念再也待不住了，决定重返老家闹革命。在家乡，李先念读到了《湘江评论》《共产党宣言》等进步书刊，开始明白更多的革命道理。由于识文断字，又有阶级觉悟，李先念很快就担任了高桥区委农协执委和工会主席。1927年秋，李先念参加领导贫苦农民举行黄麻起义，一举夺下了黄安、麻城两座县城，成立了鄂东农民军。这一年，李先念加入了中国共产党，开始了他波澜壮阔的革命生涯。

留了60年的两块银圆

李紫阳说，战争年代，父亲身经百战，出生入死，但直到晚年，他还有两件事耿耿于怀：

1932年6月，蒋介石集中30万大军进攻鄂豫皖苏区。由于张国焘的路线错误，红四方面军被迫进行战略转移。一天，已是师政委的李先念正在河口与敌人激战，他的母亲突然出现在战场上。听说儿子要转移，小脚母亲跑了几十里路，一定要看看小儿子。"父亲年轻气盛，担心祖母的安全，他说'子弹不长眼，您怎么跑到战场上来啦？'便匆匆话别。可是万万没想到，就此一别，父亲此生再也没有见到自己的母亲。"

那场战斗结束后，李先念发现自己的大衣口袋里有两块银圆，是母亲偷偷留下的。在当年，一块银圆便可以买一担米，约160斤。这两块银圆，可能是母亲的全部积蓄，她跑了几十里山路，就是为了送给即将远征的儿子。后来，李先念一直将两块银圆带在身边。李紫阳说："整整60年后，父亲在北京医院的病床上，最想念的还是祖母。他经常会念叨，'我晚上做梦，又梦见妈妈了……'"

另一件让李先念始终不能忘怀的，是他在红四方面军和西路军的战斗经历。1936年11月11日，以陈昌浩为主席、徐向前为副主席的西路军军政委员会成立，李先念为军政委员。他们按照中央指示开辟河西走廊。1937年春，李先念在倪家营子进行保卫战，50多天部队损失惨重，红三十军打得只剩3000多人。随后，西路军在石窝山总部最后一次开会，决定将现有兵力分成3个支队，徐向前、陈昌浩回陕北汇报，李先念指挥全军，由他率左支队，王树声率右支队，打游击。

石窝山分兵后，李先念带着一部分部队杀出一条血路，上了祁连山。翻越祁连山时，整整43天，冰天雪地，没吃没喝。李先念自己不骑马，把马给小战士驮枪。4月底，李先念终于在新疆星星峡与陈云、滕代远的部队会合。当时，站在李先念身后的西路军将士只有600余人。据记载：西路军在开辟河西走廊时，一万多人战死，9000多人被俘，5000多人被杀，4000多人流落民间，600人到了新疆，几百人回到延安。在相当长的时期内，西路军的失败被视为没有克服张国焘错误路线的结果。

抗日战争时期的李先念

李紫阳说："西路军对父亲来说是难忘的，他临终前说：'我最后再要求国家为我花一笔钱，把我的骨灰分三处撒到大别山、大巴山和祁连山，不这样，我对不起那些牺牲的战友……'"

李先念去世后，遗体火化时，竟然发现了一片隐藏在他身体内达60多年的弹片。李先念的夫人林佳楣把他所有的遗物都交给了国家和纪念馆，只有这个见证了丈夫戎马生涯的弹片，她舍不得捐出去。这一遗物，也成了父亲留给子女最珍贵的精神财富。

不允许子女经商

在孩子们眼里，李先念是一个严肃而宽容的父亲。

李紫阳略带遗憾地说："小时候，我们和爸爸待在一起的时间并不多，我们都是新中国成立后出生的，都很小。'文革'时，我才上初三，妹妹才小学毕业。那时父亲主管经济工作，他每天早晨五六点就到办公室上班了。我们起床见不到他，晚上放学他也很少在家，有时候我们都休息了，父亲还没回家。"

尽管没有时间和孩子们在一起，但李先念对孩子们的教育非常严格，他甚至规定了许多"不准"，比如不准孩子穿背心、趿鞋上桌吃饭，等等。

李劲是家中长女，一直在外地工作。不论是在什么地方，她都"隐姓埋名"，从不向任何人谈及自己的家庭背景，独立地生活。李先念心里非常挂念这个女儿，李劲每到一个新的工作单位，他都要让秘书悄悄地去调查。每次秘书回来都告诉他，李劲很低调，没有人知道她是李先念的女儿。听到此，李先念总是沉默良久，说："这个女儿有志气啊！"李紫阳对姐姐也很佩服，她说："姐姐一直跟随姐夫在深圳创业，姐姐在广州军区总医院工作，他们很低调，谁都不知道她跟我们有关系。"

1954 年，李先念担任国务院副总理兼财政部部长。从此他主管国家经济工作长达 26 年，人们称他为"大管家"。但管了一辈子钱的李先念对自己的孩子却有着明确的交代——不允许经商赚钱。

李紫阳感慨地说："有人说，你父亲管着经济，你干什么都可以，做几笔生意就能发财了。可爸爸从来不让我们经商下海。他一再讲，现在的生活已经很好了，要珍惜。我觉得这对我们也是一个教育，所以我们到现在都没有一个经商下海的。"

李先念自己的生活也非常简朴，他办公室里的家具都是老旧的，有的还是他从湖北带到北京的。20 世纪 80 年代中期，李家的人口增加，开支也增大，林佳楣感到经济有点紧张，光靠她和李先念的工资明显不够。于是，她要求 3 个子女每月各交 150 元的生活费贴补家用，这让很多人感到

李先念家庭合影。前排左一为李紫阳，左三李先念，右三林佳楣；后排左一、左二为李小林夫妇，右二为李平

不可思议。晚年，李先念长期在北京医院住院，孩子们为了给他增加营养，经常到人民大会堂的餐厅去打一份 25 元钱的汤。李先念知道后，一再叮嘱说，“别去打汤了，太贵”。

李紫阳坦言，“文革”前她对父亲很不了解，但是父亲去世后，她更多地了解了父亲。她说：“父亲做了很多工作，却从不拉自己的小圈子，始终很低调，这一点非常可贵。”

李小林：“保密”也是重要家规

在中国人民对外友好协会的大院里，笔者见到了李小林。1975 年从武汉大学外语系毕业后，她一直在这里工作。

说起父亲，李小林充满敬意："我觉得爸爸属于那种办事非常认真，非常敬业，非常顾全大局，而且是个非常宽容的人。"她一连用了四个"非常"。"长这么大，我从来没有听父亲抱怨过任何事，国事、家事，什么事情都自己去消化。"

"爸爸党性极强。从来不在家里议论他认为不应该说的事儿。他有一句名言，'最好的保密，就是什么都不知道'。一旦知道了，就很难保守秘密。所以我们家里从不议论中央的会议啊、人事啊、内幕情况啊，包括我妈妈在内都不知道，这是我们一贯的家风。"

李小林

李小林童年时，梦想当一名白衣天使。李先念发现小女儿性格外向，更适合和人打交道。在父亲的支持下，李小林选择了外语专业。李小林说："父亲对我们的教育非常严格，他对外人都比对我们宽容。他要求我们做普通人的工作，不能当官，不能赚钱。我跟他讲，你是不是要把我们一辈子绑在你这个战车上，我们总得有自己的生活，但是他就不同意。他说，你不要惹事，把工作搞好就行了。不需要当官，不需要赚钱，更不需要出名。"

对于小女儿李小林，李先念曾经有过一个很经典的评价。一次，李先念在接见美国亨利·路斯基金会会长时，外宾问他，你是怎么培养这个女儿的？李先念说："我这个女儿从来不听我的话，她的成长完全是她独立的。"李小林笑着说："这句话，我觉得挺能概括我的。我完全根据我自己的判断，正确的我就听，不正确的我就不听。但我从不当面顶撞他。"

20 世纪 80 年代初，李小林想到美国学习，但父亲不同意，"当时，刚刚改革开放，还没有多少中国留学生去美国，双方都有一种神秘感，像我们这样的，他根本不放心。但我坚决要走，好在对外友好协会会长王炳南给了我百分之百的支持。父亲后来没办法了，才放我走的。”

李小林在美国学的是美国历史、亚美移民史。三年的课程，她用了一年零九个月，就拿到了硕士学位，回了国。“我连暑假都没有休息，学得很苦。”李先念时刻牵挂着远在美国苦读的女儿，他给女儿写信，反复叮咛：“儿不嫌母丑，不要忘记我们的祖国。”他给女儿题字：“祖国虽穷，但她是你的母亲。”

回到北京的第二天，李先念就让秘书带着李小林上大街，去看北京的变化。晚上，他不让女儿倒时差，一定要她去看电影《火烧圆明园》，而且自己还要陪着看。李小林说：“我当时太困了，可是爸爸说不能推后，一定要今天晚上看，我觉得他是对我进行了一次爱国主义教育。他觉得不管你在哪里读书，你首先不能忘记祖国。”

采访结束时，回顾父亲的一生，李小林伤感地说：“爸爸走了 17 年了，可我感觉他一刻也没有离开。他的办公室如旧，他的卧室如旧，他的音容笑貌如旧，他的爱如旧……”

李平：父亲一生忠诚

听李先念家里人讲，李平无论形象还是性格，都和父亲像极了。李平 16 岁参军，1970 年入党，现为北京军区副参谋长，少将军衔。

“我这个人比较传统、保守，一直很反感那种夸父、夸官、夸自己的行为，太虚了。这一点恰恰是我和父亲在一起屈指可数的日子里，他留给我的。”

李平认为“父亲是父亲，李平是李平”，他说：“父亲在战争年代和新中国成立后经历的风风雨雨，从来不跟我们讲。这无形中给我们一种影响，你做的都是应该做的，有什么显摆的呢？”

作为军人，李平说他对父亲的评价，用两个字就可以概括——忠诚。

李先念一生颇为传奇，战争年代他身经百战，九死一生；新中国成立后，更是几经风雨，多次在关键时刻力挽狂澜，表现出一个无产阶级革命家的大智大勇。李平感慨地说：“父亲的思想基础和根源就是忠诚，有了忠诚两个字，才能无私无畏，什么都不怕。命都交给党了，交给人民了，那点委屈算什么？冤枉算什么？吃点亏算什么？”

李平回忆，父亲去世前不久还对他说，当年张国焘在红四方面军搞肃反，李先念的亲哥哥被当作坏人拉出去枪毙。“当时拉他的时候，他对爸爸使劲地挤眼，意思是让爸爸不要和他相认，以免受牵连。”父亲的讲述，让李平感到了战争年代斗争的残酷，同时，也更让他感受到父亲内心深处的坚强。

谈到父亲对自己的教诲，李平也用了两个字，那就是做个“好人”。李平说，父亲一直把“好人”作为评判一个人的特殊标准，并且把这个特殊标准用在了自己的家里，用它来衡量孩子们的行为。“父亲去世前不久，还一再告诫我们，一定要做一个好人。”

可能因为李平是家里唯一的男孩儿，李先念对儿子的要求极为严格。在李平的印象中，父亲始终是个“严父”，“爸爸眼一瞪，嗯一声，谁敢动啊。”一次，李平发烧无法上班，因为怕被父亲批评，竟然躲在自己房间里不敢出来，连中午饭都没吃，直到大家晚上回来，他才敢露面。

李平感叹父亲的严格，“他‘严’到什么程度呢？我 1977 年至 1985 年一直在军事科学院工作，到军事科学院时是正连职，离开时是正营职，8 年只提了两级。调到北京军区后，父亲专门派秘书到军事科学院去调查我，问我被调走的原因是什么，看是不是没本事干不下去了，是不是在那里惹祸了。”

晚年，李先念喜欢和家人在一起打麻将，有时老人家还会搞点小动作，偷张牌藏起来，大家都睁只眼闭只眼。但李平不行，一定要老人家交出牌来，大家开玩笑说：“这都是你教育的结果。”

和中国传统的家庭一样，李先念很喜欢小孙子。李平说：“我儿子出生时，父亲正在打麻将，但心不在焉哪，一直想着医院的消息，打得很臭。后来一听说生了，他把麻将一推，也不打了，说：‘好了，好了，我有孙子了。’第二天，见到那帮朋友，薄一波、宋任穷等，他到处说‘我有孙子了’。”李平说，这一次他突然感受到了深沉的父爱，“其实我们在爸爸心中还是很重的，虽然平时你没事，正常工作生活的时候，他不怎么理你，不怎么流露，甚至有时几天也不说话，但他的爱埋藏得很深，很爱我们。”

李先念与孙子在一起

李平眼睛有些湿润。他说：“父亲是忠诚一生。和他比，也许我没有那么高的觉悟，只有一个字就是‘孝’。我对得起父亲。我想要做个‘孝子’，并不是说仅仅供养父母，让他们衣食无忧，而是要心甘情愿继承老人的事业，精忠报国，为民服务。”（撰文：肖伟俐）